爱情从此不累

资深应用心理学专家奉献的婚恋良方

筱丹 著

译林出版社

图书在版编目（CIP）数据

爱情从此不累 / 筱丹著. —南京：译林出版社，2013.5
ISBN 978-7-5447-3760-9

Ⅰ. ①爱… Ⅱ. ①筱… Ⅲ. ①爱情－通俗读物
Ⅳ. ①C913.1-49

中国版本图书馆CIP数据核字（2013）第069672号

书　　名 爱情从此不累
作　　者 筱　丹
责任编辑 韩继坤
特约编辑 包连荣　张　楠
出版发行 凤凰出版传媒股份有限公司
译林出版社
出版社地址 南京市湖南路1号A楼，邮编：210009
电子邮箱 yilin@yilin.com
出版社网址 http://www.yilin.com
印　　刷 三河市华润印刷有限公司
开　　本 710×1000毫米　1/16
印　　张 17
字　　数 200千字
版　　次 2013年5月第1版　2013年5月第1次印刷
书　　号 ISBN 978-7-5447-3760-9
定　　价 28.80元

目　录

什么是爱情呢？如果爱情只能通过甜蜜的话语和性爱来维持；如果爱情不能荣辱与共，携手并进；如果爱情不能病老相互照顾，风雨相互遮挡；如果爱情不能大白于天下，被人祝福；如果爱情不能见到阳光，那是爱情吗？

男人的事业心和他爱一个女人的心，是没有矛盾的。爱人是他的情感需求，事业是他的血性尊严的需求，这两个是构成幸福生活的孪生条件。你以爱的名义绑架他的事业交往的途径，就等于夺走了你的爱人一半的生命快乐，这时即便你以你最温柔的一切奉献给他，他也会焦躁不安，如同困兽。

在轻慢和忽略中，很多的人完全遗忘了，我们所有人所置身、所生活着的这个美丽的、辉煌的、伟大的、灿烂的世界的真正缔造者，真正守护者，正是这群被忽视着的，被嘲笑着的，被不待见和轻视着的，被评价为庸俗、普通、平凡、缺乏感觉和麻木的中年家庭女性们！

如果决定承受和要他，就放弃所有的埋怨和不甘，用你的坚定和温柔去慢慢影响他，把不爱的心焐暖，把爱而不会表达的心教会表达。如果决定放弃和不要他了，就一天也不要拖延了，青春时光多么宝贵，立即找他谈清楚，马上开始你新的选择、新的生活，不给自己任何迟疑和回首的机会。

如果你很少为自己的妻子做关心她的事情，你又怎么有资格抱怨那个为你奉献了全部的真心，一边努力处理家务事，一边抚养孩子，一边努力上班工作的女子，变得不够美好、迷人？你又怎么能够要求，这个因生活疲惫着、劳累着、困扰着，又不能被老公理解着、关心着、回报着的女子，能够依然美丽如少女，高雅如初恋，从容如无事？

女性的心理特征非常矛盾而有意思，一方面她们感性、敏感，爱人绝情、冷漠、沉默的态度和话语，都会激怒她做出惊人的灰色举动；但同时她们内心也蕴藏着世上最柔韧的力量，面对巨大的困难，往往女性比男性的抗压力还要好，只要你不激怒她、逼迫她，给她尊重、信赖和理性的沟通，爱人将是你最棒的战友。

这种坏坏的感觉，是一种自由、灵动的东西，一抹霸道自信的桀骜，些许令人折服的智慧，欢声笑语间的幽默谐趣，进退举止间的风流倜傥，燃烧似火的深邃眼神，调侃微笑的迷人嘴角，健硕结实的深情怀抱。它与男人五官是否完美无关，它与男人职位高低无关，它与男人金钱多少无关。

自己困自己，多是容易解决的；人困人，可就难了。尤其碰上高要求的完美爱人，与之相对，却无法满足其标准，这是一种典型的人困人的纠结。走入婚姻的人，彼此陷入这样的境地，势必是两败俱伤、玉石俱焚的拉锯战。苦苦地承受煎熬，两种心意找不到并轨的可能，纠缠在上空厮打，即便是冷战，也是寒气逼人，重创彼此于无形。

我看见，在不同家庭长大的孩子，他们成长的文化氛围和对问题思索的方式完全不同。两个人在爱情的高烧退下后，开始发现齿轮过于不合拍。我还看见，在不同家庭长大的孩子，他们背后的长辈很难融洽相处。婆婆与岳母，公公与岳父，观念冲突祸及小辈，夫妻于夹缝中难安。富贵家的婆婆重视家风做派，行为高雅，举止有度，职业“正经”；穷人家的母亲重视勤俭持家，铮铮傲骨，绝对尊严，实用为上。

其实婚姻的忠诚，指的应是从两个人走到一起那一天起，两个人对对方的坦诚、忠实。婚姻之前的经历，应让它深深埋葬在土壤里，轻轻挥洒在清风里。非要把和眼前爱人无关的经历清晰地摆到桌面上，不是对对方的尊重，而是对爱人的残忍！你爱他，却让他在与他无关的历史中饱受煎熬。人非草木，夫妻双方，谁又能真正大度地做到对对方的情色过往无动于衷？

如果缠住自己的硬壳不脱开，就会令自己失去人生所有幸福的可能。幼蝉尚知，必须在黎明之前拼尽了全身的力气，为自己争取展翅飞翔和快乐生活的自由；而我们人类，作为自然界最神奇的缔造物却无法参透吗？动物的醍醐灌顶只需要本能，我们呢？最有智商、最有心智的我们，还需要多少悟性呢？

不要等爱变了、淡了，再去后悔；不要等爱人的心凉了，再去想着重新焐热；不要等刁蛮入了骨，伤了爱情的筋骨，再去流泪挽回。那时，即便挽回，也会出现巨大的问题。两个人，因角色的对调而变得陌生、尴尬；两个人，因着小心翼翼而变得奇怪、不适。爱的奶酪，丢入了灰尘，被脚狠狠地踩过，被车轮狠狠地践踏过，即便捡起，重新洗过，入口的滋味也不会是从前那般甜美、香醇。

心理篇：能否爱到地老天荒，心起决定作用 *153*

每一位女子嫁给心爱的老公后，自是洗净铅华，以满腔的热忱经营快乐的小家。可是，纵使这个女性三头六臂，十分能干，她的体能也是有限的；纵使这位女性心理承受能力极好，她的心也是敏感多愁的；纵使这位女性爱老公爱到情深意切，她也会希望爱情是互动呼应的；纵使这位女性是最无私最崇高的，她也有需要老公给予体贴和温情的时刻。

从心理学角度来说，最令大多数男性和老公心动的装扮，恰恰是欲遮还羞、优雅得体的服饰：脖间隐隐一线白皙的肌肤；美好简洁的长袖轻轻挽起时，露出或纤细温婉或圆润健康的手腕；工作、做家务之时，不经意露出的肌肤一角。朦胧、隐约，才能使女性的美好画龙点睛，美得令人心动。

多数女性最忍受不了的就是：面对矛盾时，男人沉默不语或者逃避的态度。这种态度会像火种一样，能够轻易点燃女性的脆弱和无助。你越逃避，她越想问明白！你越不解释，她越会猜测想象！你越沉默，她越会苦苦逼问！你越冷漠，她越会失控！其实女性要的东西非常非常简单，她需要的就是，自己最爱的男人不逃避、不躲避、不缄默，把事实讲清楚。

男人在他们做人的尊严上是不会让步的。不管他有多爱你，如果你在公共场合不断用过激言语和行为羞辱他，就非常容易触及他的底线，使他爆发自卫式的生理反应。事实上，从心理学的规律来说，平时越老实、越压抑自己的男人，爆发起来越容易猛烈，甚至失控。这如同物理学的原理一样，压制越狠，反弹力就越大，发出时的后果越发不可预料。

匠心置家篇：小小摆设，改与不改大不一样　　*201*

用现代科学来解释，镜子都有反射光，尤其两镜还是相对着的情况。再微弱的光线，哪怕月亮、夜灯或者从窗帘缝隙透进的些许光线，经过镜子的反射，都能形成不良的射线，对睡眠中的主人造成干扰，久而久之，极易导致居室主人神经衰弱、睡眠质量差、惊厥或多梦。

天是淡然清澈的，蓝天白云悠闲、宽阔；大地则是深色沉稳的，黑土地黄土地稳重、大气。我们的家里颜色搭配，最舒服、最科学的当然也应是天花板最浅，墙壁略深，地板采用暖深色的较稳重色为佳。这儿说的是心理学的道理。

卧室多毛的地毯几乎都会成为主人健康的隐形杀手！除非你们能天天对它进行严格的清理。多毛的地毯极易吸纳和隐藏大量的尘螨和细菌，这些坏东西对主人的呼吸道和皮肤都会造成伤害。而且，这些坏东西很多都带着小钩或毛毛，很顽固、很热衷与人体进行亲热的拥抱，被这些坏东西侵害身体，主人的性情也易变得焦躁、不安。

书房需要宁静的环境和清醒的头脑，所以，装修原则首先应从如何确保它的宁静着手。墙壁材料最好选用有隔音或吸音功能的材料，如壁纸或柔性多间隙的板材。地板也是同样的原理，采用实木或复合木地板为最佳。

技能篇：小细节大信息，帮你练就慧眼兰心　　*227*

一对夫妻眉宇之间气质越相近，说明两个人“磨合”得越好，说明两人在相处的岁月中都有着一定程度的对爱人的“妥协”。当夫妻俩被朋友们评价为有“夫妻相”的时候，这是对他们婚姻和爱情生活最好的褒奖。

想好看，保持平和、从容的心态的道理，就是这么简单！把有可能导致五官及身体变丑的因素彻底清除，用乐观、快乐的动作来修炼、修复、改变原本不美好的形状，即便天生不美，也会逐渐变成美人或帅哥的。这是心理学的道理，也是生理学的科学，原本并不玄虚，却是非常自然。

食疗自然是围绕我们伤心时胃、肺、肝所受的伤害而展开。一锅热气腾腾的绿豆粥、一盏清香养眼的百合枸杞莲子羹、一杯清淡舒展的菊花茶、一份精心腌制的红酒泡雪梨、一碗鲜美温暖的猪肝汤，可视个人体质不同，有选择地进补，调理身心。

微笑时，我们的唇线上挑。请你尝试一下，将嘴角下撇，看看自己是否还能很自然地笑出来？经常微笑的人，嘴角自然柔和、上挑；经常生气的人，嘴角自然下撇、生硬。平日里，反复重复一种情绪，面部表情肌会逐渐成形，形成较为固定的唇线，使我们可以观唇知性情。

女人篇：想收获什么果实，先播什么种子

危险的行业：全职太太

巡回讲座路过杭州，思念起多年的老友小棠。想来美女小棠已是结婚 7 年了，听说 4 年前就已经诞下麟儿。不知这位 4 岁孩子的母亲，现在是否芳容依旧，是否美好依然，是否活力如昔。

我拨通了小棠的电话。

“啊，是姐姐呀，想死你了。我正闷着呢，你在哪里？”

……

“好，好呀，你千万要等我哦，我马上就到！”

小棠过于急促的声音吓了我一跳。印象中的小棠，从容优雅，是一位聪明、淡定、稳重、内敛的女孩子。干练的短发，映衬着一双黑溜溜的大眼睛，明亮有神，闪烁着无穷的灵性，美好极了。她说起话来，清晰、温柔，像春风一样令人安心舒适，很少加速、用力、急躁。今天是怎么了呢？

半个小时后，小棠出现在了我的面前。大眼睛依然乌黑发亮的，皮肤变得更加白皙，短发已经变成了长发，潦草地扎成一个马尾，仍然是一个标准美女。但是，似乎缺少了昔日的那股灵气，风风火火的动作之间，往昔的淡定、从容几乎找不到影子，眼神中软软的倦意和着些许的不宁，嘴角的法令纹清晰可见。

“小棠，现在还是很忙吗？”

“哪里呀，姐姐，5 年前刚怀孩子的时候，阿伟要求我从单位辞职回家了。他说他一个人的收入足够养活我，我是他的女人，在外面担当风雨是男人的事情，我应该在家中好好享受生活，抚养孩子。”

“这是很多女孩向往的生活呀，可是为什么你好像很不开心呢？”

“姐姐，其实阿伟刚刚这么提出时，我非常开心，我觉得嫁给一个如此爱我的男人，怎么都值了。所以我什么也没想，就把工作辞了。生孩子的一年和哺乳孩子的两年，我都在忙忙碌碌中度过，也没有什么问题。可是，从两年前开始，我逐渐发现了自己的变化，孩子慢慢大了，家里也有两位老人帮忙看着，活儿变得少起来了，忙惯了的我，突然发现自己经常处于无所事事的状态。

“有一天，我照着镜子，吓了一跳。因为没有了社交，懒得打理，皮肤已经开始松弛，过去的眼睛亮亮的，现在的眼睛却几乎看不到亮光，有气无力的。嘴角、眼角的小皱纹层出不穷，头发也没有过去有光泽了。

“我特别难过，于是和阿伟抱怨。过去阿伟会非常温柔地哄我，可那天晚上，他却突然冲我大发雷霆，他抱怨我一天到晚什么正经事也不做，除了孩子那点事，就剩看电视、逛街，还这么多事，总是烦他，而他为这个家都快累死了。他还说我变得越来越庸俗，和我都没有什么共同语言了！

“姐姐，你是知道的，我原本工作比阿伟还好，收入比阿伟也要高，也是他要我在家做全职太太的。你想，我整整 5 年不工作，不接触朋友，和外面的世界越来越远，自然也没有多少新鲜话题可以和他交流。再说，每天带完孩子，又有老人帮忙，剩下就是没什么可干的了，不看电视，不上网，不逛街，还能干什么！”

看着郁闷的小棠两颊淡淡的斑点和嘴角过早出现的很重的法令纹，我知道，只有心中暗藏很重的担忧的女性才容易如此。可见，小棠的真正烦恼一定不止这些。“小棠，除了上面所说的，你还有什么不舒服的事情呢？”我微笑地看着面前这个女孩子。

“姐姐，你怎么知道的？真的，最折磨我的事情是，最近两年，我越来越控制不住自己给他打‘骚扰’电话。阿伟因为工作性质，出差很多，只要他不在我的身边，我就控制不住自己胡思乱想。尤其是那次他对我发完脾气后，我发现自己在他心目中居然变得如此不美好后，心中完全失去了底气和平衡。

“每个小时我都在想，他会不会在泡妞？会不会有什么诱惑使他无法抵挡？于是一害怕，就没完没了地打电话向他求证。最多的一天，我给他打了30次电话，发了50多条短信，他一怒之下直接把手机关机了。我更害怕了，都晚上12点了，他不回家，还关机。那个瞬间，我的头脑一片空白，我疯狂地给他所有的好朋友和同事打电话，追问他的行踪，一不小心，拨到了他的上司那里了……

“阿伟夜里回来，以前所未有的恶劣态度冲我吼了一个多小时，说我变态、疯狂。后来，居然，居然还提出要和我离婚！

“从那一夜之后，我更害怕了，他心里都有了离婚的想法了，我当然更加没有安全感了。于是我开始偷偷查看他的手机，偷看他的QQ聊天记录，翻看他的衣服，为每一根不属于我的头发，为每一丝异常的气味，与他较真。我感觉自己已经变成了一个标准怨妇！我也无比厌恶现在的自己，但我真的无法控制自己。”

“那阿伟怎么回应你的这些举动呢？”

“他出差更多了，回家更少了，即便回家，直接埋头上网，根本不搭理我。姐姐，我恐慌极了，才结婚7年，我们的婚姻已经糟糕成这样，以后的生活还怎么过呢？难道我和阿伟走到一起错了吗？

“姐姐，最近我越来越害怕，以至于害怕到想死。昨天夜里他没有回来，我一个人坐在窗台上看月亮，越想越难过，几乎冲动到想跳下去，从此一了百了，再无烦恼！姐姐，你说，这都是怎么了？”小棠焦虑地揉搓着小手。

“小棠，你的错误并不在于你与阿伟结婚，而是在于你完全放弃了自己的生活。

“爱情，是需要在互动之间产生新鲜养分的。你完全放弃了自己所有的社交活动、业余兴趣、工作，把自己的视野在长达5年的时间里完全拘束在一个小家里，没有了视野和涉猎，你和阿伟之间的沟通内容，除了孩子和你自己的感受，就很难再能有别的话题。两个人没有了新鲜话题进行互动，生活就已经少了一分乐趣。

“全职太太的生活没有太多事情需要思考，而思考是人类的本能。你原本是职业女性，思维能力不会差，那活跃的思维就会自然转到对阿伟的注意上。尤其在他对你产生抱怨后，严重的不安全感促使你几乎接近强迫地臆想所有的可能性。

“想象这个东西，就像魔鬼，像潘多拉的魔盒，一旦打开，就会蔓延得无边无际，一个小的问题会在臆想中被你无限扩大。其实，这是一种强迫性思维的怪圈，在我们极无聊的时候，容易把注意力过多集中于一点，与自己抬杠和较劲。

“最糟糕的是，当你钻到牛角尖中时，阿伟却在忙碌的工作中无暇顾及。你的担心，你的焦虑，你的痛苦都是你一个人的游戏，得不到他的配合和呼应。于是你便会在痛苦中陷得更深，女性的心理特点和软肋是需要呼应。没有回应的沉默和避让，会使女性的心智被压抑到极点，也会使女性逐渐失去自己的从容和淡定。”

“是呀，姐姐，我现在整天心里惶惶不安，担心这，担心那的，再也回不到过去那种从容、冷静的状态了。”小棠难过地说。

“而且，当你变得烦躁不安的时候，你的爱人对你的感受也会悄然发生变化，你不再是从前那个快乐、稳重、淡定的他爱的女孩，他就会越来越麻木于婚姻，会失去在家的兴趣，失去与你相处的兴趣。在你觉得无望的时候，说不定他也正在觉得如果一辈子都守着如此不可理喻和烦躁的你，他也将会崩溃呢！

“仅靠责任感维系的婚姻，是缺乏生机和乐趣的，会消磨人的激情和生活动力，使婚姻缺乏抵抗力，任何的诱因都易使其颠覆。

“男人多是不堪近身纠缠的，尤其是语言上无限制的纠葛和全方位全天候的监控，会使多数男人望风而逃。所以，如果你不想失去所爱，就不能亲手把他逼到无法喘息的地步，那样不但没有办法看住他，反而会彻底磨灭他在心中对你的爱意，使他心安理得地寻找新生活的可能。

“所以，我一直比较反对全职太太的概念。”

“姐姐，那我是不是应该去工作呢？”小棠问。

“工作是一种解决方式，但不是唯一。其实，只要你能走出房间，去恢复一定的社会交往圈子，去做一些自己感兴趣的事情，哪怕只是业余的一些小爱好，都可以。

“女孩子最怕完全把自己拘束在家中，过于狭隘的生活环境会使你逐渐失去思维的敏捷性，失去洞察事物的本能，失去朝气和灵性。当精神上的东西失去太多时，内心就会深感空虚。这种空虚感将会唤醒潜伏在你内心的所有不安全感，使你渐渐迷失本性。

“而且太窄的圈子，太长时间不与人沟通，也会使自己的知识面越变越窄，沟通能力越变越差，使你在不知不觉中丧失了与人沟通的优秀本能。这种丧失将首先表现在你与阿伟的沟通障碍上。爱人之间，缺乏沟通内容，自然容易消磨情感。”

“姐姐，我明白了，工作、交友、发展业余爱好，什么形式都可以。”小棠高兴地说。

“是的，当你的精力被更多的事情分散的时候，你就不容易钻牛角尖，整个人也会在做事时焕发出新的光彩。作为女性，自身的魅力也会快速加分呢！”

“我明白了，我可以在朋友公司做做兼职，先恢复恢复职业感觉。”

“都行，只要能让自己动起来，能多接触人，能干点除带孩子之外的令自己快乐和有兴趣的事情都可以。”

“明白啦，好姐姐。”小棠开朗地微笑。

其实，生活中很多事情和纠结，本来并不复杂，只是纠缠其中，很难看清。

无论任何时候，给自己一定的生活厚度和空间，既可以保护自身的能力和灵性，也可以令相爱的一方更珍惜自己。

女孩子们，请不要轻易选择全职太太这一危险职业，它就像温水煮青蛙，令我们在不知不觉间丧失很多最珍贵的东西，甚至丧失最爱。

可是，如果因为爱和责任，必须做全职太太，那么也请务必拥有一定的爱好、作为和朋友，给自己一定的空间和圈子。

另外，爱情是个调皮的小家伙，你苦苦逼他，他转身就逃；当你拽点、矜持点，他会掉转头来追你。

极其危险的职业：小三

曾经，我写了一些如何运用智慧对付小三、击败小三的文字，收到一堆纸条。有一些女孩私下里在纸条上问我："做小三也很不容易呢！追求真爱有错吗？为了爱情，蔑视他人的指责，执着争取，有错吗？"

看见这些纸条，我的心很沉重。做小三的女子，其实往往都是才情或容颜不错的女子。我反对你们，并不是反对你们对爱情的执着，而是反对你们把自己最好的青春和才华，投掷在了难有归途的危险之中。

且不说这种执着，大部分不会开花结果。即便你忍受了如刀剑穿心般的痛苦挣扎，修成了正果的，也会使自己终身留有缺憾。那样的如花青春啊，为什么要祭奠在难以被祝福的高坛之上呢？我又如何能不为你们扼腕叹息！

有人问我，这个世界上，你认为最难做的行业是什么？我不假思索地告诉他："我认为最难做的职业，就是小三！"

做小三难呀，为了躲避正室的追踪，她们得有间谍的敏锐和机警。

正常人搬一次家都累死了，她们得四处搬家；正常人可以好好走路，她们到了敏感地段，得风声鹤唳，左顾右盼；正常夫妻可以堂而皇之地享受恩爱，她们得选择正室找不到的地方，躲藏起来偷享。

做小三难呀，因为声言爱她们的男人，自己也心虚。她们得承受无法理直气壮的委屈和无边无际的压力。

大年三十，万家团圆，男人们都回家陪老婆孩子了，小三得独自垂泪，孤独煎熬；与心爱的男人半夜欢愉，男人再晚，也会在满足后翻身起床，穿衣回家，留下小三心如蚁噬，辗转难眠；正常女孩，可以光明正大地在大餐馆里享受节日的烛光晚餐，小三的男人如果顾忌多多，怕熟人看见，小三就很难能有此待遇，只能躲在无人的小餐馆里或酒店的客房里，偷偷进行。

做小三难呀，得忍着眼泪，学会牺牲！

因为害怕过多的要求，会逼退心爱的男人，所以，多数小三们，必须对自己的要求忍了再忍，而对自己的利益让了再让。

她们得再三地对男人表白："亲爱的，我爱你，是只爱你的人，对其他无任何所图，不要名分，不要财产，不要独自占有你，什么也不要。"

如果你什么都不要，多数男人会就坡下驴，反正是你自己不要的，我给你，还亵渎了你的纯情呢！那么，在"爱"之上，男人就只能给予你性爱温存和甜言蜜语！

我们想想，什么是爱情呢？如果爱情只能通过甜蜜的话语和性爱来维持；如果爱情不能荣辱与共，携手并进；如果爱情不能病老相互照顾，风雨相互遮挡；如果爱情不能大白于天下，被人祝福；如果爱情不能见到阳光，那是爱情吗？

不要说什么只要心心相印，不求朝朝暮暮，不求庸俗物欲，对你发着誓言说爱你的男人，如果什么也不能给你，如果什么也不能为你做，那份纸上谈兵的爱情，那份画饼充饥的爱情，到底是谁愚弄了谁？到底是谁在愚弄谁呀？！

做小三难呀，即便修成正果，也要一生负累，有所缺憾！

千辛万苦，赢回了别人家的男人，且莫说从此这个世上，多了一位极度怨恨自己的人。万一，人家还有个儿子或女儿，每每要求爸爸常回家看看，须知天下最难割断的，就是血脉亲情！自己千辛万苦得来的老公，三天两头得回去待待，自己心中的酸楚何时可以了结？自己满腔的委屈、难受，又该找谁去说理？

做小三难呀，她得是金刚不坏之身，钢铁炼成的心！

熟悉中医的人都知道，生活无法规律，长期担惊受怕，经常委屈憋气，时时得学习忍耐、克制的女子，按一般常理，自是极容易血气不畅，内分泌无法正常。

这一惊一嗔一怒之间，与肝、胃、肺相关的各部位的状况，可都是必须接受严峻考验的，而且极其频繁的悲观情绪，还使人的心脏承受着莫大的压力，身体里的毒素也是与日俱增。长此以往，这容颜，这肌肤，这身体，何堪消受？

最糟糕的是，一旦身体、容颜真受了影响，那曾经山盟海誓的爱人，他会来为你担当吗？无论如何，家中的妻子也曾经是他的宝贝，因为岁月消磨，他移情于你。你若也因悲伤变成了“黄脸婆”，难道他的责任心就会突然变得高涨起来？对你格外不同于他那已经不爱了的家中的妻子？

做小三难呀，因为她投注的是世界上风险最大的“股票”！

不管做小三的女子是何等国色天香，不管做小三的女子是何等才情高雅，不管做小三的女子是何等与众不同，从选择了别人的老公作为自己的爱人开始，风险就高过了世界上最起伏跌宕的“股票”了！

如果那个男人舍不得地位财产，不愿意为美人抛弃江山；如果那个男人其实只是想家中红旗不倒，外面彩旗飘飘；如果那个男人和妻子之间，已经有了永生难以割舍的孩子；如果那个男人的父母和自己家的二老，坚决不同意、不祝福这段爱情；如果因为时间推移，自己已经容颜逝去，新鲜感不再；如果男人有了新的“小三”……

任何一种风险，都可能会一票否决你曾经认为是坚如磐石的爱情盟誓！

高风险、低收益、重压力、多谴责的爱情，注定只能暗箱操作，随时还可能承受被正室“证监会”查抄颠覆！注定很难得到祝福，反遭痛恨！

纵使有着瞬间的灿若烟花，却在欢腾之后，被沉寂到无边的暗海之中！纵使壮烈，又情何以堪！

拥有在阳光下哭泣的资格，享受在阳光下被爱人拥吻的幸福，挥霍着爱情赋予你的对爱人的要求权，牵着属于你和你的爱人的孩子，欢乐地尽情嬉戏玩乐！这才是真幸福，真快乐，真爱情，真人生！

谈笑间，“小三”灰飞烟灭

“我的宝贝宝贝，给你一点甜甜，让你今夜都好眠。我的小鬼小鬼，逗逗你的媚眼，让你喜欢这世界。”张悬优美、温婉的《宝贝》在空中轻巧地回旋，让我疲惫一天的心情，缓缓舒展。午夜两点钟了，周围非常恬静，漂亮的仕女台灯，陪伴着墨绿色的电脑机箱，在美好的音乐中，像一对相守凝望、永不背叛的情侣，显得温馨美好。每天临睡前，我都会听一会儿自己喜欢的歌曲，使梦乡更加甜美！

忽然，一阵急促的电话铃声，打破了安静的夜空，拿起电话，还没来得及打招呼，听筒对面就传来悲伤的啜泣声。

“是小萱吗？你怎么了？别哭呀！慢慢说。”从哭声中，我听出对方是我许久没有见面的南方朋友小萱，她有着朝露般明亮的大眼睛，是一位非常可爱、善良的女孩子。

“姐姐，你知道吗？我老公到现在还没有回家！今天是我的生日，从晚上 7 点开始，我就一直在等，8 点、9 点……12 点。等得心里的火都快烧出来了，等得我心口憋得好痛，等得我都快要发疯了！

“他手机不接，再打居然关机。都两点了，一想到他在我的生日搂着别的女孩看夜场电影，我，我……我就忍受不了这种痛苦！这么晚了，我满肚子委屈，不敢和身边熟悉的朋友说，不敢对亲人说，实在走投无路，只有打扰姐姐你了……”小萱抽泣着，带着哭腔，对我大声控诉她那已经结婚5年的丈夫小任。

“小萱，不要着急。你怎么知道小任是陪人去看电影了？”我很诧异。

“昨天晚上，我无意中发现他的裤子口袋有纸片滑出一角，我好心想替他把纸条放好，结果一看，居然是两张夜场通宵电影票，其中有一部还是我最喜欢的呢。

“当时，我好开心，因为第二天是我的生日，我一直非常渴望繁忙的他，能抽空陪我看这部电影。我以为他是为了给我惊喜，特地提前买了好位置的票，明天再告诉我！所以，当时，我就没有和他提。

“可是今天，一直等到下午，等到傍晚，等到现在……”小萱难过极了。

“那，你怎么知道他是陪一位女孩子去看了呢？”我还是有些奇怪。

“我知道这个女孩是谁！！”小萱气愤地说。

随后，在小萱的叙述中，我得知，在她和小任结婚的前4年，一直和睦甜蜜。小任几乎每天都按时回家，是朋友们眼中标准的好老公。但在婚姻进入第5年后，小任突然每周会有两三天回来非常晚。有几次，到了3点多钟，才一身疲惫地回到家中。

每次小萱询问，他一律推说有应酬。因为次数太多，而小任只是技术主管，怎么可能有那么多应酬？小萱渐渐有些不信了。

特别是有时候小萱苦等到深夜，实在熬不住了，给小任打电话，小任更是闪烁其词，甚至直接关机。最关键的是，他从不许小萱问他在哪里！问急了，便大发雷霆：“你怎么这么唠叨！更年期呀！不相信我，还和我在一起干什么？”

面对心爱的老公次数渐多的神秘隐身，小萱内心越来越焦灼，直到有一天，突然收到明显是老公发错了的一条短信，小萱终于崩溃了。短信内容："玉玉，我也想你，你这个小妖精！晚7点，哈根达斯。"

玉玉何许人？小萱最要好的大学同学，曾经恳求小萱帮忙找工作，小萱和老公撒了半夜的娇，小任才勉强答应，让玉玉在小任任职的公司担任文秘。

小萱恨不得抽自己一耳光，为什么要多事，帮这个白眼狼找工作？

哈根达斯，多么奢侈的地方，结婚四五年了，求了小任无数次，每次都哼哼哈哈，不是说没空，就是反过来说："哈根达斯、和路雪没什么区别嘛！想吃冰激凌，明天你自己在楼下超市买上一大包和路雪，不也一样吗！女孩子，不要那么虚荣！非图什么名牌。"

可是，现在！现在！小萱费了很大力气，才忍住当晚没冲到哈根达斯"捉现形"。但是，芳心自是碎了一地。

后来，小萱又在小任无意中扔在椅子上的一堆东西里，发现了当地最好商场的化妆品购买发票，发现了好几盒当地一家四星级宾馆的火柴。小任从来没有主动为自己买过这么高级的化妆品，更没有理由经常缠绵驻留在那家消费不菲的四星宾馆！请客户？不可能，一个技术主管，宴请客户机会根本不会那么多！还住宿？更不可能！

"姐姐，我真的好难过，这么多的事实，你让我还说什么？"

"那么，你了解玉玉的为人吗？"我问。

"大学的时候，我们开始是很好的朋友，但是，她总是换男朋友，并且不断向每个男朋友索要贵重礼物。我有些替她担心，曾经和她聊过，她说自己的最高理想，就是寻找一个地位稳定，可以令她一辈子不用再上班的男人嫁了。能有很多钱，永远不受穷！所以，当然要多多筛选！"

"哦，这个玉玉如此拜金，难道小任没有察觉吗？"

"不知道她怎么表演的，小任居然跟我说，玉玉是一个不爱金钱的好女孩！很纯洁，视金钱为粪土！"

“那么，你有没有和小任说过，玉玉以前的拜金表现呢？”

“哪里能说呀？小任很固执，他认定的事情，我说多了，他就说我眼中容不下自己的姐妹！小心眼，没气量！

“姐姐，我好害怕，玉玉漂亮、性感，而且非常机灵。我们家小任一直搞技术，为人非常好面子，又认真，经常钻牛角尖，我真的怕如果玉玉下定决心要小任，小任很可能根本不是她的对手。我这个家很可能就完了……”小萱非常焦虑。

“姐姐，我知道他们在哪一家电影院！我现在几乎控制不住自己，好想去电影院和他们大闹一场！”小萱愤怒地说。

“千万千万不要冲动！小萱，我问你，你究竟想不想保住你和小任的婚姻？”

“当然想！姐姐！”

“如果想，你就要听姐姐话，现在绝对不能去！

“你也知道，小任是个视面子为生命、自尊心极强的倔强种子，对这种男人，你如果能为他保住颜面，私下周旋，定然还有极大可能解除危机的！

“但如果今天你去当众一闹，把所有你们之间的牌全部亮成了明牌，令小任在众人面前，在你面前，在玉玉面前颜面全部尽失！他必会恼羞成怒，索性破罐子破摔，被你一把推到了楚楚可怜的玉玉怀中！

“而且，越倔强的男人就越像小孩子一样，他们自己做错事，却总需要别人给他台阶下，如果没有台阶，他就会胡乱跳，不知道跳到哪条路上去了。虽然以后，他们一定会后悔，但走都走了，他会宁愿一条道走到黑，也不愿丢掉自己的面子和自尊。所以，希望自己心爱的男人回家，就要学会从容应对！”我耐心地为小萱解释。

“可是，姐姐，现在，我的心被丝毫不可预知结果的等待煎熬得很痛苦！”小萱哭得嗓音都嘶哑暗沉了下来。

我好想抱过小萱妹妹，在怀里安慰。

男人们啊，一份爱情修成婚姻，是需要百年的缘分的，那是份多么不容易的情感！

我更为这些男孩子感到惋惜，再好的“小三”，一旦娶回家了，岂不又变成了老婆？老婆和老公，需要多长时间艰难的磨合，才能彼此合拍呀！何苦刚磨合好了一个，再费那么大劲，又去找一个，再重新磨合，重新折腾！人生不过百年，甚至更短。折腾个两三回，一辈子没来得及享受，也就老朽了！

更可笑的是，没享受几天安生，还在背后落下一堆仇恨和怨伤，能良心安宁吗？

“小萱，别哭了，姐姐给你出个好点子，不过你要先听话，现在千万不要去电影院！忍住内心的煎熬和冲动，是你成功的第一步！

“你想，这个玉玉既然非常拜金，我们为什么不从她这个弱点入手呢？

“你先努力平静一下自己的心态，假装什么也不知道，给玉玉打一个电话，你就把她当成闺蜜，假装很惊喜地和她说，今天是你的生日，小任为了给你惊喜，为你定了一颗足足两克拉的纯美钻石。你非常认真地对她描述，并向她咨询，那么大大约要多少钱呢？是不是怎么也得十来万呢？

“等她回答你了以后，你再很惋惜地对玉玉说，唉，这个小任，真不会过日子，十几万都够一年生活费了，真是的！怎么这么舍得呀！

“说完这些，你再寒暄几句，假装不知道小任就在旁边，立即放下电话。”我笑道。

“然后呢？”小萱迟疑地问。

“然后你先看今天的好戏！明天，我再教你下一步！”

第二天中午，小萱给我打来电话：“姐姐，真的很有意思呢。昨天我按你说的给玉玉打了一个电话。打完后，一个小时不到，小任就很生气地回来了。回来后，他对我挺温柔的，向我道歉，说忘了我的生日，连礼物都没有给我买！

“我按你叮嘱的，努力克制自己，表现得非常理解他，一点都没质问他！

而且我发自内心地对他说，老公，我不要什么礼物，我就要你的拥抱。结果，小任眼睛湿润地非常非常用力地拥抱我，还说我才是一个好女孩呢！

“姐姐，我真的很高兴，虽然没有礼物，但生日最终能得到小任的拥抱和承认，我很满足很幸福！”小萱在电话那头很快乐地说。

多么可爱的好女孩呀！我一定要帮助你重新获得幸福！我心中暗暗感慨。

“小萱，你把从结婚以来小任为你买过的所有好东西全部翻出来，擦干净，让它们像新的一样。然后，你开始主动约你的好朋友玉玉喝茶。记住，每一次约会，或者戴一副不一样的耳环，或者拎一款名牌包包，或戴一条晶莹剔透的项链，或一身名牌时装什么的，炫目登场。

“你满脸娇媚和幸福地对玉玉抱怨：‘唉，我们家小任越来越不会过日子了，你说，他怎么节日这么多呀？什么我们认识5年半纪念日！什么他第一次骑车带我6周年纪念日！最好玩的是，他居然连第一次吻我，第一次被我骂，第一次和我拥抱，都记得，都要买一件礼物送给我，以示纪念！反正，在他看来天天都是我们俩的节日啦！哎，玉玉，你看，这条项链够不够炫呀？’

“你再说：‘小任说了，爱自己的女人，就是把她包得亮闪闪的像钻石！’你无可奈何地笑着对玉玉总结：‘玉玉，你见过这种人吗？唉，真是没办法！’

“你按我这种办法试试，你的老公，应该很快就会回家越来越早了！”

“那么，姐姐，我可以喝茶和打电话穿插进行吗？见她，我有心理障碍！”小萱问。

“可以，但是电话里说这些当然没有见面的视觉效果好，这种攻心战术的见面给对方带来的刺激非常强烈！你所想要的结果，会来得更加明确和迅速！”我笑道。

过了大约一周半，小萱开心地给我打来电话：“姐姐，小任果然回来早多了。有一次，他还气愤地说，真没看出来，玉玉是个很物质的女孩！我追问他，玉玉怎么物质了，他欲言又止，很郁闷的样子！

“姐姐，为什么会是这样的情况呢？”小萱很好奇。

“很简单啦，这是一个很有趣的心理学游戏。

“因为这些东西，确实是小任给你买的，你只不过把它们集中展示了一番，所以你可以炫耀得理直气壮，非常自然。

“但玉玉的感受就会非常糟糕了，她会误以为这些好东西，都是她和小任在一起期间，小任为你买的。她就会情不自禁地产生无限的酸楚和嫉妒，再加上她本来就是一个拜金女孩，只是为了引发小任好感而假装不喜欢物质，那就更加会刺激到她的内心底线，逼她提前对小任施加压力。

“当她不断向你看齐，要求小任为她购买昂贵物品时，小任就开始有机会清醒观察眼前这位女孩的真实性格了。当小任逐渐发现自己真的看错这个女孩的时候，他自己就会反省和后悔。”

“幸亏玉玉是个拜金女孩，而小任又很厌恶贪婪的人。否则，小任……”小萱很庆幸。

“即便玉玉不那么拜金，在咱们的这种攻心战术下，她也会因为嫉妒和爱情攀比而增多对小任的要求的！

“任何做小三的女孩子，即便很不拜金，她们也有弱点。因为，她们要从别人手里抢夺爱情，所以她们的内心都会非常缺乏安全感！

“因为极度缺乏安全感，所以她们对男孩子的爱的渴望性和占有性，经不起任何外在刺激。你以小任夫人的面貌，每每光彩照人地出现，她的内心就会对小任越来越没有把握。她就会加大、加重对小任的各种任性的要求，包括物质要求，以求平衡其内心！这就是心理学里的攻心游戏！

“而男人都是经不起逼的，她苦苦相逼，你再温柔包容，小任想不后退，都不可能了。”

“姐姐，我好开心呀！原来，我以为再也不可能让小任发现玉玉的本来面目了，我的老公再也回不来了！”小萱激动地说。

任何冲动、谩骂和不理智，都是爱情的天敌，如果希望自己的爱人回头，请一定要注意策略，以正当、潇洒、聪明的姿态来打胜仗，即便老公以后知道了真相，他也只有苦笑和佩服的份儿，因为你照顾了他的自尊。最重要的是，你并没有欺骗他什么，只是运用智慧，帮助他发现了小三的真实面目而已。

透析一夜情，拒小三于“未燃”

厦门是一个我非常喜爱的地方，它的空气中充满着悠闲、自在的味道，潇洒舒展的大叶棕榈和枝叶茂密的神秘榕树，盘踞在所有人们视线所及之处，滋润着为生活奔波的人疲惫的心灵。

夜晚，陪我劳累了许多天的人力资源总监阿茹，体贴地将我送到下榻的宾馆。到了房间，放下帮我拎着的资料，姑娘欲言又止，一脸不想走的表情。

我微笑着请阿茹坐下，这些天来，这个可爱的女孩子虽然表现出了非同一般的严谨、敬业和认真。但是她微微发黑的眼圈和忧伤如深潭般的眼神，一直在告诉我，她已经很久不能好好睡眠，而且心中一直隐忍着自己难以承受的压力。没有旁人注视时，她情不自禁地揉搓自己双手和反复与一支笔较劲的动作，更显现出了她内心的极度焦虑不安。悲哀难过的情绪使她眉头轻蹙，眼角下垂。这一切隐隐刺痛着熟谙面相心理的我。是什么原因令这个女孩如此内心憔悴、焦灼?

“老师，我能请教你一个问题吗？”阿茹鼓起勇气说。

“这些天来，咱们都情同姐妹了，还客气什么？不过请直入主题，告诉姐姐，到底是什么情形能那么严重地困扰你呢？”我递给女孩一杯轻雾萦绕的菊花茶，帮助她放松局促不安的心情。

“姐姐。”阿茹轻声一唤，忍了几天的泪水一下子夺眶而出。

在阿茹随后断断续续的叙述中，我了解到阿茹已经结婚 3 年，她老公阿勇是家科技公司的部门经理，对阿茹可以说是温柔体贴，宠爱有加。她也一直沉浸在甜蜜生活之中，觉得自己是世界上最幸福、最满足的女人。

这样的生活，本可以一如既往，却在某个周末的下午，在“曾厝垵”这个名字很难念清的地方，发生了扭转。

丈夫阿勇说要出去陪客户谈事，阿茹觉得一个人待在家里有些无聊，便邀请几个闺蜜去海边散步。

踢起银色的碎沙，看着满眼泳装的青春少女和嬉戏欢乐的小孩，阿茹和女友们心情很好地说笑着，却在无意中突然注意到一对骑着双人自行车的情侣，那被长发飞扬的漂亮女孩笑喊着、亲昵地拍着肩膀的男人，不正是老公阿勇吗？两个人亲密、暧昧的对笑，瞬间揉碎了阿茹幸福满满的心田。

愣在当下、脚步几乎不能移动的阿茹，使闺蜜们不知所措！一个叫小元的冒失闺蜜，为了安抚阿茹，赶紧说：“阿茹，也许你误会了，也许这只是阿勇的一个朋友或者客户呢。上个星期六晚上，我在银星酒吧还看见阿勇和另一个跳舞跳得很好的红发女孩在一起亲热狂野地搂着跳SALSA，我可以肯定不是现在这个女孩！所以，这个女孩应该不会是什么情人……”小元喋喋不休地解释，被另一个闺蜜轻轻踢了一脚。

阿茹强忍着泪水跟女友们说：“对不起，我有点不舒服，想先走了。”强撑着走出女友们的视线，阿茹一下子脚就发软了，没有勇气当面去揪，没有勇气给阿勇打电话，离事实越近，心里越害怕。上个周六，就是阿勇凌晨4点才回家的那个夜晚，在阿勇的纽扣上发现一根缠绕着的红发，阿勇解释说一定是挤车时别的女乘客的。那晚，阿勇曾温柔地打电话说，单位加班，宝贝你先吃饭，别等我！

那晚陪着阿勇到凌晨的女孩是谁？眼前这个与他亲密无间的女孩又是什么人？阿勇到底有多少情人？她们是可能危及她的婚姻，随时有可能夺走她的爱情的“小三”吗？即便现在不是，以后会不会由情人再转化成“小三”？

阿茹的哭诉使我轻叹，我问：“你和阿勇摊牌谈清楚过没有？”

阿茹说："姐姐，我实在不敢谈，好几次想开口，又停了下来，因为我怕一旦说开，不知道以后该如何去制止，情况反而变得更加糟糕！"

阿茹是聪明的，发现老公状况不对，如果不知道后面该怎么做，谈完又无法控制事态发展，还不如先不谈，等待时机。因为，一旦男人发现妻子对自己的外遇没有任何阻止的高招，他心中的忌惮反而更少。

但是，不谈，装糊涂，也一定是危险的！除非你不想要这份爱情了。

我胸有成竹地对阿茹说："这样吧，你按我的步骤走，明天勇敢地和阿勇谈一谈吧。谈话一开始，你要坦率地告诉他，你已经亲眼看见了多次事实，所以，大家不要纠缠在有没有这回事上。你明确提出你想知道的是：一、他究竟有几个这样的女孩？二、发展程度如何？三、他的真实态度！记住，主要是问清他们目前发展的状况和阿勇对待她们的真实态度，为了让阿勇绝对坦白，不管你心里怎么想，不管你是否还能接受他，你都要明确地告诉他，只要他坦白事实，并仍然珍惜你们彼此的情感，你可以并愿意试着原谅他！"

我看出阿茹眼中某些不确定的害怕，笑道："事实，迟早要面对。隐忍，只会让贪玩的男人找不到回家的路，甚至彻底迷失。所以，大胆点吧，明确真相后，姐姐会帮你想出好点子的！"

"对了，最好就在今夜谈吧。晚上，男人都是相对放松的，比较适合交流真相。"我补充道。

第二天中午，阿茹电话打了过来，看来，这个女孩逐渐学习坚强起来。她努力用平静的口吻对我叙述交谈结果，阿勇坦陈，自己是在网上交往了四五个女孩。阿勇说，其实自己只是工作压力比较大，想用"一夜情"给自己放松放松，绝对没有想和其中任何一个女孩发展深入到婚姻的感情。在自己心中，爱的绝对只有阿茹一个人。只要阿茹愿意继续过，他一定会珍惜婚姻的！他还说，老婆永远是正餐，是男人一生的需要；情人只是野餐，不会当真的！

"还有什么重要的情节吗？"我追问。

阿茹非常困惑地对我补充道："有，对了，阿勇说，他一直非常非常小心，和所有女孩只是最简单的玩玩，与她们从不谈自己的姓名、真实身份，不谈真实信息，不谈家庭地址。有些女孩玩完就散了，再不相见，所以绝对不可能发生任何严重后果！"

我问："他这么做，有多长时间了？"阿茹告诉我："已经将近两年了，据阿勇说，有的与他交往的女孩，都有将近一年的时间不再见面，不再联系了。"

"一年？"我心中有了一个很妙的主意。我先问阿茹："如果你的老公发现了游戏感情的严重危险和后果，极力愿意回头，你还愿意接受他吗？这是我们要不要继续往下的关键。"

阿茹的冷静再也无法坚持，她泣不成声地对我说："姐姐，我们相恋 5 年，婚姻 3 年，8 年的悲喜欢乐，一景一幕，不到最后实在无法挽回，我真的无法放弃呀。"

"好，我们先让他回头吧！"我细细地告诉阿茹，应如何实施下面的计划。

转眼，又一个周末到了。自从阿茹与阿勇摊牌后，阿勇收敛了很多，这个周末，一直在家陪着阿茹。临近傍晚，家中门铃响起，阿勇去开门，阿茹听见门口阿勇正极力压低声音，与人争辩。

走到门口一看，只见一个陌生的中年女人抱着一个婴儿，阿勇吓得面色发白，看见阿茹过来，更加语无伦次。他着急地对阿茹解释："这个女人说，一个叫阿凌的女孩，托她把这个孩子交给我，说是我的儿子！阿茹，你千万别相信，我和那个什么阿凌都快一年没见过面了，哪里来的孩子呀！"

那个中年女性把一封信塞给阿勇："这是女孩的信！"

阿茹将女人和孩子让进家门，把大门赶紧关上。

阿勇紧张地看着信，脸色白一阵红一阵，额头上满是汗水。

信中写："阿勇，一年前，我告诉你是安全期，结果安全期并不安全，等发现时，已经太晚，不适合流产了。我害怕极了，在乡下朋友家，悄悄生下了这个孩子。我现在这么年轻，养活自己都成问题，根本无法带孩子。如果爸爸妈妈知道我闯了这么大的祸，那更是天都要塌下来啦！既然你是孩子的父亲，那么就交给你吧！”

中年女性叱责阿勇：“你这个男人，敢做为什么不敢担当？快把你自己的孩子接过去！”

阿勇往后退了两步，手一直在发抖，他害怕地握着阿茹的手：“老婆，求你一定要帮帮我，我发誓，从此以后再也不玩一夜情了！我真的没有想到后果会这么严重！我马上就去把所有的上网记录和名字都删除！我马上换手机号！我……”

阿茹难过地看着眼前这个贪玩的大男孩，在遇到最严峻的后果时，往日所有的冷静都没有了，是那般狼狈，那般惊慌。

“阿勇，你确信自己已经知道游戏感情的严重后果了吗？你确信自己真的非常害怕承受这个后果吗？”阿茹认真地看着阿勇的眼睛。

阿勇给阿茹跪下来的心都有了：“好老婆，以前听说有这种事情，我总以为不会发生到自己身上。现在撞在墙上了，真的觉得自己完蛋了！早知道有一丁点儿这种可能，我都绝对不会和任何女孩发生暧昧关系呀！老婆，帮帮我！求求你了！”

阿茹把中年女性拉到门口，两人相视一笑，阿茹轻声说：“阿姨，谢谢你啦！改天我和阿勇登门感谢！”阿姨笑着抱着孩子起身告辞。阿茹送走阿姨，走回屋中。

阿勇目瞪口呆地坐在原地，还沉浸在刚才的恐慌中，阿茹轻轻握起老公的手，笑着说：“阿勇，你送我几个月的彻夜难眠和对你爱情出界的痛苦，我还给你一次惊吓，你不会怪我吧？”

阿勇张口结舌，愣了好一会儿，才确认自己是真的没有危险了，刚才真的只是一场“噩梦”，不禁惊喜若狂，结巴地问：“阿茹，我的好老婆，你，你告诉我刚才的一切都不是真的，对不对？”

阿茹说：“难道你希望是真的吗？”

阿勇终于回过神来：“不，不，当然不！谢谢老婆，让我体会到了游戏的可怕后果！”

阿茹轻轻安抚惊魂未定的老公：“阿勇，你知道打野食有多少比今天的情形还要严重得多的后果吗？”

阿茹将我对后果的详细分析，细细地讲给老公听。

面对婚外“游戏”，危险有五——

危险一：首先，男士以为彼此不通姓名、地址、真实信息，就安全了，这是绝对错误的。一个手机号，就附带了真实姓名、家庭住址等很有可能被人知道的信息。相处时，对方在男人上洗手间、脱衣服等注意不到的情况下，不经意偷看手机中存储的各种有用信息，也是非常容易的。其次，一方驾驶的汽车车牌号，也是与本人身份紧密挂钩的。

危险二：现在几乎所有的手机都有摄像和拍照功能，婚外游戏中，任何一方稍微有点儿想法，都可以悄悄拍下高度敏感或限制级的图片和情节，无论是留作自赏、网上传播，甚至用于未来双方不合时的胁迫，这其中的危险，不用细说，也可以想象得到。

危险三：无论是安全期的不确定性，或者是防护工具因一方有意或无意的疏忽出现漏洞，都完全有可能出现刚刚“消防演习”中出现的最可怕的“危险孩子”。一个在这种情形下，注定得不到祝福的“绝对炸弹”，足以炸毁几个人一辈子的安宁和幸福。

危险四：即便双方身体健康，都没有任何可能相互传染的疾病，由于场所的问题，也不可能排除卫生方面的危险。而任何一方，如果不幸染上什么艾滋、梅毒的，都将会给自己的生活带来彻底翻盘的危险。

危险五：不管你认为通过网上聊天和通电话，已经多么了解一个陌生人了，也不能排除对方身份有问题。如果对方是未满 18 岁的少女，如果对方是步步设局的“仙人跳”，如果对方窥伺你的钱财，如果对方是酒吧高额消费的“酒托”。无论哪一个“如果”一旦发生，都会产生无法弥补的严重后果。

大多数情况下，危险一旦形成，就再也无法弥补。相信每一位聪明的朋友，如果你认真思考过上面所提及的未知可能，都会对婚外游戏多上几分深深的“敬畏”吧！

阿勇听完阿茹对我的分析的复述，身上的汗水出了又干，干了又出，他紧紧把阿茹抱在怀中良久，一直喃喃自语：“还是自己老婆安全呀！”

阿勇是幸运的，他在心理学的博弈攻心游戏中，提前品尝到“婚外游戏”危险的后果，强烈的恶性交感刺激，应足以使他对婚外游戏的浓厚兴趣因着神经性的厌恶和畏惧本能，而被迅速降低、熄灭。

但是，我们一定要设想：如果那个孩子是真的呢？无论是“小三”还是阿勇本人，又将情何以堪？又将如何面对？即便没有孩子，另外四个婚外游戏危险，又有哪一个的后果不是令人如临深渊呢？

婚外感情游戏就像“潘多拉的盒子”，没有揭开底牌前，以为盒中东西一定非常美妙，一旦揭开，灾祸和“瘟疫”就会迅速毁灭一切幸福。

管钱能管住老公的外遇冲动吗

夏日炎热，人心躁得乱乱的，一帮朋友周末拼车自驾游，直奔满眼翠色的凉爽草原而去，一路欢声笑语，心情雀跃。

坐我车上的有一位叫安安的漂亮女孩，她刚与老公新婚一年，出来玩却偏要闹别扭，不愿坐同一辆车。安安皮肤白皙，脖子修长，很是养眼。可惜这位小美女一路紧紧抿着小嘴，嘴角微微下撇，沉默无语；大眼睛目光直直的，总是发呆；小肩膀一路倔强地挺着；腰也挺得直直的。一眼望去，满腹心事显现无遗。

路上时间漫长，同车女友小曼与我眉飞色舞地聊她的御夫之术。小曼告诉我，她预防老公出轨的方法是AA制财务支出法：夫妻工资各归各保管，家庭共同支出各出一半，不出的人无权享受权利。老公一乱花钱，支出时就底气不足，一到月末就得赔着笑脸来求她资助，既给了他一定自由，也使他花自己的钱时比较心疼。

小曼还没说完呢，安安突然态度很激烈地打断了她："对男人，要想让他没有多余的钱去寻花问柳，就得没收他的全部所得，严格控制他的开支，哪里能让他有那么大的财务自由度！"

我笑着问安安："那么，你和你的老公用的是什么样的财务支配方式呢？"

安安告诉我，她会要求老公每个月上交所有的工资和奖金，为了防止老公留私，安安特地和丈夫的同事成为好朋友，每月这些人都会通报安安奖金数。

安安每月发给老公1000元，油钱300元，烟钱300元，电话300元，零花100元。用完不够可以预支下月的，预支多了，下月连烟钱都不给了。

安安告诉我，这么做，好处多多。电话费的限制是为了防止老公与别的女人煲电话粥过多，油钱限制是为了防止老公没事开车带着别的女同事闲逛或过度热心地让别的女孩子搭顺风车，零花钱限制是使老公无法请别的女孩子吃饭，无法给别的女孩子买礼物。

安安得意地对我说："姐姐，你说，他如果一不能和女孩子煲电话粥，二不能请人吃饭，三不能用车载人，四不能买礼物，岂不彻底安全？完全没有了花心献媚的机会，他的贼心也就死了，不是吗？"

小曼一脸愕然。

我心中微微一痛，安安如此严防死守，必定说明两个问题：

一是这姑娘一定由于个人或家庭的原因，内心曾经深受伤害，才会对爱情严重地缺乏安全感，以至于不得不使用如此严苛、极端的方式来构筑防线，以安慰自己时时恐惧失去的心理。二是身受如此戒律约束的男人，一定也会非常受伤。爱人的不信任，在朋友和同事面前尊严受损，因为没有钱，而无法拥有任何正常社交，从而看不到事业进步的希望，这些都会变成安安老公无言的伤痛，痛到极致，这份爱情就离出现危机不远了。

正想着，车突然停了，车队驶进了加油站。我看见安安的老公在前面满脸尴尬、脸色微红地看着安安，欲言又止。因为交了不少过路过桥费，安安老公加油费肯定是不够了，偏偏安安又不开车，所以没有意识到应赶过去解围。好在安安老公同车的人看见，赶紧掏钱出来塞给安安老公，那个大老爷们儿，脸一下子红到了耳根，他不好意思地和同车朋友解释着什么，然后重重地瞪了安安一眼，脸色冷漠地钻进车去。此后，他的车开得飞快，我们在后面都快跟不上了。

安安不满地嘀咕："抽什么风呀？开这么快！"

我忍不住问安安："你真的没有想过，他刚才为什么那么怨恨你吗？"

安安很困惑地说："我又没有招惹他，中间休息，他不来与我打招呼，还对我这么粗暴，这些天他都是这个态度呢！"

"从什么时候开始的呢？"我问。

"从上个月，他的电话费居然花了 500 元，我拒绝给他报，他可能被迫从烟钱中挤出钱交的，所以就和我闹别扭吧！"

"电话费超过 500 元，完全有可能，你为什么不能谅解？"

"嗨，我知道他出差可能漫游是会多些，但是我不想给他开了先例，听说出差男人更容易出轨呢！出差他有单位费用补贴，花销上我控制不了，所以，控制电话费用几乎是我唯一的办法了。"

小曼实在忍不住了："安安你真是虐待狂，刚才你老公加油没钱，在男同胞面前大大丢了脸，他不恨你才怪呢！你这么苦苦相逼，他一定会想别的办法对付你的！"

"我才不怕，他没有钱，就做不了怪！我对他又温柔又体贴，吃的穿的都帮他准备得好好的。而且我对他又非常忠贞，从来不和别的男生多打交道。

难道只是想过一份平平静静的日子，相守一生有错吗？”安安委屈地说。

“安安，你有没有想过，一个男人，如果完全没有任何社会交往、同事情感沟通，他的事业如何上升？”

“我不指望他多成功，哪怕日子贫穷点，只要我们相爱相守，不是比什么都幸福吗？”安安说。

“关键是你的丈夫，他是如何思索这个问题的，如果他渴望突破，不甘平庸平常一生；如果他渴望交往，不愿寂寞无友一生，你严重地阻拦着他全部的交往心和向上的心，他将如何能保持对你的爱？”

“是，我每次对他说，我不希望他多成功，怕他成功了会失去他时，他就会像疯了一样摔东西，好可怕的样子。姐姐，既然他也爱我，为什么不能因为爱我而收敛自己的心呢？”安安满脸困惑。

“安安，男人的事业心和他爱一个女人的心，是没有矛盾的。爱人是他的情感需求，事业是他的血性尊严的需求，这两个是构成幸福生活的孪生条件。你以爱的名义绑架他的事业交往的途径，就等于夺走了你的爱人一半的生命快乐，这时即便你以你最温柔的一切奉献给他，他也会焦躁不安，如同困兽。

“在你这样苦苦相逼下，脾气好的男性，会开始不惜一切代价欺骗你，他会藏起任何有可能截留的收入。你控制了工资、奖金，你控制得了津贴、业余为朋友干活挣的钱、季度奖金或其他可能的渠道的钱吗？他藏钱，不一定是为了出轨，也很有可能就是为了在该花钱时不再丢面子，甚至可能是为了在你的生日时给你一份惊喜，再有可能悄悄给自己的父母多一点帮助。

“脾气逆反的男性，可就不是骗你那么简单了，他会本来没有反心，被你逼出了反心；他会本来没有出轨之意，但诱惑来时，他索性赌气而上。你不是总是怀疑吗？我索性做了给你看！”

“姐姐，我已经控制了他所有用于出轨的资本和通讯渠道，他还能乱来吗？”安安语气开始有些不确定。

“你以为爱情一定需要金钱吗？现在物质生活丰富了，很多女性甚至比男性钱还多，感情出轨已经越来越和钱没有关系，其实与钱无关的情感出线更加危险。被配偶施加压力过大的男性，内心压抑，心中委屈，肾上腺激素分泌加速，情绪变得脆弱敏感。这种情形下，有时温柔体贴的一笑，相对于家里那位的苦苦相逼，瞬间便会动摇他的全盘心意。

“而且女性的自信，本来是激发男性爱情的原动力。控制欲过强的女子，会倾斜自身的全部注意力钻进一个死胡同，在苦苦控制和较量中，逐渐丧失对自己的打理，逐渐丧失自己的自信和从容，把自己变得多疑，使自身的魅力在不知不觉之间流失殆尽。

“从生理学的角度来看，一个女子一旦钻进牛角尖，变得多疑敏感，她的头发发质会开始变差，发尾开始分叉，脸部三角区的皮肤会变得油腻，眼球会因精神状态的紧张变得有些外凸，颧骨会因表情长期的紧张变得更高，嘴角皮肤变得松散，嘴角线条变得僵硬轻薄，眼神会失却清澈，目光经常会陷入狂热和偏执。这些外形的变化，也会对事情的非良性发展提供助力。

“我曾经说过，女子的相貌在先天条件之下，后天是会有较大变化的，后天修成美人最关键的前提就是良好、平和、快乐的心态。”

安安垂下脑袋，眼眶中渐渐有了泪光：“姐姐，我好像真的陷入了偏执之中，但是我真的很害怕失去他，我不知道不用钱来管，还能有什么方法能快速有效地帮助我建立安全感。我经常做噩梦，梦中一次次失去他，经常哭着醒来。”

“安安，你曾经失去过你的爱情，或者你的长辈的爱情中存在令你难忘的伤痕吗？”

“是的，姐姐，我母亲就是在完全失去对我父亲的把握后，苦苦忍受着长期的孤独和痛苦，我真的不愿意这样的历史再次重演。”安安轻轻啜泣道。

“安安，现在你必须彻底理清思路，意识到控制钱并不能真正控制老公的心，你能明白这个道理吗？”

“姐姐，你说的我已经明白，过度控制钱会对老公造成很多伤害，会把他逼向欺瞒或背叛，会伤害他的自尊，会影响他的工作前途，会伤害到夫妻彼此的信赖和感情。最重要的是，也会使自己失去从容，损伤自己的健康和容颜，使自己的爱情真的陷入危险。”

“好，明白了就好。那么安安，关于你的安全感缺失的问题，其实很好解决。我先告诉你一个最简单的自我治疗的方法，你可以结合与心理师做适度的交流和治疗，同时回家后和老公一起实施，很快就能疏解心中的郁结呢。

“这个治疗必须由丈夫为妻子实施：每天晚上入睡前，丈夫以温和的手掌，轻轻由上到下安抚妻子的后背（脊柱两侧），温柔抚摸她的秀发，或帮助她轻柔地上下顺理胸口的膻中穴，轻柔安抚她的小腹，同时说一些帮助妻子安静的故事或话题，每次 15 分钟左右。如天冷手冷，一定要先暖和一下掌心，再实施安抚。

“相爱的异性真诚、温柔的安抚，是最快的激发令女性愉悦、安心的激素加速分泌的手段，可使妻子渐渐重新建立安全感、归宿感和甜蜜感。切记的是，在妻子未完全消除心结之前，安抚治疗应避开敏感、暧昧的感觉，纯粹以物理性的爱心安抚为主。”

“太好了，我今晚在草原上就试试。”安安开心地轻笑。

“真羞，哈哈……”小曼刮着安安白皙的鼻子，笑着调侃着，车里充满了快乐的气氛。

不远处，辽阔的草原已在天际展开，空气透明清澈，到处洋溢着青草的芳香。希望爱情的绿洲，能在所有相爱的人的心中构筑起来。

摆平事业男人的偷情本能

看到众人眼里的阳光老虎、丈夫中的光辉典范伍兹，终于栽在了狂花莺语之中，为人妻者，有男友的女孩们，不免心有忐忑。

如何才能“管住”自己家中那位事业正处于上升期的男性，不要招惹花花草草，到处“沦陷”温柔乡，到头来，一地鸡毛呢?

在所有男性中，事业呈蓬勃上升期的男性，贪吃偷情率最高，与婚外女性产生化学反应，几乎成为他们共同的本能。没有爆发的，也就是时机未到。爆发的暧昧模糊的，也只是在玩格调而已。

那么，如何摆平事业男人的偷情本能，使自己的小家庭能够永远太平，消除外忧呢？其实绝招多多，孙子兵法有曰：知己知彼，百战不殆。我们必须先看透事业上升期的男性为什么非常容易迷失自我，清楚了来龙去脉，自然困难也就迎刃而解了！

那么到底是为什么呢?

其实事业上升期的男人，容易迷失的道理非常简单，外因内因各占一半。

外因是，事业上升，意味着与女性诱惑源接触概率大幅度攀升，毕竟成功得意的男性比较容易招惹崇拜，挑战其男人本性的诱惑过多过滥，就像逛百货商店，琳琅满目之下的豪华店堂对消费冲动的诱惑刺激一定大过普通商店里寥寥落落的陈列。

满眼的春色，无论喜欢什么风格的，就怕你想不到，没有江湖没有的。“美食”当前，食色性也，人的动物本能欢快地发出冲锋的号角，他们如何能够不动心？老婆再好，如何能够一人变换多种角色？更何况整日里被生活油烟熏着，带孩子累着，工作拖着，不面露憔悴就已经万幸了，哪里还能摇身变得胜过外边世界的万千美丽！

内因必然是饱暖思淫欲了。原本事业不济，情绪低沉，整日里狼狈应付，殚精竭虑的，满心疲惫。从生理学角度来说，这时的男人，神经过于紧张，内分泌不畅，雄性激素分泌出现问题，性欲也会大大遏制；除非功能超常的，否则哪里有精神做额外的荷尔蒙消耗。

事业一旦顺利了，身外诸事皆入正轨，休息好，营养吸收好，精力旺盛，原先的委顿通通没有了，每一个细胞都精神饱满，男人的性冲动就会无法克制地变得蠢蠢欲动。

超级好的男人会默念着“圣经”管好自己，但多数情形下，无法按捺住高度饱满的本能，在各种诱惑的毒花中，就会极容易出现不顾后果的迷失。

外因内因都清楚了，那我就结合心理学和生理学，帮助你多管齐下，必能胜券在握！

1. 管理他的胃

别误解，这里不是常言道的烹饪技术好，光是烹饪技术好，可是大大不够！而是科学地为他配餐，成功上升的男性，正是得意万分、热血沸腾、精神亢奋，满眼的“情窦初开”。这叫作假性第二青春期，是反生理发展规律的，就像已经开了10年的宝马，还非要在漂亮小妹妹面前飙个250什么的，对你家男人的心脏和肾其实是大大不利的。而且，假性亢奋之后，“元件”会老化得更快，男人会变得早衰、易病。

所以，我们应该用我们的巧手帮助老公调理假性青春期，既保障他的绝对健康状态，又使小家安然渡过情色危机。

配餐技巧：每日早晚以糯米和绿豆为主料，慢熬成粥，冬天去绿豆。临睡前如果胃没有问题，就送上烧开的新鲜牛奶一杯。主菜中多有豆腐、鸭肉和甲鱼、海参、螃蟹等优质海鲜。如有条件，常年配上一碗莲子银耳羹，更是妙上加妙呢。不过，身体有病，医嘱忌海鲜者除外。

浓茶、咖啡及热量高的荤菜要切切小心控制。水果则是吃得越多，他会越快乐、越理性、越爱你！

记住，饮食调理不对，会反向促使你的男人变成“反季节斗士”的。

2. 明确表达你的不悦

多数男人都像调皮的孩子，他们在外面初经诱惑时，虽觉好玩，必对你有所心虚，于是他会多般试探你的底线。你坚决直率地说“不”，他必会顾忌重重。

很多女孩因为太爱，说不出“不”字，调皮男生就会得寸进尺，直到泛滥成灾、无法承受时，积重难返，“挽救”最佳时机已过，可也就不能全怪人家了。

3. 不要太像圣女

没有一个男人真的喜欢娶一个圣女回家，可远观而不可近嬉戏，时间久了，他就真的只能把你当成壁上观了。诱惑多了，所有的本能都会轻易地战胜他。

4. 准备一张“爱人出厂说明书”

所有男人，不管看似多么完美，都会有诸多缺点，比如，臭袜满天飞，任性贪玩，睡觉打呼噜，有点烦人的小毛病。把你男人的所有你因为爱他而无限忍耐和包容的缺点，列在一张精致的卡片上，以备不时之需。

情敌踢馆时，卡片奉上，大方细致讲解，并奉送情敌纸巾一盒，你要吗？送给你，有你哭的！你越是事先准备充分，敌人溃退得越快。毕竟偷摘别人家桃子的女人，多数不愿日后累赘缠身。

5. 多拉他进行运动，实在体力不行，多旅游也可

相信专家的劝告，千万不要用过度做爱消耗他的多余精力，这会引起他对你的永久生理厌倦。拉他从事一切能让他流汗的运动，实在自己体力跟不上，就拉他用非工作时间四处旅游去。切记用理性的方法，消耗其多余的精力。

6. 生个小宝贝，温柔地缠紧他

男人再强，孩子的贴身紧缠会使他百炼钢也成绕指柔。你要学会和孩子一起，温柔、俏皮地包围他，占据他的多余时间，消耗他的多余时间。

在这点上，女孩子要注意技巧，尽可能不要使用眼泪和哭闹，尤其不能教唆孩子使用眼泪。只有你和孩子发自内心的欢笑和纯真爱意，才是霸占你最心爱的事业男人心灵最无敌的法宝！

任何偷情的本能都会在爱情的智慧面前，望而却步。

爱你的老公，就要让他掉眼泪

如果你是女人，那么请问，你的老公，有没有在你的怀里或面前，毫无顾忌地掉过眼泪？

如果你是男人，那么请回忆，你有多久没有痛快淋漓地哭泣过了？

也许你以为，不会哭泣的老公，才是能够为你遮挡风雨的强硬男子汉！也许你认为，忍耐不哭的自己，才是顶天立地、骄傲不羁的纯爷们儿！

其实，这些都是大错特错！

不愿意爱人哭泣的女人，其实，正在磨损老公如日中天的健康！太久不哭的男人，其实，正在和自己的神经和心脏强烈过不去呢！

敢哭的男人，

不容易得心脏病，不会得抑郁症；

不容易得胃溃疡，不会得自闭症；

不容易得高血压，不会得焦躁症；

不容易得恶性肿瘤，不会得精神障碍性疾病。

最重要的是，

如果你有本事，令你最爱的老公，每个月在你温暖的怀中，肆无忌惮地自由宣泄哭泣 10 分钟。那么我可以向你保证：再也没有女人能够抢走你的男人！再也没有困难能够吓倒你的男人！再也不会有挫折能令他绝望！

当然，暴力致哭，吵架令他生气而哭不包括在内。

为什么呢？

因为，男人们都喜欢：为着尊严，强忍泪水；为着面子，强忍懈气；为了怕你担心，强忍烦恼；为了怕你不爽，强忍寂寞。

可是，每个人，都一定会遇到孤独、恐惧、不安、无助。

男人用自己勉强绷着的面子，抗过一切，看似面子有了，爱人不唠叨了，其实，心理和身体暗伤不断。时间久了，积重难返的重重疲劳感，就会化成不可控制的小猛兽，跳出来，撕咬健康，摧残感情，直至毁灭所有因艰苦忍耐而得来的所有战果，包括事业，包括爱情，包括健康。

大禹治水，尚知以疏导为上策，压抑已久的男人，更像已经到达高位的洪水，你不给他宣泄疏导的渠道，他就会如倔强的顽童般苦苦与自己顽抗较量。

如果很幸运，你的怀抱成为他绝对信赖的宣泄明渠，他就不会暗度陈仓。而一旦不羁的滚滚洪水已顺入正渠，又安会有“侧渠”悄然存在之道？即便有，也绝难“喧宾夺主”！男人在婚姻上其实比女人现实多了，主流感觉对了，性呀，爱呀，漂亮呀，就会变成小花小草小妖精，难成正果了。

上面是从心理角度来诠释的，下面再奉送一些医学和心理学的理论小常识。

无数科学家早已经用各种方式强有力地证实：泪水是缓解精神负担最有效的“良方”。受了委屈或被苦痛折磨时，人们会气血滞涩，心脏和肠胃负担大大加重，神经也会僵硬紧绷。挥泪大哭，可将心中的痛苦和怒气发泄出来，迅速释放内心的紧张压抑，对改善情绪非常有益！该流泪时强忍泪水，可是极易引发消化道溃疡、高血压、精神障碍、中风、心脏病等一系列病症的。而且，眼泪中富含乳铁蛋白等具有自我防卫功能的绝对宝贝，它们可以快速抑制细菌生长。同时，眼泪还会促进细胞正常的新陈代谢，加速各种对身体有害的毒性物质的代谢排除，帮助身体和神经系统正常运行，有效阻止各种肿瘤的形成。

你的男人今天哭了吗？爱他，就帮助他哭泣！

谁敢说已婚中年女性不美

曾经，一位抱着爆米花桶在《唐山大地震》的悲恸情节中大吃爆米花的中年女性，被严厉批评为庸俗不堪，缺乏同情心和人性。

太多的文艺影片和文字作品里，已婚中年女性的形象，在举止邋遢、不拘小节、言语粗鲁、唠叨琐碎中沦落，臃肿的身材和松散的睡衣，没有精致妆容的菜黄色脸庞，晃动在你我眼前。就这样，多数人开始先入为主地记忆着中年女性的既定糟糕形象。

在轻慢和忽略中，很多的人完全遗忘了，我们所有人所置身、所生活着的这个美丽的、辉煌的、伟大的、灿烂的世界的真正缔造者，真正守护者，正是这群被忽视着的，被嘲笑着的，被不待见和轻视着的，被评价为庸俗、普通、平凡、缺乏感觉和麻木的中年家庭女性们！

每一位最英俊、最美丽的孩子们，你们可曾想到——

你们最美好而健康的五官和身体，是谁牺牲自己最曼妙、最饱满、最青春的美好身材，以自己的血，自己的苦，自己10个月300多个日日夜夜的呕吐、失眠、浮肿、煎熬，将你们细细孕育、耐心缔造出来？

是谁放弃少女的矜持，含着泪水，扑上去为你摇摇摆摆学走路时摔疼的满是灰尘的小腿轻轻吹气？是谁为你淘气时弄出的伤口，如泼妇般号啕地和医生歇斯底里地争取，只为了能让你少缝一针，少留下后遗症？

是谁完全不在乎自己衣着朴实简陋，只是要把最好、最美的衣服奉献给你——她最心爱的宝贝？是谁自己一辈子用肥皂和劣质洗发水也无所谓，却要把最好的沐浴露、最好的护肤膏给你这个被她视为珍宝的心肝用？

一个孩子从嗷嗷待哺长至成年，如能够五官周全端正，身上没有显眼的磕碰伤痕，你知道这是一个女子用什么样的美好青春，苦熬至中年，用最全心全意的呵护和最细腻的关切换取来的吗？

一位母亲消耗着自己身体的元气，忍受着怀孕时再严重的病也尽可能不吃药的痛苦，以自身的衰退一点一点缔造出你完好的五官和身体；一位母亲用自己全部的骄傲和美好的青春，辛苦换取心爱的宝贝健康长大，留给自己沧桑衰老的面庞和雀斑以及不再光滑的有茧的双手和走形的身材。

我们的母亲在以最无私的姿态全心为孩子、为老公奉献完自己后，走向衰老、庸俗，难道这样的壮丽的奉献，不足以感动天下所有的孩子口上积德，懂得感恩回报吗？

谁又有资格、本钱和底气嫌弃和嘲笑天下所有正在变老、变丑了的自己的、别人的中年或暮年了的母亲？

即便你是华服少年，即便你是达官贵人，即便你是潘安或西施。

古有曰：不念所出，同若走兽；不念其根，鄙若虫蚁。

每一位举止优雅、进退得体、修养良好的孩子，每一位品位精致、才华横溢、口若悬河的孩子，你们可曾想过：

当你刚刚出生时，你只会笨拙地牙牙学语，你精彩的口才所需要的全部天赋，是谁用精力赋予？你后天培养的能力中，是谁在用汗水买单？

当你刚刚出生时，只会尿床和哭泣，你所有的优雅和修养所需要的天赋，是谁用精力赋予？你后天修行学习时，是谁在用艰苦支撑？

当你终于上学时，是谁在整天的辛苦工作之外，还要每天早起为你做早餐，累得直不起腰还要去接你放学、辅导你晚上功课？是谁要去挣够你的学费，还要满足你与同学的攀比心理，还要为了你去挨老师的训斥？

当你终于开始工作了，是谁在你初涉江湖不顺时，成为你无所顾忌的温暖后方？是谁在你事业遇到坎坷后，无条件奉献所有只为成全你的崛起？是谁在你觉得很冷很孤独很不顺很受伤后，无怨无悔地在原地等待你的疗伤？

难道长达 18 年甚至更长时间的消耗、拼搏、等待，不会令一位曾经青春逼人的女子，很难再保持自己做姑娘时的最宝贵的美好、优雅、天赋？

难道长达 18 年甚至更长时间的担忧、操劳、焦虑、惦念，不会令一位也曾拥有过张扬、快乐的青春的女孩，逐渐退却她最珍贵的矜持、骄傲、高贵？

在托起心中最珍视的太阳后，多数的女子已经没有力气保持自己内心不曾熄灭的对高贵和悠闲的憧憬！在如山的生活压力下，抱着爆米花桶和一包瓜子，在电影院里从容地消遣，已是她们最奢侈的偶尔放松；在庄严的对孩子的抚育中，没完没了的唠叨和琐碎的关注，饱含着她对神圣责任的绝不逃避；在沉重的家务和工作压迫下，衰老的容颜和无心打理的妆容，是她们最无私、最灿烂的对所爱的人的全部奉献。

为了垒就高塔，注定要有人放弃自我，成为默默无闻而最不美的塔基！

为了成就美好，注定要有人牺牲自我的梦想，成为铸就辉煌美好背后最不堪的石子！

当你有幸成为璀璨的高塔之顶，当你有幸成就美好的梦想人生时，请不要忘记缔造、承托、铸就并永远在远处默默守护你的，那正在逐渐变衰老、变庸俗了的母亲和妻子！

正是世界上有着这些伟大的貌似庸俗、衰老、不美了的中年、老年的女性，才有了最耀眼、最神奇、最高雅的你！才有了最伟大、最光辉、最不朽的世界！

每一位正在变老的女子，都是上帝赋予人间最美好的天使和圣母，值得我们每个人用世界上最华贵的尊敬、最奢侈的赞誉来全心地讴歌和仰视！所有鄙视和嘲笑她们的朋友们，需要用最虔诚的心灵，忏悔自己正日渐浮躁的忘恩的灵魂。

白领娇娃如何谨防更年期早到

是不是每一位为人妻的女子，都一定会有讨厌的更年期呢？据说，现在即便三十岁的年轻白领女性，也有可能被早到的更年期侵袭，是这样的吗？有没有预防甚至杜绝女子更年期的好方法呢？

美丽的青岛，风光旖旎、清新，使得这次原本有些沉闷的会议，显得温柔了很多。会议主办方派出陪同我的女子小菲，三十而立，裙装打扮，秀发微卷，皮肤白皙，做起事来细致、利落，为我着想很周到，很是讨人喜爱。不出几日，她就和我成了无话不谈的好朋友。

会议第三天晚上，会议方举办了一台晚会，作为对与会专家的欢迎。晚会上，有一位在演艺界比较有名气的女明星，正在台上深情高歌，坐在我身旁的小菲，先是兴致勃勃地像超级粉丝似的着迷地盯着女明星演出。随后情绪却很快发生了变化，突然变得低沉、疲倦，黑暗中的大眼睛忧伤地隐隐泛着泪光……

晚会散了后，小菲陪我散步，我拉着她的手，感觉她的手心有很多汗水，我问小菲："今晚为什么看到那个明星演出时，你的情绪显得很消沉呢？"

小菲用力摇摇头，对我说："姐姐，不知道怎么搞的，最近，我总是觉得自己状态很糟糕，先是脸上的斑点多了很多，经常什么还没做呢，就一身的汗水；后来，就开始从心里发热，一直热到脖子上、脸上，有时，到了下午，脸上就红红的，鼻子上也总是有汗。"

"是不是有时会有头晕、心慌、焦躁的感觉呢？"我问。

"是呀，还不止呢！夜里总睡不踏实，老是不停做梦，白天很疲惫，情绪就变得很烦躁，总是想发火。有时，会突然很莫名地陷入忧伤和郁闷中，想哭似的，连记忆力都变差多了。其实也没发生什么特别的事情，除了工作压力大了些，别的也没什么！

"但情绪就是很不稳定，在单位还能勉强克制。回到家里，看老公一副不体贴的模样，火腾地就起来了，就总是管不住自己和他嚷嚷，好不容易忍住了呢，自己则又坐立不安、心烦意乱的，很是难受呢！老公又总是唯恐天下不乱地说我是更年期提前了。

“我自己心里也有些发毛。尤其每月的那个，变得很不规律，一会儿多一会儿少的，来时小肚子比20岁年轻时痛多了。”小菲很烦恼地对我述说着。

“对了，还有每天睡觉时，腿动不动就很容易抽筋似的，要不就又酸又重，烦死了。唉。

“其实，姐姐，我也认真查过书，我现在的现象居然真的是更年期呢！我自己都不敢相信自己的眼睛，更年期不是到45岁以后才会有吗？我才30刚出头呢！今天晚上看见那个明星，已经快50岁了，却仍然保养得那么好，那么精神，那么年轻！心里好郁闷，好难受，就……”小菲有些不好意思。

我轻轻笑了，原来美女小菲在担心自己提前进入更年期呢！

我拍拍小菲的肩膀，宽慰她：“小菲，其实你也不必过于紧张。我先告诉你为什么大多数人会有更年期，明白了道理，再教你如何应对。”

更年期产生的根本原因，是因为人的卵巢机能先于身体其他部位提前衰退，导致女性体内雌激素合成与分泌不足。而现代社会的精细饮食结构，多数是不含雌激素的，外在饮食没有新的补充，内在激素又日趋减少，自然身体就会陷入一段时间的混乱。比如，脂肪和胆固醇代谢的失常、植物神经功能的紊乱，这些都易使女性血脂和胆固醇升高、情绪不稳定、多梦、失眠、焦躁等。

我国的中医把更年期症状皆归于“脏躁”范围。主要指的就是雌激素分泌减弱后，女性的脾、肾、肝、心易陷入躁乱，从而引发系列的外在表象和情绪的失调。

一般更年期现象的出现，是需要很长时间的劳累磨损，所以出现的年龄一般是45岁以后。

但是，职场的白领女性，由于单位事业压力很大，还要兼顾家庭情感，所以体力和精力经常容易透支。在生命力提前透支的前提下，内分泌很容易出现紊乱，雌性激素分泌也会提前走向减弱，确实会使很多更年期现象提前到来。

“啊，姐姐，那我是不是就是提前到来了呀？”小菲紧张地抓住我的手。

“这是有可能的，但是由于更年期不会像暴雨一般突然降临，它是逐渐来到的。所以我们在发现自己身体状态不对时，及时调整，及时注意，完全有可能在它全面展开前，彻底击退它，甚至让它一辈子都不会再出现呢！”我笑着告诉小菲。

“那姐姐的意思是，如果调整得好，就一辈子都不会有更年期，就算它来了，及时发现，也会很快消失吗？”小菲停住了脚步，充满渴望地看着我。

“那是一定的！”我轻笑道。

“导致更年期的根本问题是雌激素的减少……”我准备给小菲进行细致的解释。

小菲快乐地插话：“那我就去吃雌激素的药物，不就补充回来了吗？”

“傻丫头，雌激素药物的使用，可是要非常非常谨慎的，因为直接服用雌激素的药物，确实可以快速提高人体雌激素含量。但是，稍微超过一点尺度，又会产生巨大而恶劣的影响，雌激素补充过量，非常容易导致糖尿病、高脂血症加重，最可怕的是它的过量还容易引发乳腺癌或子宫恶性肌瘤呢。”我非常严肃地提醒小菲。

“啊，太可怕了，那该如何是好呀？”小菲吐吐舌头，苦恼地问。

“其实，可以多管齐下，我先告诉你关键的注意点。

“由于更年期现象与肾、卵巢、心、脾关系密切，所以，当务之急当然是补养、梳理和调节这四部分脏器的功能，养心益脾，补肾暖巢。

“起居调整正常，适度节制欲望；穿衣时，注意保暖，护住肾脏和卵巢部位；坚持锻炼，在此基础上，全面展开饮食大‘围补’；凡是有利于补养肾、巢、心、脾的饮食和中医按摩理疗，都是有利的，多多益善。”

“明白了，回去我就去查哪些食谱是有利于护养肾、巢、心、脾的，全面更换食谱，以食代药，一定把讨厌的更年期击退！”小菲的大眼睛在黑暗中闪闪发亮。

“这是对的，但是先给你一个重要的建议，国外的科学家早就研究发现有一种食物是更年期的超级克星！那就是富含大豆异黄酮的亲爱的大豆！

“大豆异黄酮，是一种存在于天然大豆中的植物生物活性素，因其与人体雌激素的分子结构非常相似，能够和我们体内的雌激素受体亲密结合，快速促进人体自身雌激素的良性分泌。所以当人体自身雌激素分泌减少的时候，大量补充这个宝贝，就能彻底解决问题，最重要的是没有任何副作用；而且，这个宝贝还能保持人体雌激素分泌的平衡，多了的时候，还可以往深处调节。这是更年期的超级克星，还是子宫癌和乳腺癌的天敌，是我们女孩子的超级宝贝呢！”

“啊，太棒了，我就天天吃大豆，我就枕着大豆睡觉，哼！”小菲淘气地说。

“豆科植物里富含的这种大豆异黄酮，除了调节人体雌激素平衡之外，还能使女子的皮肤光滑而富有弹性，显得年轻有朝气，不易衰老；能大大改善女性经期的各种不适；更由于它可以有效降低血液中低密度脂蛋白浓度，提升高密度脂蛋白浓度，防止动脉粥样硬化的形成，所以可以很好地预防各种心血管疾病！

“从心理学的角度讲，大豆异黄酮可以调节人体的植物神经紊乱，使女性情绪趋于平稳、安定，能很好地消除多种精神抑郁症状，使我们的情绪能如朝阳般富有朝气！”

我笑着为小菲细心介绍。

“棒得没法说呢！”小菲神气地附和道。

“由于大豆异黄酮存在于各种豆科植物中，我们可以通过多种形式来食用和摄取。如自己精磨豆浆早晚饮用，多烹饪和食用豆制品类食物，每天傍晚为家人熬煮各类豆粥，还可以购买正规品牌厂家生产的从天然大豆中提取的大豆异黄酮营养片，都是不错的方法。”

“明白了，都很容易实现呢！”

“对了，额外提醒一下，对于身体已经患有乳腺癌的女子，是不适合用大豆异黄酮来调整身体的。其实，我们的健康都掌握在我们自己的手中！全面抵抗更年期的提前到来或是到来，除了大量补充豆类食品外，一定要同时补养肾、巢、心、脾。不过，要想彻底击败更年期，还有很多其他的讲究。

“从我们的居室色彩的科学布置，到丈夫应为妻子定期做穴位安抚，到女性尽可能保持自己的一些类似撒娇、哭泣、吃零食的习惯，以刺激身体雌激素的良性分泌等，都是对阻击更年期有很大帮助的，这其中老公的帮助和支持是格外重要的。

“下一次，我会详细告诉你，这些方向应如何注意和保持，如果所有的女孩子都能全面注意、改善自己的生活方式，更年期一辈子都不会降临在你的身上呢！”

“那我就能永远这么年轻、快乐了！”小菲憧憬地笑道。

“是的，先从今天我和你说到的这些开始注意和调整吧，你一定会比某些靠打针保青春的人的效果更好更自然呢！”我温馨地握握小菲的手。

海风轻轻吹来，满天的星星使夜空显得格外美丽！

“欲罢不能”背后的心理密码

太多的朋友来信，无论他（她）们的情感经历如何辗转纠结，往往最实质、最痛苦的难题，都是出在其自身“欲罢不能”的情绪之上。

平心静气下来，我们往往会发现，很多事情，并非是我们不明白真相；许多的“爱”人，并非是我们看不透；许多的爱情纠结，并非是自己不知道如何去解。

是进是退，是对是错，是离是合，哪种选择是最理性的？其实大家心中都早有正解。但是——

为什么就是克制不住自己，总是去想那个不该去想念的人？

为什么就是克制不住自己，总是去找那个不该去找的人？

为什么就是克制不住自己，总是原谅那个在外寻花问柳，屡屡辜负你的深情，对你嘴甜心硬的家伙？

为什么就是克制不住自己，总是相信那个已经欺骗了你一千次、一万次，贪心永远不会改的爱情“骗子”？

为什么就是克制不住自己，真的试着放弃那个对你任意索求，明显带着功利目的来迎合你的坏蛋？

为什么就是克制不住自己，真的学着下决心离开那个不懂得尊重你，不懂得怜惜你，总是以暴力或冷暴力施加于你身上的家伙？

为什么就是克制不住自己，总是苦苦等待那个永远要你等待，永远正在处理与妻子离婚问题的人？

也许你会对自己说：我欲罢不能，是因为——

知道他非常花心，但也许有一天，他会被我感动，为我改变；

知道他在骗我，但也许有一天，我能用我的真爱，改变他；

知道他靠近我是有所图的，但也许有一天，我能用我的温暖，焐热他；

知道他对我非常糟糕，但是离开他，孩子怎么办？不能让孩子没有完整的家？

知道等待是很难有希望的，对贪心的他来说，两边都想要。但是，但是，万一等待感动了上天，感动了他呢？

其实花心难改，其实本性难移，其实欲壑难填，其实贪心难戒，其实不爱之心是难以改造的，些许点点的改变，需要你用如山的代价来换取。最重要的是，换取到手后，故态重萌的打击，将会更加痛彻心脾，令人绝望。

请你问自己的心，难道你真的看不见真相吗？不，能看见，只是欲罢不能呀！

为什么会欲罢不能呢？为什么总是在和自己的理性挣扎、对抗呢？

欲罢不能的危害很大吗？“欲罢不能”是一种想放弃、不作为的心理常态，这种心理状态保持时间过长，危害是非常之大的。

它会不知不觉地荼毒我们的心志，使我们无法集中自己的思路，进行智慧、理性的思考，自己和自己的理性打架，自己自圆其说地麻痹自己，渐渐就会使自己陷入无边的懵懂和混乱之中；

它会不知不觉地划伤我们的内心，使我们经常会在瞬间陷入浓重而莫名的悲伤和绝望之中，渐渐使自己陷入泪水、窝心和不快乐之中；

它会不知不觉地侵蚀我们的坚强，使我们滑向优柔和软弱，渐渐失去承受生活的韧性；

它会不知不觉地吞噬我们的尊严，使我们一点一点丢失自己公主般高贵、清纯的骄傲，逐渐变得粗糙、迟钝，待到回头，已是满心的疮痍和困顿；

它会不知不觉地蚕食我们的自信心，使我们变得越来越心虚，越来越容易歇斯底里，失去冷静，越来越疯狂而没有理性地苦苦追寻答案。待到你蓦然回首，镜中早已不是你自己。

“欲罢不能”的情绪，后果是如此可怕，但其实，是深刻地反映了心理和生理的科学奥妙的。

这种状态的人们，表面再理性，也是感性的人。

她们自尊、要强，工作、生活上积极进取，不甘落后；只要没有失去理智，她们都会有美好的理想和抱负，有大作为之心；她们内心非常缺乏安全感，容易寂寞，容易对美好、不美好的事物产生浓烈的感触，非常想念“家”。

她们会有丰富的思维能力，在没有感情类困惑出现前，她们会比一般人更聪明，更机敏，更有主动思维的习惯；她们会无一例外地非常倔强和有主见，哪怕看起来再柔弱，其实，有主见着呢！

但，正是这种性情美好的女子，一旦陷入情感的纠结之中，便会渡不过自己的心河，极易沉迷于爱情的罂粟魅惑中，欲罢不能，因为：

往日的主见、倔强，变成了偏执、不回头的助推动力；

往日的聪颖、智慧，变成了自己说服自己，自己瞒骗自己，自己困住自己的有力工具；

往日的机敏，变成了为敏感的心打起纠结的双手；

往日的要强，变成了无法承受失去，无法承受失败的事情，蒙住了原本睿智的头脑，困住了自己抉择的双脚；

往日的缺乏安全感，变成了飞蛾扑火的无穷勇气。即便困难重重，心中的寒冷，也使柔弱的飞蛾纵身扑火，入火瞬间的激情、快乐、温暖、满足，会润湿她整个的心扉，使她面对再痛苦、再纠结的情感，也有着不后退的万千理由。

欲罢不能的人，性情动态强，多属温血质和易发体质，与饮食，与遗传皆有关系。因此，除了要帮助自己理性梳理“欲罢不能”的危害之外，还应尽可能避免过多食用热性和发性食物。尽可能运用饮食改变自己的脾性，使自己具备对抗“欲罢不能”的心理素质，免受其伤。

现将热性和易发食物简列于下，供朋友们参考：

1. 动物类主要有鸡头、猪头肉、鸡爪、驴肉、狗肉等。这类食物过度食用，易动风升阳，触发肝阳头痛、肝风脑晕等，还易诱发或加重皮肤疮疡肿毒，更使性情偏阳性，使人缺乏耐心，易动怒、动情。

2. 水产类主要有带鱼、黄鱼、蚌肉、虾、螃蟹等水产品。这类食品属于发性食物，过度食用，易使体内毒素活动加强，使人情绪丰富，内心不安。

3. 蔬菜类主要有竹笋、南瓜、芥菜等。多食易诱发皮肤疮疡肿毒，使性情浮动。

4. 水果类食桃易生热，易发痈、疮、疖等患；多食杏生痈疖，伤筋骨。热爱桃、杏的人，心气虚，心性强。

5. 菌类主要有蘑菇、香菇等。过度食用，易致动风生阳，触发肝阳头痛、肝风眩晕，引起躁动虚弱，还会诱发或加重皮肤疮疡肿毒。

不要过多食用热性、发性食品的同时，多食用令人性情快乐、开朗、乐观的好食品。香蕉、菠菜经常吃，心情不乐才奇怪；葵花瓜子天天嗑，万千压力挥散去；橘子香中静入眠，纠结解在甜梦中；香甜豆粥火上煲，甜蜜爱人身边伴。

除了想通、饮食调理之外，有人陪伴、交流是解决“欲罢不能”的最佳良药。不过这时，你千万不能挑选说话分贝太高，过于热情的朋友或亲人陪伴，她会好心办坏事，对纠结的你越帮越乱，越帮越痛。你应选择冷静、理性、保密性好、不厌其烦、有耐心并和你不在同一个生活圈子里的朋友倾心交流，朋友不在局中的利弊分析，是帮助你进行良性选择的非常不错的提醒剂！

在感觉自己基本快要有了决断后，立即打开录音机，自己对自己大段地、“语无伦次”地、不需逻辑地说话，然后放给自己听。其中，口误最多的地方就是你自己内心真正想要的决定。这里的心理秘诀是，人经常口误的地方，才是其真正内心想要的。话说得越多，口误出现的概率越大，你越能真正判断你的真心所想！

是在爱，还是在利用

零下10℃不可怕，可怕的是相伴着6级凛冽而呼啸的北风，如此的天气，我是断然不肯离开温暖诱人的汽车的。可是小茜用她冰冷的小手紧紧抓着我的胳膊：“好姐姐，求你了，就陪我吹一会儿风，我们就在河边坐10分钟。10分钟，我保证。”

抬头看看小美女黑黑的大眼睛里满噙的泪花，我心有不忍，轻轻叹口气，走就走呗，谁让我非常心疼这个可爱的小妹妹呢！

坐在毫无风景可言的已然结着厚厚冰层的河边，忍受着寒风如刀般刮在脸上的感受。我在想，是什么样的痛楚会让小茜这个女孩，放着暖和的车子不坐，非要待在这么煎熬的环境中呢?

小茜读出我满眼的疑惑，未语已是泪水成行:“姐姐，对不起，我只有在这样刺骨的寒冷中，才会感觉好受点，头脑清醒点。这些日子，我被一个问题折磨得快要发疯，我想不惜一切代价知道答案。姐姐，你能帮我吗？”

“是不是你和翔之间怎么了？”我有些迟疑地问，心中暗想，应该不太可能呀，他们已经相恋8年，虽还未结婚，但没有任何名分约束的8年相守都没有分离。两个人在事业上的配合更是越来越成熟和顺手，从外人的角度是看不出什么大问题的。

“姐姐，正是这样，我一直想弄清楚，翔到底是需要我，还是爱我？”

“需要，还是爱，这种判断对你来讲区别很大吗？”我凝视着小茜的眼睛。

“这有本质的区别呀，如果他并不爱我，与我的8年相守只是因为他在事业和生活上需要我，我宁愿不要这份爱。姐姐，我是带着爱的满腔憧憬来到他的身边的，我希望我最心爱的人是因为爱我而要我。如果他只是因着功利的需要而要我，我会觉得那是对自己最大的侮辱！”

“是哪些事情令你开始对你们的情感发生怀疑了呢？”

“姐姐，8年前，翔握着我的手告诉我，他爱我，要我。听从他的召唤，我立即放弃了在另一个城市的所有事业，以最快的速度来到了北京，来到他的身边。当时，我以为这一定是一份爱情，我以为自己离幸福的婚姻只有一步之遥。

“为了照顾他，从来没有干过苦活的我，能一个人将30瓶饮料和一堆菜拎上五楼;从没有做过菜的我，能买回一堆菜谱，认真研究，一点一点做出来；眼睁睁地看着自己光滑的小手被碗盘磨出了老茧。

“为了令他开心，让他为我自豪，我像勤奋的小燕子一般起早贪黑地工作，微笑着忍受客户冷淡的白眼，坚强地和他一起抗击对手的排挤，不论多么艰难的情况下，我都不曾有过丝毫的畏惧和后退。终于在经历最初3年的痛苦后，我们的事业逐渐进入了平稳、良性的状态，可我却逐渐感觉到了疲惫。

“因为，每当我取得了一个非常艰难的胜利和进展的时候，他会满脸喜悦和得意，他会非常温柔地看我，甚至会轻轻搂住我，让我依偎在他温暖的怀抱里。但如果某段时间进展很不顺利，他便会满脸沮丧，满脸不开心，如孩子丢了糖果一般垂头丧气。他会上网，干自己的事，懒得搭理我，连话都很少说，更别说温柔的目光、微笑和拥抱了。

“为了能更多地争取那样的温柔，我像小驴子一般拼命干活。痛恨交际的我，咬着牙周旋在客户之间；最怕被人拒绝的我，为了催一笔尾款，能厚着脸皮一趟又一趟地赖在客户办公室，直到拿到支票。我雀跃地将支票放到他的桌上，陶醉地看见他迷人的微笑又轻轻绽放时，所有的辛苦顿时烟消云散，那个时候，我经常觉得，我愿意用全世界来换取他对我的一个嘉许的微笑。

“可是，随着事业的顺利进展，他的设想越来越有高度，我发觉自己领受的任务操作起来越来越难。有某些个瞬间，我甚至恐惧地发现，自己居然很可能完不成某个任务，当某些时候，我竭尽全力仍然没有搞定一件事情时，我居然害怕到不敢回家，不敢去见他。我会一个人像今天这样跑到河边，泪流满面，绝望地看着河水发愣，直到他打电话催我，我才会极其忐忑地回去。

“我会极力掩饰，不告诉他事情的不顺利，我会悄悄地努力，想尽各种方法再去迂回争取。运气好的是，几乎所有的事情经过我的最终努力，都得到了解决，也因此最终都得到了他开心的笑脸。但我的心中开始隐藏着深深的惊恐：我不知道，如果有一天，我就是解决不了某一个他的很大的设想的时候，会有什么严重的后果，会失去他的温暖？会使他不再为我自豪？他会不会不再爱我？”小茜悲伤地沉浸在回忆之中。

我的心揪得很紧，可怜的女孩，你又没有三头六臂，你又不是神仙救世主，你如何能满足一个长不大的孩子永远不停的梦想？

我轻轻地抚摸小茜颤抖的肩膀，说：“小茜，还有别的什么令你对你们之间的爱产生怀疑的吗？”

小茜难过地擦擦自己的眼泪：“姐姐，当然还有，每天从我睁开眼睛就可以听见他对我的批评。他会批评我的衣服搭配，会批评我为他倒可乐时溅出了一滴，他会批评我将瓶子放到桌上时声音过大，他会批评我吃蛤蜊的时候为什么要用手，我已经极力小声了，他还是会批评我在餐馆里说话声音太大……几乎没有一天，我能听不见他对我的抱怨和批判。

“事实上，他越批评，我越无所适从。有时候逼急了，我觉得自己都快疯了，手和脚都不知道该放在哪里。我开始抑制不住地想：既然我这也不好，那也不好，那他为什么还和我在一起？既然我在他眼中几乎一无是处，那么这份爱还有可能存在吗？谁会爱上在自己眼中没有任何优点的人呢？是不是他根本不爱我？”

我思索着问小茜：“你有没有对他提过你的疑问呢？”

“当然，有时候，绝望极了，我就问他，既然你觉得我什么都不好，既然在你眼中我什么都不是，你一定是不爱我的，我们分手吧！”

“他会怎么回答你呢？”

“他每次的回答都一样，他会说：‘说你不好是让你知道自己做得不够好，你可以好好改正，争取以后能做好嘛！改正了，就还是好同志！分手那么无聊的事，你也提？别折腾了，好好过日子吧！’”

“啊？”我不禁失笑，这是什么样的答案呀。

“那8年了，他和你求过婚吗？”我问。

“相处6年都没有提过，直到最近两年，才有提过。”小茜嘟着小嘴说。

“那你答应了吗？”我好奇地问。

“他每次都轻描淡写地提，就是说，小茜，你看，都这么多年了，我也习惯你了，也不想再有什么折腾了，要不就这么着了吧。咱们哪天你如果想的话，就去把证领了？

“姐姐，你说，他把婚求成这样，我心里有多么难过。我在想，如果这么多年他只是需要我，利用我，并在利用我的过程中，已经像习惯一张床一样习惯了我，我如何能甘心把自己嫁给一个根本不爱自己的人？”

小茜的秀发在狂风中凄冷地轻舞，我满心怜惜地问小茜：“你有没有直接问他爱不爱你呢？”

小茜苦笑着说：“姐姐，我至少问过一千次，他的态度有 3 种，一种是轻描淡写地回答：爱，爱，你们女人真麻烦！一种是皱着眉头答：爱，哪点都爱，爱你全部！一种是沉默不语，憋死你！

“姐姐，你想，事业上，我很可能在某天的某件事情上，会无法完成他的要求，会令他对我失望；生活上，我在他的眼中几乎没有什么优点；情感上，他已经有整整一年以爱惜我的身体为名义没有与我发生过任何关系。问他爱我什么，他从来没有说得出来过一条。我哪里还有什么勇气相信他是爱我的？

“可是，如果不爱，他为什么不答应我分手？如果不爱，他却又为何要向我求婚？我究竟应该如何选择？”小茜迷茫极了。

是爱，还是需要？是爱，还是利用？是爱，还是习惯？

爱情中，多少次听到朋友们希望判断自己身边的爱人，到底是不是真的爱自己。因为，如果他是真的爱，那么为他奔赴刀山火海，忍受千重万重重压，都在所不辞！如果并不爱，只是为着功利，那么爱的真情就会被亵渎，爱的人儿，心中便会万般地不甘和如刀割般难受。

于是，未被爱人赋予安全感的女孩子们，就会一遍又一遍地问自己的爱人：“你爱我，你爱我什么？你真的爱我吗？”

小茜痛苦地握着我的手，无助地看着我。我心疼地搂过小茜，轻拍着小妹妹的肩膀："傻丫头，男人不想回答或者他自己根本也没弄清楚问题，无论你怎么问，他都不会给你令你满意的答案的。

"其实想弄清楚他到底此刻是什么心态意义并不大，因为不管他内心怎么想，他现在对你做的，就是不管他怎么想，都会这么做的。不管他是真爱你还是不爱你，他都在事业上给了你很重的压力；不管他是真爱你还是不爱你，他都很挑剔你；不管他是真爱你还是不爱你，他都做了很多好的表现，也做了很多坏的表现。

"因此，你只要判断，他现在对你所做的这些，你是否能够承受？是否愿意一生承受？他这种性格使你与他相守，必定会苦多于甜，如果你觉得可以承受以千苦换瞬间之甘甜，那你就心甘情愿地去承受；如果你觉得自己不堪其重，那你就毅然放弃！不管你做出哪种选择，都会有收获，也会有失去。关键是，你不能摇摆不定，更不能患得患失！摇摆，会徒然使你经受更多的煎熬，也会消磨掉你自己原本对他的爱情。

"你想，如果你弄清楚他是真爱你的，只是他不善表达，不懂得如何怜惜对方，你承受的苦就真的会变少吗？如果你弄清楚他原本不够爱你，但在8年的相伴中，他已经变得一辈子都不想离开你，他会一辈子需要你，你又真的舍得彻底放弃自己内心的真爱吗？

"如果你告诉自己，不管他是真爱假爱，我都受不了他对我的压力和不懂怜惜了，那就放弃吧，被动地忍受会使你原本对他的真爱，彻底被消磨掉所有的光彩。有一天，你会发现，自己对他的爱也变了，变得没有了，那结果才会更糟糕，更令人不堪承受，更悲哀。"

"那么，姐姐，我有什么方法可以有所突破，或打破现在的局面呢？"小茜咬着自己的嘴唇。

"其实，非常简单，把你的想法、担忧用最赤裸裸的语言亲手写在信里。记住，不要依赖E-mail，用笔写在纸上，你用1、2、3的形式清晰地提出你的问题，表达出你的每一点不满和伤心来源于哪些事情，明确地告诉他，哪些是你不能承受的，哪些是令你不开心的，然后给他指定必须给你回复的时间。

“如果他在指定时间给你回复了，至少可以说明他不想失去你，他想挽留你，很有可能他爱你;如果面对你真心的告白，他完全不回复，以沉默应对，那么至少说明他不够担心失去你，至少说明他不够爱你。

“然后，就换你，给他，给你自己，你的选择了。

“如果决定承受和要他，就放弃所有的埋怨和不甘，用你的坚定和温柔去慢慢影响他，把不爱的心焐暖，把爱而不会表达的心教会表达。如果决定放弃和不要他了，就一天也不要拖延了，青春时光多么宝贵，立即找他谈清楚，马上开始你新的选择、新的生活，不给自己任何迟疑和回首的机会。

“逝者如斯夫，世上没有任何事情是跨不过、迈不过的。只在于你想不想迈，想不想跨，想不想要。

“选好了，因是自己亲自选的，就请永不后悔！你的人生，因着这份果决，会在幸福中从容安然地度过。”

“姐姐，我明白了，我回去就给他写信。最重要的是，我应该搞清楚自己到底想不想要他，如果想要，就继续努力，如果不想，就放弃！”

“是的，你想不想要他，比他爱不爱你要重要得多！”

有时候，别人怎么想，也许你一辈子都找不到答案。所以，我们需要时时清醒意识到自己到底在想什么，想要什么，按自己的真实心声去坚定不移地行走、选择、获取。即便错了，也不悔过，只有这样，人生才能赢得真正圆满的幸福！

聪明的沉默使老公更爱你

你的老公，有没有过下班回家任你欢天喜地迎上去，人家却冷淡沉默，闷声不说话？

你的老公，有没有过明明似乎什么也没发生，他却对你耷拉着个脸，有气无力的，好像是你欠了他八百吊子钱财？

你的老公，有没有过无论你怎么暴跳如雷，他宁愿一根接一根地抽烟，也不愿和你解释一句他是怎么了？

你的老公，有没有过明明是他总是不和你好好说话，惹得你发脾气，他却在你生气时说你莫名其妙、不可理喻？

你的老公，有没有在外面谈笑风生、口若悬河，一回家面对你，却闷头闷脑，问三句答一句，似乎要他开口多说一句话，就会要了他的命似的？

你的老公，有没有过一屁股坐到电脑前，玩起游戏、上起网来，就不爱搭理你了？

你有没有想过——

他为什么不和我说话？是不是我有什么令他不高兴了？是不是他不再爱我，嫌我烦了？还是他在外面有了新人，所以，看我什么都不顺眼，和我多说一句都是折磨？

为什么恋爱时他不是这样？为什么结了婚的男人会这么奇怪？

女孩子们面对突然沉默不语的老公，往往是爱恨交加，心急如焚，不知道答案的煎熬经常使女孩失去冷静和优雅，苦苦追问，死死痴缠。而男人，更是你越闹，他越不知道怎么说话！好脾气的，更加沉默或离家出门；坏脾气的，便也暴跳如雷，与你恶言相向，或者冷若冰霜，横眉怒对，使家庭陷入冷战。

那么，男人们究竟是怎么了呢？

不要太担心，其实，大多数男人在大多数情况下表现出上述状态，再正常不过了。如果你能读懂他的心灵密码，掌握聪明的沉默技巧，你们的生活自然能够平安无事，快乐无忧。

记住，做一个冷静、从容、智慧的女人，任何生活的风浪都不能轻易掀翻你的爱巢。

现在，让我们一一道来：

一、在男人刚从劳累疲惫的环境中归来时，妻子请选择不语。

男人，都是非常要强要面子的家伙，他们中的多数会觉得把工作中的困难或麻烦与自己的女人唠叨，是自己的无能；也有些老公，虽然愿意与老婆分享困难，但白天刚刚从麻烦中抽身，心情正是极度低沉、疲惫之际，所以，刚刚回到家中时，便不愿说话，懒得说话。

这个时候，不爱说话的男人的任何懈怠的表现，与你们的爱情无关。那是他倦了，那是他累了，那是他在调整自己。

这个时候，如果你苦苦逼问，紧紧追随，亦步亦趋，他会在疲倦之中滋生对你的厌烦，你关切的话语在他的耳中变成了聒噪。你的持续不断的声音，会刺激他虚弱的神经，加重他的精神疲倦。如果他不理不睬，你仍然强行追随，就会使他的血液循环加快，头脑发热，情绪急躁，甚至面红耳赤。焦虑之下的他，必然认为你不懂得体谅，不懂得温柔！

长此以往，他就会对你形成不温柔、不懂事、不善解人意的严重误解。这时，如果外面正好有着什么小女生，因为与他没有生活牵累，与他温情脉脉的，他便容易走入迷途，忘却本质，无法回归。

这种情形下，妻子最好是以动作传递关爱，少说话。比如替他接过沉重的电脑包，比如递上一杯温馨的饮料或茶水，比如送上一双温暖的拖鞋，比如准备一桌鲜美可口的饭菜，比如轻轻揉揉他的肩膀，说声：“你累了，歇歇吧，今天事情我来做……”

你完全不用着急，等亲爱的他缓过劲儿来，休整过来后，你再慢慢与他沟通，一切该知道的都还会知道，何必急在一时呢？记住：不语，有时也是一种沟通。

这个时候，有些妻子会说，如果我确实有急事，要听取他的意见呢？如果我也有委屈，想和他倾诉呢？你想，人家正是满杯水的时候，你非要向里面再加你的水，当然只有一种结果——漫出来。反正你再说，也没有任何正面作用，那么先忍耐一个小时又何妨！

男人自我情绪调整需要的时间有多长，是非常复杂的问题，但如果你有急事，一个小时的爱心体谅，应该至少可以使男人稍微清醒一些，能够腾出精力，静下心来听你说事儿了。聪明的适时沉默，定能令老公更加爱你！

二、在两人激烈对峙的时刻，妻子请选择不语。

两个人吵起架来，到了最激烈的时候，聪明的妻子应立即停止争执。男人呀，一吵架，一激动，肾上腺素就会分泌加快，全身脏器工作负荷迅速加重。还记得我前面和你们说过的这种情形下的严重危害吗？为了心爱的人的心脏健康，千万选择宽容和忍耐。你要试着告诉自己："他就是一小破孩儿，长不大的，现在我不跟他计较！输赢不在当下，哼，谁神气到最后才是真本事！"

没错，记住，男人长到多大，在母亲和爱他的妻子面前，都是任性的小孩！这是一个非常奇怪的生理现象，谁让你爱他，谁让你自己下了决心嫁给这个"冤家"呢！是不是？

我建议两人吵架时妻子不语，还有一个重要的原因，男人别看他平常多理智，多稳重，一激动起来都没有什么好话。过头的，言不由衷的，什么垃圾恶语都有可能脱口而出，肾上腺素害人不浅呀！

如果你的老公不幸是什么律师、记者、主持人、演讲家、企业家什么的，你就更加招架不住，不是他的对手了！为什么拿自己的弱项 PK 人家的强项呢？吵架无好话，不要自己招惹伤害。

请记住，即便你平常再会说话，也没有男性独有的肾上腺素激发下的高度应变力，更因为你深深爱他，舍不得伤他而顾忌多多，言语能力就更加是弱项了。

为什么一定要吵呢？怎么不用用你的小脑筋想想别的点子，看看强攻不行，能不能智取。女性如何通过智取帮助男人认识过错，是另一个课题，我会在以后的文章里再说。咱们先学习正确应对，再学取胜技巧。

三、男人选择不说的秘密时，女人不语。

对于男人隐藏的秘密，如果他不打算招，你又如何能够逼出他的真言？强逼之下，谎言就会滋生；苦苦相逼，听到的却是半真半假。然后，你再不信，再苦苦相逼，就会变成可怕的恶性循环。会逼着他用更多的谎言来弥补前一个漏洞，会将他逼着在错误的路上走得更远，也会将女人逼得欲罢不能，丢失理智和从容。

很多时候，秘密就像潘多拉的盒子，一旦打开，结果就不是他和你所能控制的局面，“瘟疫”一旦蔓延，伤痕累累的婚姻该如何修复？所以，在你没有把握自己能够承受得了真相时，就不要草率行事。

女孩子会问了，难道任由他心藏秘密吗？难道相爱的人，就一定不能坦诚相见吗？

如果你凭借女人的直觉感觉他的秘密如果任由发展，一定会危及你们的婚姻，那么，智取吧！如何智取呢？不同问题解法不同，“小三”的问题有小三的解决方案，一夜情有一夜情的解决方案，他在外面惹麻烦了，有惹麻烦的解决方法。

如果这份秘密是他的初恋，那么，只要他不主动说，你就千万别再问了，就如也许你也有自己过往的秘密一样，让它随风去吧！一个对过往女人秘密任意评价的男人，你不害怕吗？一定要让小脑筋保持绝对清醒！就算好奇，该忍的，也一定要忍！再说，就算你以“既往不咎”的幌子哄着他全招了，你心里就真的踏实了吗？会不会从此，心里也有些堵，很不是滋味呢？

有危险的秘密，我们来智取；没有危险的秘密，尽可能放弃，选择沉默。无声默契地相对，有时候比大吵大闹，还要有威力呢！

四、在外面口若悬河的他，如果回家不说话，请包容他。

大多数在外面口才甚好、说话甚多的男人，回家了，却不爱说话。其实，女人也是这样。

这是因为，说话其实是最耗费人的身体元气的活计了。因为事业或使命，必须在外大量说话和应酬的人，元气已经大耗，回到家了，如果你再要求他没完没了地说话，他便会极度疲惫、难受。在这点上，男人女人是没有区别的。

每一次激烈谈判后，我都会让自己休息一会儿，以确保思路绝对清晰。疲惫会降低人的反应速度，而很多人在外是绝对不能犯错的，不是吗？《新闻联播》说错一个字，可能会是重大事故；商业谈判说错一句话，结局天差地别；名人说错一句话，可能掀起轩然大波；律师思路不清晰，说错话了，可能一场官司就搞不定了。

因为不能犯错，在外面的说话才会很累，所以，我们每个人每天回家以及周末、放假，才会觉得怎么这么轻松！周一上班或长假之后又要面对事业，会觉得心里沉甸甸的！做事业，闯天下，多数是在说话中完成的，那么你的爱人回家时，体贴地允许他有一定的沉默，会令他多么感动，多么心动！他又如何不爱你如珍宝呢？

爱人累了时，你的不语是对其最爱的表现。学会该不语时不语，你们的沟通才能更加畅快！

五、男人沉迷电脑时，如何拉他与你说话。

如果你的男人像孩子般贪玩，屁股在电脑桌前坐下来了，就一整天都不愿抬起。难道这时候，我们也要沉默吗？请细看我的标题——“聪明的沉默”，聪明的沉默不是绝对不说话，而是不说无用的话，不说影响感情的话。并不表示我们什么努力都不用做，完全可以根据情形，去进行有建设性的尝试，说有助于改变形势的话。

比如，这个时候，你实在想和他说说话，怎么办呢？其实，这个问题既难也不难。心理学里对付痴迷于某事的人有个很聪明的方法，名字各位很耳熟：钓鱼。没错，就是“钓鱼”，用他超级感兴趣的电视、DVD、孩子（最令他没办法的法宝），去干扰他，“勾引”他。

你把他喜欢的电视节目声音调大，你支使儿子时不时骚扰他一把，或者你手舞足蹈地玩其实他也喜欢玩的游戏，或者你看见电视里有某项他一定感兴趣的时事、美女选秀什么的，就大声告诉他：“老公，老公，看，有超级漂亮的泳装妹妹呢！”

举个例子，某朋友老公不喜欢看球赛，一看见她看就阻挡。世界杯来了，朋友紧急求救于我。

我告诉她，先对老公做兴趣启蒙即可。怎么做呢？世界杯除了比赛，也有世界各地云集的帅哥、美女在镜头前花样百出。世界杯除了激烈的鏖战，还有球员与裁判之间的斗智，还有许多个性明星随性的舞蹈秀、动作秀，还有球员把鞋踢到空中的令人快乐的花絮。世界杯有足够多的东西，能够把心爱的老公也“勾引”到电视机前。关键是，你有没有耐心。同理，对老婆也一样。

就像“钓鱼”一样，把痴迷于电脑的老公拉回到你的身边，你有耐心，有“鱼饵”，有智慧，还用害怕你家那条“小懒鱼”不乖乖上钩吗？关键是，你不能着急，要把对老公的“钓鱼”当作是一场真的好玩的游戏来玩，你就能如愿以偿地把他钓来与你聊天玩耍啦！

当然，如果你准备上满满的诱人“鱼饵”，再结合上温柔相求，撒撒娇，耍耍赖皮，使使小性子什么的，你的“钓鱼”技巧可就炉火纯青啦！

当男人刚从劳累疲惫的环境中归来时，在两人激烈对峙的时刻，男人选择不说的秘密时，在外面口若悬河的他回家不说话时，请学习聪明的沉默。当男人沉迷于电脑时，更请运用聪明和巧妙“钓鱼”，引导他主动来到你的身边。

当你学会了以智慧之心去爱男人，去包容男人时；当你真的学会如何看懂男人，读懂男人时；当你真的学会聪明的沉默技巧时，你与心爱的他的沟通就不再会有任何障碍。从此，你不但会越来越不累，而且会觉得生活越来越有趣味！

男人篇：珍宝般爱花护花，花儿就能别样红

老婆变得不美丽，全是老公错

所有的女孩天生都是美丽的，她们或朝气蓬勃，或善良婉约，或笑靥如花，或快乐健康。

“老婆变得不美丽，全是老公错！”男人们看见这个标题，一定急了：你怎么能这么说呢？

作为老公，你曾经有没有这么想过：想我老婆，娶进门时，青春似玉，娇艳如花；可瞧瞧现在，成天头发蓬乱，不再装扮。想我老婆，娶进门时，虽不是绝世美女，但也气质高雅、文静淑女；可瞧瞧现在，成天大呼小叫，吆来喝去，整个一母老虎。想我老婆，娶进门时，身材窈窕，青春性感；可瞧瞧现在，腰身渐丰，皮肤黯淡。老婆越来越不美，可这一切，怎么会是我的错呢？

不要着急，请你先回答我三个问题：

当你在茫茫人海之中与她初次邂逅时，在你的眼中，她美不美丽？

当你决定娶她入门，伊人身披洁白婚纱，娇羞地站在你的面前时，在你的眼中，她美不美丽？

当她怀抱你的宝贝，满脸神圣、温柔地为孩子哺乳时，在你的眼中，她美不美丽？

恋爱时，她当然美丽！如果不美，我怎么会自从遇见她，眼里是：万千鲜花皆失色，心中独恋伊人在！

结婚典礼上，她当然美丽！如果不美，我怎么有动力，忙得头昏眼花，喝得天旋地转，心中还是幸福得如蜜糖浸泡！

初为人母的她，圣洁端庄，当然美丽！如果不美，我怎么会有将母子一起揽入怀抱、好好保护的冲动！

好，既然你承认这个女孩与你初遇相恋、嫁你为妻、初为母亲，在她的人生每个关键的起步时刻，都是最美的！足以见得，上天把这份神秘礼物交给你的时候，确实完好；足以见得，这个可爱的女孩，在被她的父母交到你的手上时，确实美好；足以见得，你的妻子，已经把自己全部的青春、骄傲和美好，毫无保留地交给了你！你蒙上天眷顾，得到自己一生最美的珍宝和花朵。

那么，你有没有在得到后，仍然倾尽全心，一如既往地爱她？护她？怜她？

你有没有告诉过自己，得到了，从此不需再付出？

你有没有告诉过自己，得到了，再也不用陪她逛街、看电影、吃冰激凌？

你有没有告诉过自己，得到了，再也不用赔着小心早晚陪伴在旁？

你有没有告诉过自己，得到了，再也不用甜言蜜语日日呵护，天天关注？

有个故事：某君非常喜爱兰花，一日，从朋友处得到一株名品，如获至宝，捧回家中。开始时，天天浇灌，夜夜凝视，迷醉于兰花婀娜的身姿之中。时间久了，工作繁忙，也就渐渐疏懒了。繁忙时，多日不理，任由其生灰蒙尘。高兴时，狂浇一通，说是平日冷淡了，一次性多补些“关怀”。一日得闲，邀请朋友同来欣赏名品，朋友轻轻一拎，整个花株居然脱土而出。某君大惊失色，赶紧上前查看，愕然发现不知从何时开始，兰花花根已枯，名品早已死去。他不由得万分困惑，兰花为什么明明表面上看起来一切正常，却其实早已死去？

熟悉名品习性的朋友惋惜地为他解释：这种兰花，如果得不到好的护理，表面变化不大，但会从花心、花根先烂，渐渐失色，慢慢衰退。从表面上看起来，只是不如开始时光鲜美好，等到花心全烂、花根全枯，花儿就会悄悄死去。主人如果不细心，不到它香消玉殒，是断然看不出来的。

其实，女人如花，爱人就如同养花。

你一定能够理解，如果没有你的精心修剪，再美艳的花朵也会悄悄枯萎；你一定能够理解，如果没有你的细心擦拭，再炫目的珠宝也会日渐黯淡。

如果你希望自己的女孩永远美丽，如果你希望自己的女孩爱你之心永不会死，你就必须是一位“勤奋”的老公，勤于“浇灌”之下，你才能拥有永恒美丽的“花朵”！

如果你没有忘记常常如初恋般凝视她，她就会因为你的注视而去认真装扮；

如果你没有忘记早上出门给她一个温情的拥抱，她就会因为你的拥抱保有少女的娇羞；

如果你没有忘记，再繁忙也不让她孤独入睡，她就会因为你的相伴入睡而心情甜美，性情安静；

如果你不让她独自哭泣，她会为你绽放天使般的微笑；

如果你没有忘记像初恋时那样经常真诚地对她说“我爱你”，她就不会焦虑不安、对你的爱情疑心重重；

如果你没有忘记经常夸奖她性感依然、身材姣好，她就会因为这份荣耀努力锻炼、刻苦健身；

如果你没有忘记担负起合格父亲的职责，她就不会因为要独自抚养孩子而疲惫、焦灼；

如果你不让她孤独咀嚼寂寞黑夜，她会为你打开全部的身心；

如果你细心地为妻子买上一副防水手套和一支她喜欢的护手霜，她就会还你一双永远光滑如初的美手；

如果你为你的妻子办上一张美容卡，督促她定期护理，她就会还你永远青春、快乐的笑脸；

如果你在每一个结婚纪念日放下所有的事情陪着她去做她喜欢的事，她会还你全年无休的温柔似水和细心关怀；

如果你永远对她微笑，她就会是你永远不变的蜜糖。

这里既蕴含着爱情心理学的所有美好的奥妙，也是保持爱情恒久的千年秘方。

如果你觉得身边的花朵变得不美丽了，请细细想想我前面所提的几个问题，然后问自己：为什么好好的花交到我的手里就枯萎了呢？

如果你觉得身边的花朵变得不美丽了，请立即亡羊补牢吧！不要等到心爱的人儿如兰花般心死，再去追悔莫及！

如果你觉得外面的花儿比家里的花儿美丽，请想想家里那么好的花儿，在你的手里都糟蹋枯萎了；外面的花儿再美，摘回去还不是一样的下场！

爱自己的女人，美丽的是自己的眼睛；爱自己的女人，舒服的是自己的心情；爱自己的女人，温暖的是自己的一生。

约好了誓言，就请永不懈怠，永不离弃！

花儿为什么那样红

再遇馨儿，已是数年之隔。在一次旧友的聚会上，大家正闲坐窗边慢聊，长发美女馨儿飘然而至。抬头看去，馨儿依然像 3 年前那么美丽，灿若弯月的眼眸，皓齿红唇，黑黑的秀发轻泻若瀑，笑声如铃，莺语漫室，她那快乐的阳光般的美好，仍然深深打动着每一位在座友人的心。

馨儿快速坐到我的身边："姐姐，好久不见，想死你了。"我笑着与馨儿握手，两手交握，心念微动，馨儿的手心温热，皮肤略显干涩，指尖的动作略显些许的生硬。似乎有什么不对，馨儿是凉性体质，原本手一直是凉凉的，皮肤滋润剔透，手指更是灵巧极了。如今……馨儿明显感觉到我的错愕，无奈地一笑，眼神里隐隐现出一缕淡淡的忧伤。但只是瞬间，很快她就恢复常态，与大家快乐地聊起天来。

我在一旁细细观察了一下馨儿，她的眼角轻泛血丝，眼下微现眼袋，显然较长时间缺乏良好的睡眠质量；谈话之间，每每话题出现争论，需要说服对方时，馨儿的手指会反复揉搓，脚尖轻轻摩擦地面，语调中出现多次强调和重复，语气也会随之加重，表现出内心非常焦躁不安。

究竟发生了什么，令馨儿失眠、忧郁，性情变得焦躁，皮肤变得干涩，动作变得不再那么灵活，原本清澈的眼神中溢满焦虑和忧伤？联想起馨儿过去形影不离的老公峰，这回在多年的老友聚会中居然没有出现，我似乎找到了答案。

聚会散席之后，馨儿留了下来与我对面而坐，张口一声“姐姐”，未语已开始哽咽，泪水轻轻顺着白皙的脸庞流下。

在馨儿的叙述中，我了解到故事的内容。馨儿与峰结婚 6 年，最初几年，两人甜甜蜜蜜，然而随着工作压力的增大，随着两人相处时间的变长，峰与馨儿原本每夜必有的温存变得频率越来越少。每周一次，后来是每月一次，后来是每 3 个月一次。在一次馨儿小产之后，峰几乎不再与馨儿发生亲密关系，理由是看见馨儿小产后身体很虚弱，就有了心理障碍。

开始馨儿也没觉得如何，可是时间久了，渐渐发觉自身开始出现一些变化，最明显的是性情变得非常焦躁，有时很小很小的事情，也会觉得心里有莫名的火气，觉得不发出来就憋得很难受！心中暗火频烧，无法克制，烧得实在难耐。因此，每当峰的语气不好时，便忍不住与峰因为很小的事情发生争执，两个人动不动怒目相向，昔日温馨的小家日日战火熊熊燃烧。

馨儿含着泪水告诉我：“姐姐，我真的不想和他吵架，以前我是非常有耐心的人。但是，这两年不知道为什么，我就是控制不住自己的烦躁，总觉得心里很难受，胸口很憋闷，心火像野火一样无法扑灭！”

除了容易发火之外，馨儿还发现自己变得比以前多愁善感，经常无端地就会觉得自己会失去峰，觉得生活没有意义。

“你认真想想，你为什么会觉得自己有可能失去峰？”

“姐姐，我想是因为我们太久没有亲热后，我就总是忍不住担心：他是一个正常的男性，肯定有正常的生理需求，他会怎么解决？他会不会很容易与别的女性发生关系？

“然而，最重要的是，我认为，他需要我，说明我在他心中还是有吸引力的，说明他还爱我。但是我们都快半年没有亲热了，他还处之泰然，我就感觉，自己已经不再为他所爱。我最近经常会忍不住越来越多地问他：‘你爱不爱我？’他总是很不耐烦地说：‘爱！爱！不爱我怎么会选择和你在一起！’可是，如果爱，怎么可能他一点儿都不需要我！！半年了，我和他之间没有任何亲密接触。姐姐，你知道我的家庭很传统，虽然我觉得很压抑、很难过，但是我不好意思总是和他提这件事情，而我不提，他就当永远没有这件事情存在一样！”

馨儿泪水长流，悲伤极了：“姐姐，我失眠、多梦很久了，皮肤变得干燥，这会不会都与这有关呀？”

“当然是有关联的，正常的夫妻，如果长时间没有亲密的接触，对女性最直接的影响就是：脾气变得焦躁，心火变盛，神经系统变得高度紧张，而且由于很久没有得到爱抚，女性肌肉会变得缺乏活力；同时，由于激素分泌水平长期得不到正常的刺激，还会引发女子的肌肤干涩、月经周期紊乱等一系列问题；关节也缺乏弹性和柔韧性。”

“其实，生理的变化还算小事，最关键的是，姐姐，我总会因此觉得我和他之间的爱出现了问题，我无从确信他是爱我和需要我的。过去从他对我炽烈的爱抚和需要中，我能充分感受他对我的爱；而现在当他即便直接面对我曼妙的身材，也熟视无睹时，我对爱情的信心严重动摇了！事实上，最近我一直在想，也许他已经不爱我了！昨晚，在黑暗里，凝视着熟睡中帅气依旧的峰，我一夜无眠，心很疼很疼。我想放爱一条生路，我在想，如果证实他不爱我了，我就毅然离开他！”馨儿痛心地说。

唉，我知道馨儿爱峰有多么深，馨儿能说出放弃的话，问题真的真的已经非常严重。

我问馨儿：“你发现他有不爱你的痕迹或证据吗？”

馨儿忧伤地说：“没有什么明显的事实。但是，我真的不想去侦察什么，爱便爱了，不爱便不爱了，千方百计去发现什么会更加伤心。

“姐姐，你想，他又没有任何自身功能上的问题，却与我半年无爱都无动于衷，这难道不能说明他不再需要我，不再爱我了吗？姐姐，我好不甘心，我与峰原本那般浓厚的爱，没有发生任何事情，就成了现在这样，爱情何其脆弱，我又情何以堪呀！”

“还有，还有……”馨儿脸色微红，欲言又止。

我轻轻握住馨儿的手，鼓励她继续说下去。

“姐姐，最令我不安的是，由于太长时间没有那个，我发觉自己最近对异性特别敏感，网上性感男星的照片，现实中周围男性朋友的青睐，过去对我来说根本不算什么。但是近来，我却总觉得心里隐隐有一些危险的情绪在萌动，有一种想‘学坏’的冲动，这令我非常害怕迷失自己！姐姐，我是不是很糟糕？”馨儿无助地啜泣。

“这种情形是你长期受到压制之后产生的一种非常正常的本能，与你自身的品德并无关系。”我一边安慰着馨儿，一边心里却是非常不安，这种本能的危险感受，正是很多婚姻出现问题或破裂的诱因。我感觉到如果峰现在再不行动，就快要失去他最挚爱的美丽妻子馨儿了。

女子是有血有肉、有感受有灵性的花朵，若想花儿百日红，丈夫不去用心呵护，用心关照，用心灌溉，用心感受，如何可以维护下去？

其实，馨儿的故事在现实中非常普遍，很多男性朋友在与妻子相处度过热恋期后，便不再重视与妻子的亲密生活。尤其是工作压力、生活压力一大，身心疲惫，更觉得不需要再为老夫老妻的关系做出任何努力，甚至完全漠视了那一层的相处。

然而，在多数女性眼中，老公对自己的“痴迷需要”至少说明了爱情的正常存在。如果老公宁愿与黄色图片为伴，而自己长期不被“需求”，多会使女性渐渐失去对婚姻和爱情的信心。含蓄悲观的馨儿，选择的是想彻底放弃爱情。而更多的情形下，妻子则会变得多疑、敏感，开始执着于追寻答案和真相，性情势必也会变得焦躁不安，原本的美好也渐渐消失不见，许多家庭正是因此烽烟四起，从此不得安宁。

既然你亲手挽起你的新娘的手臂，牵她入婚姻的殿堂，就请一生一世对她好，给她温情，给她怜惜，给她欢情吧。予爱人以玫瑰，不光你的双手余香，而且上天还会还你一位永远美好、永远爱你的女子！荒废疏懒于爱，必反受其伤；勤耕于爱，爱香必萦绕一生，幸福一世。智者当深悟之。

馨儿的问题的解决，关键在于“系铃人”峰能否深深悟得此意，积极去改变现状，抚慰馨儿干涸的情愫，解开馨儿忧伤的心铃。若欲花儿百日红，君需勤做护花人。

读懂老婆心，男人赢一生

听见太多的男人抱怨：“真不能理解，现在的女人这一结婚，就仿佛嫁定了人，不需要再做什么努力了似的。”

正在做着老公、做着父亲的朋友们，你们有没有抱怨过：

她们完全放弃了做恋人时的矜持和高贵，粗糙不加保养的双手，蓬乱不加修饰的头发，穿着肥大的睡衣满屋乱跑。

初见时，她柔情似水，浅笑轻嗔，高雅端庄；现在的她，呼来喝去，唠唠叨叨，性情急躁，多么令人恼怒和讨厌！

初恋时，每次约会，她都衣袂飘飘、精致美好；现在的她，每天早上起来不洗脸、不梳妆，就着急上火地忙着煮牛奶、熬稀饭，多么庸俗没劲儿！

以前，每次和她说话，她都积极回应，双眸闪烁；现在呢，回到家里，每每想欢天喜地对她说说白天遇上的趣事，她却心不在焉，忙东忙西的，没个安生的时刻，所有的眼神都给了孩子和家务，一点儿也不善解人意！

恋人时，她每次约会，都会换一套漂亮衣服；现在即便求她去买，她都懒得动，多么懒于修饰呀！

恋爱时，送她玫瑰，她欢天喜地；结婚后每个节日，给她送鲜花，她却埋怨说，真浪费，不如节约下来，给家里买白菜！多么粗陋低级！

每每听到男人们带着轻笑，轻松地吐露这些抱怨时，我的心都会重重地痛起来，痛得酸涩难当。

和朋友们讲一个故事吧。

记得有一次，随一个团去风景秀丽的庐山开会，同行有一对带着孩子的中年夫妻。

做老公的那位，有着修长干净的手指，潇洒帅气，口若悬河，引得几个未婚女孩暗送秋波，青睐有加，其中更有一位秀发如云、明眸皓齿的美女妹妹大哥长、大哥短地围着帅气男子雀跃不已。

而这对夫妻中的妻子却是衣着朴实，脸色微显黯淡，很少公开说话，她把所有的耐心、温柔和注意力全部放在了心爱的老公和孩子身上：孩子摔倒了，她满脸焦急和疼惜地扑上去搀扶；老公的登山鞋鞋带断了，她从肩背的大包里魔术般掏出一副新的替他换上；去看瀑布时，车子不能进，需步行很久，孩子累得哭了，她轻轻蹲下，用女子并不宽阔的肩膀去承接孩子的沉重的身体，手里肩上还提着挎着一个手包和一包饮料零食。

吃饭时，一桌人，包括她的老公和那个美女妹妹，都在大快朵颐、谈笑风生、眉飞色舞，而她却心无旁骛地为孩子和老公细心剔除鱼刺，夹送新上的好吃菜肴；吃完饭，大家继续聊天，她打开包，拿出自己携带的牙签递给老公，然后想对老公说一句什么话，却见那个潇洒的男子一边自然地接过牙签，一边视妻子若无物，接着对那个长发美女和我炫耀才学，卖弄口才。

我实在有点忍不住了，提醒他：“张，你老婆和你说话呢！”

“她就是这样，整天唠唠叨叨的，唉……”帅气老公不情不愿，似乎觉得妻子很不识时务，很丢自己的脸。他一脸不耐烦地对妻子说：“你先带孩子回去休息吧，我还要谈事呢！”

妻子走后，帅气老公对我们说：“唉，刚认识我老婆时，她可是我们单位最出色的女孩，写诗写赋，晚会主持、舞蹈唱歌，样样不在话下，工作也是非常出色。现在可好，一结婚、一有孩子，什么诗呀文呀，才情呀，打扮呀，全没了。整天就是柴米油盐、吃喝拉撒的，生活怎么能只包括这些呢?

“对了，老师，你不是心理学家吗? 你也帮我开解开解她，不要越变越俗，还整天怕我看上别的什么女孩的。”

看着对着他满脸憧憬、暗抛媚眼的长发女孩，我努力按捺住自己的情绪，平静地说：“张，这一路上，我看她一直在竭尽全力地照顾你和孩子，非常辛苦，你承认吗？”

帅气男人说：“老师，这个我都知道，但她也不能一结婚，除了照顾人，就什么都不顾了。手那么粗糙，脸也不保养，衣服不买，谈不了文学，谈不了工作，唠唠叨叨的，那我和请一个老妈子有什么区别？”

我鼻子非常酸涩，有些难过地问他：“你做过多少家务? 你的手这么干净修长，没有任何茧子，一看就知道，你是不理家务的人。你想过吗? 你的妻子，她的手会变粗糙，是因为她要做太多的家务，碗碗盘盘和抹布磨粗了她的双手。

“我们都看见，你一路上几乎没有抱过孩子，你的妻子的腰，是被对孩子的爱心压得不再窈窕秀美。你能与我们谈笑风生，是因为你们的妻子放弃了自己的社交，去照顾你们的孩子。

“你的妻子不再写诗写赋、主持晚会、舞蹈唱歌、购买新衣，是因为她不再有少女时代的悠闲和大把的空闲时间，她的时间被每天 3 个小时的家务、3 个小时的孩子、8 个小时的工作、路上交通 1 个小时占完，属于她自己的还有几个小时? 即便有点时间，她还有没有精力和体力像少女时那般满街闲逛?

“你的衣服这么干净时尚，你的孩子打扮得神采奕奕、漂亮骄傲，都是谁来置办打理的呢？把你们打扮得这么美好，说明你的妻子品位绝对不低，只是她没有了修饰自己的体力和时间。人都有太累了的时候，在你精疲力竭的时候，你还有精神谈浪漫、谈风情、谈美好、谈潇洒吗？”

“你妻子把自己少女时，对生活所有最美好的憧憬，都放在了她最爱的男人和孩子身上了。而她最深爱的人——你，除了抱怨她不懂得美好生活，能不能亲手为她购买防水手套和护手霜？能不能亲自为她办一张美容卡，督促她定期护理？能不能像初恋时那样真诚地对她说‘我爱你’？

“你是否可以在她已经背起孩子的时候，为她拎上几个包？你是否可以在她独自做家务时去搂住她的腰，轻吻她的嘴唇，告诉她你的感谢？你是否可以像她打扮你一样，亲自去为她购买漂亮的衣服和化妆品，来为她找回少女般的美丽？结婚后，你还有没有过像谈恋爱时那样深情看着她？你有没有在她被你气得掉眼泪时，用你漂亮的双手为她把眼泪擦干？

“如果你很少为自己的妻子做关心她的事情，你又怎么有资格抱怨那个为你奉献了全部的真心，一边努力处理家务事，一边抚养孩子，一边努力上班工作的女子，变得不够美好、迷人？你又怎么能够要求，这个被生活疲惫着、劳累着、困扰着，又不能被老公理解着、关心着、回报着的女子，能够依然美丽如少女，高雅如初恋，从容如无事？

“请相信我，如果一个男人，能够做得好到刚才我所说的一半，你的妻子就一定能比我们今天在座的很多女孩美好！”

帅气老公有些脸红和尴尬，陷入了不语和思索。

那个一直跃跃欲试，看来已经对帅气老公心动的年轻长发美女，感觉出自己的偶像被人说得非常难受，于是跳出来打抱不平：“老师，你说得不对，难道做家务就不能先把自己打扮漂亮了再做吗？难道有了很多事情要分神，就不能有作诗作文的美好心情了吗？难道有了生活，人就一定要谈柴米油盐，变得庸俗不堪了吗？”

我轻笑："哪个女子不渴望自己一辈子都能美好，但好花还要看到了谁的手里。再美的花，到了不知道爱惜，不知道担当，不知道理解的人的手里，也会注定凋零的！

"不要以为任何一份爱情，都永远会像你现在想象的那样，能够不食人间烟火。再美、再纯、再有想象力的爱情，一旦成为必须有几万个日子要在一起过，就变得必须有珍惜心，必须有责任心，必须有理解心，必须有世俗心！否则两个人都会很痛苦，否则美丽就会生生断送在自己的手里。

"女子，是否能够保持一生一世的美丽，完全取决于她的爱人，是否能够真正地了解她、呵护她、保护她。即便像你这么漂亮、这么迷人，如果到了不懂了解、不懂爱惜的人的手里，不到 3 年，照照镜子，不欲哭无泪才怪呢！"

女子羞涩无语，不再频频注视那位帅气男子。我为自己能点醒她的心智，避免她插足到别人的生活中而暗自心宽。

庐山的瀑布真的很美，像是从天际挂向人间的水色飘带，和着身后翠色如烟的青山，在众人的欢呼声中，绚烂缥缈。它们多像一对相爱相伴一生的夫妻，女子如瀑，男子如青山，相依相恋，才能美不胜收，常驻人间。

"不识庐山真面目，只缘身在此山中。"生活中的许多男子，正是因为与妻子朝夕相处，不能看清妻子的美好，不能理解妻子的满腹心事，不懂得珍惜已然在手的幸福，故而心浮气躁地轻易轻视和挑剔起自己亲手挑选、亲手奠基的爱情生活。

许多男人没有弄清楚，在他们眼中"小三"会娇艳，是因为她还没有经历一起生活必须有的痛苦磨砺，是因为她还没有经历世俗生活的油烟的洗礼，是因为她还处在饱受对方重视的优待之中。

如果男人学不会，怎么去珍惜？怎么去相知？怎么去拥有？即便他坐拥五六个"小三"，即便他换掉 10 次婚姻，每一朵换到他手中的鲜花都将如原配一般，迅速枯萎。到头来，迷失幸福，寂寞孤独，老来无依时，独自后悔无泪。

聪明智慧的男人，皆应懂得：对待妻子，就如同正在打拼的事业，如果你不付出关怀、理解、重视，就绝对收获不了辉煌、美好的未来。

懂得爱惜女人的男人，一生一次真爱，就已经足够满足；懂得爱惜女人的男人，一生一次后悔，就已经足够奢侈。

高傲的人，如何战胜内心的“魔鬼”

你是一个高傲的朋友吗？你感觉内心孤独吗？你周围有非常高傲的人吗？

一群高校圈子的教授朋友们聚会，大家相谈甚欢，气氛热烈，唯独颢然的老公独坐一边，脸上没有任何表情，看人的眼神里满是谨慎、冷漠和戒备。有时，大家说什么笑话都笑成了一片，唯独他撇着嘴角，眼神中的不屑和轻慢一闪而过。后来，话题聊到了时事问题，无论大家的观点是怎样的，我在他的眼神里都能看到明显的不以为然。

这是个很有意思的人，完全吻合于一个内心高傲的人的几乎所有生理特征：面部表情极少，表情肌几乎除了藐视性表情时活动一下，其余时刻几乎没有任何动静；眼睛冷漠，眼神高度戒备，唇线明显下弯，眉头轻皱，眉间“川”字明显，后背、后腰和脖子紧绷僵硬，肩部架在那儿，几乎也没有什么动作，显然是在和自己绷着劲儿呢！

颢然看老公态度倨傲，沉默不语，有些不好意思，于是俯身与他做了许久的交流。在妻子的勉强之下，这位老兄倒是开始与朋友们交流了。但是，这张口说话还没多久，就立即冷了整个聚会的气氛。

他的谈话非常有特点，经常强行打断别人说了一半的话，自己接着就说；经常别人刚说一句，他就会断然而执拗地说“绝对不可能”；经常在别人阐述观点的过程中，他以自己的眼神和口头叹词表达内心的极度不认同；与人争辩时，用词更是尖刻、刺耳，碍于面子，倒没什么脏词儿，但是那绵里藏针、夹枪带棒的味道，令所有人都很不舒服。

因为这位老兄梗在其中，大家都有些别扭，所以聚会很快就不欢而散了。看着颢然跟在她那高傲的老公身后走出门口，我的心里不禁替好友颢然捏了把汗。

如此倨傲的老公，端足了架子，把自己架在云端，双脚不能着地，在现实生活中，与妻子相对之时，自然也会有很大的问题！因为这种骄傲是一种顽固的内心“魔鬼”，它有着很大的杀伤力、自伤力，它更有着很强烈的惯性。

高傲的他会习惯性地对不符合自己思路和胃口的事物，不假思索地进行否定；会习惯性地以自己苛刻的标准对他人进行判定，只要不合，必受他的歧视或蔑视；会习惯性地离群和拒绝他人的帮助，把别人的用心总是揣测得很糟糕、很世故。

高傲的人防人、拒人、轻视人，他们的内心世界，因对外界充斥着戒备和不信赖，深深自锁；他们的内心像离群的孤雁，充满了孤独。

他们因着本能，因着惯性，将执拗、顽固习惯性地坚持到底，非常容易滋生偏见、误会，非常容易丧失认真观察周围事物的心情，非常容易因着满身的防备的刺，而失去周围人的真心靠近和对待。

即便下属或亲人们不得不靠近他的时候，也会因为害怕轻易触怒他而选择虚伪的客气、恭谨和谄媚，纵容着他，哄着他，不好的东西瞒着他，不同的意见顺着他，使他看似八面威风，其实孤独至极；看似威严睿智，其实严重脱离民意；看似风光无限，其实已经是孤家寡人。

所以高傲的人内心是脆弱的，处境是危险的。一旦从高傲的云端回过神，想回到地面，会发现自己周围已没有贴心的朋友和知心的亲人；一旦卸下高傲的外衣，会非常不能经受反对、打击和挫折。

最重要的是，高傲的人因无法战胜自己内心的心魔，所以都会不快乐。习惯性否定他人，使他难以找到知音；习惯性轻视，使他难以认同周围；习惯性的顽固观念和出语伤人，使他难以与人愉快交流。他们已经把自己架在云里，地上的凡人都不愿与他真心沟通，妻子和孩子都无法甚至害怕与他真诚相对。那么孤独的人，又如何能够真正快乐呢？

“老师……”颢然的声音，把我从沉思中惊醒。

去而复返的颢然，坐到了我的对面，脸上还带着泪痕，脸色非常不好。我问：“怎么啦？刚看见你们离开，你……”

“老师，我很难受很难受，你帮我解解吧！刚才你也看见了，他平时也是那个样子，总是把自己防守得死死的，保护得死死的，每天一副不容侵犯的天神的模样。瞧不起所有人，藐视所有人，刚才他还在责怪我，和我吵，说那帮教授观点可笑，我不该带他来这种聚会。但是，老师，你不知道，他从来就没有瞧得起过什么人，在他那儿，就他最高，就他最牛，别人什么都不是。有时，我觉得现在的我，在他眼里，也不算什么呢！”颢然很痛苦地对我叙说。

“老师，为什么他的防守性那么强？为什么他的攻击性那么强？为什么他对人的戒备性那么强？”颢然焦虑地询问。

“那是因为他的心中有‘魔鬼’。其实，绝大多数高傲的人，不管是身居高位，还是刚刚创业，内心都是自卑、怯懦的。高傲、倔强、执拗是他们出自本能的自我保护。内心越脆弱，曾经受伤越重，曾经经历苦难、贫困、挫折越多的人，越需要对自己捍卫更多，心魔越重！

“他们以高傲和蔑视，以怀疑和否定的倨傲态度，以步步为营的戒备，来拒人于千里之外，好为自己隔出绝对的安全区域。他们不假思索的攻击，尖刻无情的讥讽，更是以攻为守、保护自我的本能手段。他们的内心其实超级脆弱、紧张和敏感，他们对外界多疑，不敢相信别人的好心，不敢轻易对人打开心扉，活得都很不舒服。

“所有的攻击性、戒备性、防守性的心魔源起，就是他们的内心有着极度的不安全感，害怕失去，害怕受伤，害怕重蹈覆辙。他们看似顽固至极，其实内心对自己一点把握都没有！所以才需要通过强调，通过反驳，通过否定别人，来形成对空落的内心的安抚和充实，来形成自我的确认和肯定，来强制自己忘记曾经受过的伤害或苦难，来压制自己内心不断涌动的强烈而莫名的不安躁动的心魔。

“他们对别人说话的攻击性越强，说明这个话题触及了他的内伤；他们对人态度越倨傲，说明这个人的处境使他产生了不快的联想，使他产生了强烈的排斥心，更试图以排斥和高傲驱走眼前这位引起自己不安的人。

“所以，几乎大多数有‘心魔’的高傲的人，其内心一定都有隐藏很深的伤口，有时深到连他自己都忘了是什么。这个伤口，也许是幼时家境的贫寒，使他曾经经受过不堪忍受的痛苦；也许是在他未成功前，他人的冷漠、歧视和嘲笑，曾经深深刺痛他的尊严；也许是童年父母不慎的过度暴力和惩罚，引发的内心自卑的后患；也许是一个暗恋的异性不经意或经意的打击和轻视；也许是，曾经遭受的最信赖的人的背叛；也许是，虽然家庭富裕，但是父母忙于公事，无暇陪伴的极度孤独；也许是，父母离异等非正常变故，引发的极度害怕失去拥有的感受；也许是，曾经遭到单位同事的排挤、倾轧、打击。

“每一种曾经过往的打击和伤害，虽然已经随着时间逝去，但却给很多很多人的内心烙下了深刻的痕迹，这种痕迹埋藏渐渐入骨，酝酿成‘魔’，成为铸就一个人的性格的主导因素。

“这种隐藏的痛苦阴影，会使人自卫性地形成条件反射，只要有任何可能，隐痛重新泛出，他们都会用加倍的态度和情绪反击和防守。当反击和防守逐渐成为本能和他们工作、生活的常态后，他们就会适应了自己的处事方式，习惯成自然，自然到他们自己都已经忘记了为什么要这么做！”

“你说得太对了，我的老公现在虽然很成功，但是他是一步一步挣扎着冲出来的，这期间的辛酸苦辣自是很多。我虽然不知道他受过什么伤，但是听他父母说现在的他与小时候的他，差别很大，变化很大，他内心受的伤想必很是严重呢！”颢然有些明白了。

“老师，骄傲对他的人际交往确实已经影响很大，甚至我自己的父母都不爱和他打交道呢！而我担心的还是他总是那么不快乐，对他的身体健康会不会有影响呀？”

“受过暗‘伤’的人，多有过惊厥、悲伤、愤怒、不平、憋屈等不良情绪严重缠身的历史，在心受其伤的同时，身体也必会受到伤害。《黄帝内经》有‘怒伤肝，悲胜怒’、‘思伤脾、怒胜思’、‘忧伤肺，喜胜忧’、‘恐伤肾，思胜恐’等理论。说的是非正常的怒哀悲嗔的举动，会导致人体神经系统功能的失调，引起人体内阴阳紊乱，脏器受累，从而出现多病丛生、身体发虚的后果。”

“啊？老师，那我该怎么帮他，让他恢复孩童、青少年时期的开心、阳光、积极的面貌呢？”颢然非常难过地问我。

“因为高傲的人，其致‘病’根源是浓重的自卑感和不安全感。所以欲彻底驱‘魔’，必须先帮他找到‘魔’形成的缘由。

“可以运用科学的方法，寻找专业的心理医师，使用浅度的催眠或心理引导和他一起分析，帮他回忆，找出导致他产生严重戒备心理的原因。就是我前面说的那个伤口。无论是哪一种伤口，只要找到原因，并帮助他自我明确，引导他不再把不良的感受和不安深埋心中，严重压抑自己，帮助他成功地宣泄出来，并学会和可靠的人，比如亲人或可信赖的医师沟通。

“当记忆的伤口被找到，被打开，被挑脓，当脓水流出，伤口不再有致炎的因素后，他就会内心轻松很多，精神也有所放松了。这个时候，我们就可以继续下一步的帮助了！下一步是，帮助他放松长期紧张的心情，并习惯与人沟通。这个道理很深，但是方式却很简单。那就是在妻子的单独陪同下，把手机交给信赖的助理，完全抛弃公务，出去旅游两周。

“这两周不想公事、不想麻烦，只谈生活、谈爱情、谈风景。可以到海边，可以出国到风景极为怡人的欧洲，让浩瀚的海、清澈的蓝天、美丽如画的森林，让自然的清风、妻子的柔情，修复、洗涤积累在他心中的暗伤。有条件的夫妻最好一起去享受真正的自然界的SPA，在温柔而有节奏的抚摸中，在自然优美的音乐中，抛却公务的他，能把自己一直绷得很紧很紧的肩膀、背、腰，彻彻底底地舒展、放松。

“你可以自己尝试一下，内心紧张时，肌肉就绷得很紧；如果你把自己全身完全放松，你再试试，就会发现，心也会变得不容易紧张起来了。这种放松，时间以两周为宜，太短，放松不彻底；太长，人会变懒了。两周刚刚好。

“两步下来后，他的内心和身体的紧张已经被逐渐释放，心魔在原因被解之时，已经开始溃退，只要在心理医师的帮助下，再学会如何与妻子、亲人沟通、相处，就已是很棒了。那么，剩下的就是你要学习如何运用穴位按摩和饮食调理，来修正、调节、巩固老公的心情啦！”

看着颢然如释重负地道谢、告辞，我心里也非常开心能帮到她。

我家的石头比钻石还珍贵

没有理性的攀比是一种强迫症。它会毁灭一个人的安宁，甚至会破坏一个家庭的幸福。

我的肩膀上已经全是美女小惠的泪水，委屈万分的小惠心中困顿极了，被家里零零碎碎的矛盾苦苦纠缠的她，看来是许久没有发泄了。

“姐姐，你说我老公为什么变得像一个魔鬼似的！每一天，每一顿全家人能在一起吃的晚饭，都被他搅得阴云密布，女儿掉眼泪，老人皱着眉，我堵着心，连小狗都灰溜溜的，只敢挨着墙角躺着。”

“小秦都是怎么做的，能把你们欺负成这样呀？”我很好奇。

“姐姐，比方说吧……”小惠擦着眼泪，为我描述她家里的战争。

前天晚上，小秦怒气冲冲地回到家，看他一进门满脸阴云的模样，全家就都躲着他了。但是到了吃饭时，不得不在一起了。于是，小秦就开始数落小惠了："你看看你，这么没出息，在你那破单位干了 8 年，还没涨过两次工资。我们单位王欣的老婆，工资半年一涨，现在每个月都能拿小 1 万了，说你几次了，你就是不去和你们领导争取！唉，你看看人家家里过的都叫什么日子！老公满身名牌穿着，手机 iPhone 拿着，车子都已经换成新别克了，咱家还是破捷达呢！唉，这人比人气死人呀！"

小惠忍不住反驳他："王欣的妻子工资是拿得比我高，可咱家日子过得不如人家也有你的问题呀！你的收入不也比王欣低吗？"

小秦把碗重重一掼："你还好意思说！不是你拦着我下海，我至于现在还每月拿这点死工资吗？"

"那王欣不也是老师吗？人家的收入怎么就这么多呢！"

"你还好意思说，人家天天晚上给学生辅导功课，挣外快。你呢，头发长，见识短，每天我回来晚点，就疑神疑鬼的，咱家日子怎么比得过人家呀！这穷日子过得连给女儿买个学习机还得琢磨半天！"小秦把筷子一扔，气呼呼地在一边生气。

小惠委屈极了："孩子还小，我们单位远，你再一补课，就没有人接女儿放学了，怎么是我拦着你发财呢！"

小秦的老母亲在一边非常不安，也吃不下饭了："唉，都怪我这老不死的拖累你们，我腿不好，否则我就替你们去接孩子了！"

女儿很难过地对小秦说："爸爸，对不起，我不用你接了，学习机也不要了，你们别吵了！"

小秦重重拍了一下桌子："你不说话我还没想起来，就你，整天和同学比这比那的，一会儿要换书包，一会儿要换手机，一会儿要换学习机的！整个一败家子，就是没见你成绩提高几分。你看隔壁老张的女儿文文，学习成绩没低过 90 分，气质也好，唱歌跳舞还能上电视，爸爸妈妈多光彩呀！你看你，不好好学习，整天就折腾那点破文章，你一小破孩子，文章还能上了天不成！"

“人家都好，就我不好！我做什么你都不支持我，那你干吗要生我呀？你喜欢，去收文文做女儿呀！”女儿的泪水一下子夺眶而出，站起身跑回自己的房间。

小惠急了：“你看你，又把孩子给说哭了。女儿喜欢写东西，有什么不好？你作为老师，不辅导她，反而压制她，你怎么当爸爸的？”

“就这样，我们家几乎每一顿饭，都在小秦的攀比‘教育’中度过，总是不欢而散，总是阴云密布。老人难过，孩子伤心，我也流泪。很多时候，我都不想和他过了。

“反正他不是嫌我不如人家会打扮，就是嫌我不像谁谁的，不会和领导来事儿，要不就是嫌我总是钻研厨艺，离不开柴米油盐，不如人家职业白领，没大出息！每天唉声叹气地攀比，把全家都折磨得不得安宁。姐姐，你说，我和他的婚姻是不是到头了呢？”小惠非常郁闷地说。

小惠的老公，我是了解的，他是一位很不错的中学老师。尽职尽责，学生欢迎，同事关系也不错，年年还都是先进模范。而小惠呢，模样漂亮，却不爱打扮，朴素大方，清新可人，在一家国营单位做财会工作。他们的女儿，小学快毕业了，小女孩大大的眼睛，很水灵，性格更是随她妈妈，文文静静的，写得一手好作文。前不久，小惠把女儿写的科幻小说拿给我看，让我吃惊不小。这小姑娘，假以时日，谁说中国不会多一位科幻美女小作家呢！

多么好的家庭，却在男主人的一种思维的怪圈中，苦苦挣扎，变得怨恨四起，草木皆兵，战争不断，多可惜呀！

敲门声打断了我的思路，小惠在我家已经待了一天，该不是她的老公来了吧！打开门，果然是小秦，他着急地问我：“老师，你看见小惠了吗？她关了手机，人也不见了，我急坏了，想她最信赖你，所以我就来试试……”

“啊！小惠，你真在这里呀，你看你，大周末的还来打扰老师，快跟我回家！”从我的身后看见坐在沙发上的小惠，小秦松了一口气。

“我才不回去呢！”小惠显然还在赌气呢。

我笑着请小秦进门："既然来了，就多坐一会儿吧。"

在随后的时间，我为小夫妻细细分析："你们结婚，我可是证婚人，你们还记得婚礼上两手相牵的情景吗？那时，小秦对我说的可是'老师，我真幸福！小惠漂亮、善良，性格温柔、淡泊、贤惠，厨艺好，工作又认真，能娶到她，是我三生有幸！'可为什么当初的优点现在都变成小秦眼中的缺点了呢？

"厨艺好，变成了不如别人思进取；性格淡泊，变成了不与人争高低，不为家里与领导争利益；温柔变成了软弱，没别人有风情；朴素大方变成了不会打扮，不时尚。女儿作文好，变成不如别人家孩子唱歌跳舞风光，不务正业。反正自己家的什么都没有别人家的好呢。"

小秦挠挠脑袋："唉，给老师这么一说，发现自己好像确实有问题。"

我取出两张白纸："你们认认真真，抛开所有的怨恨牢骚，把对方的优点细细列出来。一边列，一边回想当初两个人相爱时的心情，想想是自己的爱人变了，还是自己的心境变了。"

半个小时后，两个人面前的纸上都列出了很多，小秦列出了 10 条以上，我拿过小秦写的小惠的优点，轻轻笑了："明明在你的心中，妻子仍然是那个好妻子，为什么你要在家中闹得鸡犬不宁呢？"

"老师，其实，真的很奇怪，一看见别人家过得比我们家好，我就很难受。同学聚会，看见往昔的同学开的车比我好，日子过得比我滋润，职位比我高，钱比我挣得多，心里就很酸涩，很不舒服！这心情一不好，回家就忍不住发牢骚。"小秦苦恼地说。

"家庭成员不断地牢骚发脾气，会令家庭气氛非常压抑，而且这种攀比式的情绪，像潘多拉的盒子一般，只要打开，一个家庭从此就会鸡犬不宁了。"我笑着继续为小秦分析。

"首先，攀比是一种强迫症式的东西，它会变成你的最顽固的习惯性思维，令你经常克制不住自己的情绪。它会悄悄地吞噬你的幸福感，使你的眼睛只能看见自己不如别人的地方，发现不了自己手中已经拥有的美好。

“它会使你无法克制地拿自己的弱处和别人的强处进行比较。其实，每个家庭，每个人，都有自己的优势和弱势，当一个人沉浸于、执着于一定要用自己的弱势来与别人的优势对比，强迫自己一定要在自己的弱项上不断去战胜别人时，你的生活就会万劫不复地陷入到悲观、自卑和绝望的混乱之中。

“郭晶晶一定要与王濛比速滑，说不定看见王濛冲线了，自己还在后面溜达呢！刘翔一定要和朱建华比跳高，人家都胜利了，说不定他还在郁闷自己怎么跳不过人家呢！可反过来，如果王濛非要和郭晶晶比比跳水，朱建华非要和刘翔比比跨栏，估计他们两人一定会抑郁到家了的！

“非得用自己的弱处和人家的强项比个高低，比不过，还要在家里闹得硝烟四起，多傻呀！

“小惠性格温婉，不爱与人争夺，这本是你欣赏的优点，你说这样她就不会经常与你争执，家庭就会和谐！可你一定要拿她的这点，去与你们单位善于公关、左右逢源、善于争夺利益的某某相比，你不是给自己找不痛快吗？

“你们俩工作稳定，收入平稳，不会富可敌国，但一定能够平平安安，小康有余。如果你一定要拿你的稳定和你已经下海，又侥幸做得很好的同学比富裕，你想过没有，也许高收入、有风险的同学，还正在羡慕你们家的安宁稳定呢？

“你羡慕人家的妻子会为自己勇猛争取利益，也许人家的老公还在羡慕你的妻子会烧一手好菜，把你喂得白白胖胖、精精神神的呢？你羡慕人家的孩子跳舞唱歌上电视很风光，也许人家正在羡慕你们家孩子文静乖巧，作文写得好，将来有可能当作家呢！”

“嗨，老师，你一说，我就清醒很多了，没有人提醒时，自己就陷入到了怪圈中。”小秦有些不好意思。

“不攀比，眼睛不要老盯着别人的优势，安心秉持和珍惜自己拥有的，把自己的优势和特点做到最好，这是一种幸福生活的境界！妻子、孩子、老人，都健健康康的，自己的健康好好的，这就是最大的幸福了。其他的，都是慢慢奋斗，慢慢锦上添花的东西了。须知，攀比就是最严重的精神自虐，精神的虐待是家庭和谐和自身健康的毒药呢！”

“对了，姐姐，可能是小秦总是喜欢攀比，我们家女儿，小小年纪，也学得有点毛病了。她总是回家很不愉快地和我说，她的邻桌女同学家境富裕，打扮时尚，有很多好朋友，女儿总想和她搞好关系。于是看见人家换了新衣服，她就会和我闹着也要；看见人家换了个神气的新手机，回家就半天不乐意地和我哼唧也想要一个，唉……”小惠不安地对我诉说道。

“是呀，这就是我说的夫妻攀比对家庭的第二个害处！孩子与小朋友相处，她的交友观正在形成，如果她总是学习大人，也总是拿自己的弱项与别人的强项比拼，就会使她越来越自卑，越来越赢不了真正的友谊！反而会招惹别的同学的轻视，时间久了，孩子就会失去与同学相处的信心。”

“那我们该怎么办呀？”小惠很焦急地问我。

“你们一定得引导孩子学会用她的优点，用属于她自己的特点去吸引朋友，结交朋友！

“比如，你们的女儿作文很好，你们可以帮助孩子，指导她，使她的作文进步得更快！请老师多在班上读读她的好文章，给同学们做范文，家境再富裕的女孩，也会无法轻视有才华的同学！再有，现在独生子女特别是富裕的孩子，多数在家是孤独的，在学校的朋友多物质交往，少贴心理解。那么，你们可以引导女儿，不要和富裕的同学比财富方面的弱项，学习理解她的同学，以她自身天性中的文静、温柔和善良的强项去真挚地关心这个女同学，以心换心地去赢得真正的友谊！”

“姐姐，我明白了，帮助孩子学会用自己的优点来赢得朋友！引导孩子不要强行地与人比较家世，比较财富，比较力不能及的东西。孩子才能得到真正的朋友，获得真正健康的快乐！”小惠认真地思索。

“老师，真的是这样，陷入不切实际的比较之中，像劫难一样，自己不痛快，家人不痛快，对孩子影响还这么糟糕！唉！”小秦很是懊悔。

“是的，安心和珍惜于自己能够拥有的，努力把自己的特点和优势发挥出来，在自己的能力范围内为自己谋取幸福，这才是智慧的夫妻、快乐的夫妻呢！人生何其短暂，惜福、知足、努力、平安，才是真正属于我们的。”我轻轻搂着小惠的肩膀，对小秦说。

从茶几的花盆中，我取出一块光滑的石头，问:“小秦，这石头漂亮吗？”

“哦，这在雨花石中应该是极品了呢！”小秦眼睛发亮地欣赏着。

“这石头还是小惠送给我的,小惠说你们家也有同样的一块？”我笑着问。

“当然，就在你的书桌上呀！”小惠提醒小秦。

“嗨，那块怎么有这块漂亮呀！”小秦很纳闷。

“当然，你从来不管它，早蒙上灰了，买来时可是一样漂亮的！”小惠不悦地说。

“小秦，请拿着这块石头回去比比吧，要珍惜自己手中的宝贝，爱惜和呵护自己拥有的，你才能彻悟幸福呢。当你羡慕别人比你好的时候，也许最好的东西，令别人羡慕的东西，自己家里也有呢！如果不珍视，不但追不上别人，还有可能失去自己手中的宝贝！”

“老师，我真的明白了。自己家的石头，比别人家的钻石还要珍贵，因为它是实实在在属于我的。”攥着石头，小秦的眼睛变得亮闪闪的……

小夫妻终于言归于好，两个人手拉手，开心地回去了。

“完美”男人的婚姻一地鸡毛

你的伴侣是否非常追求完美？你是否正因为他对你的苦苦挑剔而痛苦、迷茫？你的婚姻是否正在他的挑剔癖好和完美强迫症中遭遇危机？

傍晚在附近的小月河公园散步，空气中淡淡的清新中透着质朴的泥土的气息，在第一场春雨的润泽下，各种层次的绿意已经悄悄地爬满了树枝，完全解冻了的河水轻轻荡漾着，夕阳投射下的金色光点和着微微泛着些许绿韵的水波，优雅地跃动着，像无数快乐的精灵在欢歌。初春的景致，美得不张扬，却柔到了骨子里，温柔、含蓄、完美地进入到每个路人的心中。

“嗨，老师……”惊喜而悦耳的声音轻撞耳帘，我应声回头望去，一时间有些恍惚。眼前的女子，眉宇间似曾相熟，芭蕾式的盘发，大大的杏仁眼，挺拔清秀的鼻子，尤其是眉宇间的那颗俏丽的痣，对了，莫非是……

“老师，我是小媛呀！”女子轻声提醒。

记忆在瞬间打开，没错，是我的学生小媛。3 年不见，小媛清瘦了许多，原来圆圆的、粉嫩的像苹果似的脸蛋，已经瘦成了下巴尖尖的瓜子脸；那双明亮清澈，总是在教室第一排晃动的令我印象深刻的大眼睛，因着黑眼圈和若隐若现的皱纹，而变得黯淡了很多；原本白皙柔美的脸庞两侧，也有了轻微的斑点。这个芳龄未过 26 岁的美丽姑娘，为什么看起来老了很多？青春的影子在她的身上，几乎都快看不见了。

“小媛，你的青梅竹马呢？”我打趣地问。

“唉，他呀，想起来就烦心，我们现在是一地鸡毛！”

听闻此言，我非常吃惊，小媛的爱人志杰，是当时小媛所在学校的风云人物，学生会主席，又是日本卡通里那种超级大帅哥的模样，颇受女生欢迎，但是他独独钟情于小媛。恋爱 3 年，毕业一年后，两个人就走入了婚姻殿堂。婚礼上一对羡煞众生的璧人，为何区区 3 年就陷入了小媛所说的一地鸡毛的状况中了呢？

“老师，你今天有时间吗？好不容易和你遇上了，我一直就想向你咨询一下呢！”小媛用哀求的目光撒娇地看着我。

哦，多么熟悉的眼神，当年那个神气的小女孩仿佛又回到我的眼前。“没关系，我正好在散步，咱们边走边聊吧。”我笑着回答。

小媛开心极了，亲昵地搂着我的手臂，我们沿着河边向前走去，小媛难过地和我叙述她的婚姻生活……

志杰在婚后对小媛一直不错，两个人工作稳定，生活平静。

但是婚后半年左右的时候，小媛逐渐开始感觉变得糟糕起来。在爱情的热乎劲儿过去后，完美的志杰开始用他对待自己的完美标准要求小媛，从小媛每次出门的衣服搭配是否协调，到小媛新换的发型颜色，到提的包上脱了一根线，到鞋子后跟有点灰。后来这种挑剔愈演愈烈，志杰开始从生活细节上“无微不至”地对小媛挑毛病，小到倒可乐时有一点撒到了桌子上，衣服放在衣筐里两天没有洗，杯子洗完底下没有擦干，到桌子有一点没擦干净，到牛奶为什么买的不是某某牌子……

每一天，小媛都生活在志杰的事无巨细的挑剔之中，最令小媛无法忍受的是，光是挑剔就算了，志杰说的话还特别刻薄。小小一个袜子的颜色与鞋子不搭，就被上纲上线为眼光老土，没品位；小小一块地方没擦干净，就被指责为“做事永远邋遢”；一次水龙头没关，会被指责为“做事永远不可靠，水都不知道关，是不是下回大门也不关了”；一次吃饭忘记洗手，会被评判为“真脏，有没有卫生习惯呀”。

后来事情更加升级，小媛在家里接电话，说话声音柔和点，志杰就会拉下脸来，生半天闷气:“和谁打电话呢，说话这么谄媚，这么嗲！”小媛怕了，下回接电话，语气特意放生硬些，放下电话，志杰又不满意了:“瞧你，和人说话这么没有策略，这么硬，都不像女人，教你这么长时间了！还学不会呀！”就这样，左也不对，右也不对，小媛烦恼痛苦极了，干脆尽可能在家不接电话，志杰又急了:“哎，我说你呀，明明有电话，为什么不接？是不是我在，你不方便呀！”

小媛在志杰的横加挑剔中，逐渐感觉自己几乎陷入了一种混乱。每一天，提心吊胆，不知道稍有不慎，又会有什么地方令爱人不满。志杰刻薄尖酸的话语，一次次深深刺痛着小媛的自尊心。小媛发现自己正在失去曾经引以为豪的自信心，变得一天比一天自卑、敏感、烦躁。

上个月，两个人一起去参加同学聚会，回到家，志杰绷着脸，整整一个晚上对小媛爱答不理。小媛小心翼翼问了半天，志杰突然大发雷霆："和你一起出去真丢脸，说话这么不得体，谁让你抢我的话说的！还有，你为什么要在我们同学面前说我不好！"

小媛忍着眼泪，想了半天，问："我哪一句话说你不好了？""还说呢！你和小张太太说，我都不陪你去看电影，这不是坏话是什么？"小媛都晕了："这算什么坏话呀？再说，自从结婚后，你确实从来没有陪我看过一场电影呀！""你怎么这么刁蛮，我忙还不是为了这个家，你自己去看不就结了！干什么那么娇气！还非得人陪！瞧，说你还哭！我最讨厌女人动不动就掉眼泪了！一哭二闹的我见多了，这个套数我可不吃！"志杰气呼呼地摔着手机，一脸不爽。

就这样，任何一个小的细节，志杰都会在乎和计较，并且用很糟糕的语气和话语对小媛横加指责或讥讽。

很多很多的时刻，小媛感觉自己如果一辈子生活在这样的挑剔中，自己会累死、困死、伤心死。在第无数次的泪水和委屈中，小媛终于感觉自己已经超出了忍受范围。连续的悲伤、委屈和压抑，使自己的心情纠缠在抑郁中，非常非常不快乐！

放弃吗？真的舍不得，志杰是一位样貌帅气、事业出众、对家庭忠诚的好男人，对自己的要求也是尽善尽美，确实是很不错的男人。但是他无限度地把自己对生活的完美要求施加在妻子身上，对妻子所有的生活细节进行粗暴的评判和改造，语言生硬，态度野蛮，完全不去顾及小媛的自尊和感受，这种慢性的精神折磨正在把小媛推向崩溃的边缘。

轻轻为小媛递上擦拭泪水的纸巾，我理解到使小媛陷入困境中的志杰身上，正是非常流行的一种完美情结强迫症，导致这种症状的常见原因很多。

常见原因，或者是，从小生存环境不够阳光，父母在孩子面前无意中表现出过多对生活、他人和环境的抱怨或愤恨，从而使孩子幼小的心灵烙上极度的自尊和要强。孩子长大后，就会变得不能容忍缺失、失败、挫折和他人的不友善眼光或话语，变得对细节非常敏感。成人后，还会把这种对自己的苛求延伸到伴侣、孩子，甚至是同事、朋友身上。

或者是，由于后天身体状况的因素，肝火旺，心气躁，肠胃功能弱，体内毒素多，神经系统敏感、脆弱，易受外在因素刺激，情绪容易发生变化。在旁人看来，也会挑剔、多变，不好相处。

或者是，在童年或年轻时代曾经遭遇某种强烈的伤害或刺激，然而由于人的身体具备自我保护的本能，会以强迫忘却的形式使自己遗忘那段经历或记忆。但是曾经的恶性刺激，已经在潜意识里深深埋藏。在成人后，会在不经意间转化成强迫性的行为，或是强迫自己，或是强迫他人。

或者是，一直成长很顺利，环境很优越，承挫力很低，包容心差。一旦与生活经历不同的人相处，会因观念、视野、习惯不同，无法容忍伴侣与自己的诸多不同，急于改造伴侣，过于心浮气躁，再加上有了新的压力，自身对新环境的不适应等，都会促使其强迫性行为的反复出现……

这些原因在起初并不明显，但在成人后，因为高度的社会压力或生活压力的附加，强烈地爆发出来。

小媛倾听着我的分析，突然说："老师，我明白了，志杰的强迫性挑剔很可能是源自于公公的性情的影响。我的公公出身于书香门第，自小对志杰就要求非常挑剔，经常当众严厉训斥，在家里也是多有唠叨。听志杰说，他小时候一直是在战战兢兢中成长，童年的记忆非常灰色。而且，现在志杰虽然升职很快，但是工作挑战很大，自然压力也很大！"

"是呀，志杰在高度的社会压力和生活压力之下，为内心不可控制的不安冲动驱使，情不自禁地对自己和你实施强迫性的挑剔和追究。这种强迫症状和清洁癖好、电梯恐惧症等性质差不多，只是表现形式不同。后两种强迫影响的是自己，而第一种影响的却还包括身边的人。

"有着这种强迫行为的人，不是完全不知道自己的行为有可能为他人带来的痛苦，但是潜在的不安全感和焦躁感，会迫使他无法停止自己的行为。在行为过后，其实他们往往也会后悔和痛苦。因为这种习惯而迫使原本相爱的伴侣无法承受，从而婚姻破裂的不在少数。所以，在这种情形下的男女情侣和夫妻，都应及时、主动地寻求自我的调节和帮助。”

“老师，最近两年我生活在志杰的‘完美’挑剔下，因为他无休止的批判和伤害，我整天以泪洗面，唉声叹气，眼圈、色斑都出来了，人也老得很快，我几乎完全丧失了自信，甚至对婚姻的信心也有所动摇。一直以来我只想到恨他、怨他，现在才知道，处于完美挑剔下的他，其实也过得不舒服，甚至他自己也是‘受伤’的孩子呢！”小媛动情地说。

“是的，男人有时候看似强悍，内心也是脆弱的，甚至有时他们比女子还像小孩，需要深爱他的妻子的宽容、大度、谅解。

“最重要的是，你可以认真和他交流一番，探究他的过度挑剔发生的原因。如果是身体的原因，就应及时施之以中医穴位理疗和日常食物调理来科学地解决。如果是潜在因素的缘故，则最好请专业的心理工作者帮助寻求原因，排除郁结在心中的恶性记忆、不良刺激和潜在伤害，并在其最爱的亲人——你的爱心呵护和帮助下，逐渐消除强迫反应和情绪，重新树立宽容、感性、善意的待人之道。

“配合上面的方式，你还可以和志杰共同约定每天彼此抱怨的允许次数，并在家中墙上的日历等显眼的地方，标出他当天挑剔你的次数，对他起到良性提醒的作用。并对志杰每一次的进步给予大力表扬和奖励，以爱的诙谐和轻松，引导他走向良性的循环。”

“老师，真的很感激，回去我就和他认真谈心，探寻原因，我又觉得生活有了希望呢！”小媛开心地笑道。

小月河的粼粼波光轻轻荡漾，象征着无限希望的春芽在静静萌发。生活中的各种风波，皆有它的根本缘由，发现问题，尽快解决问题，因爱走到一起的婚姻自然能够充盈美好，并冲破所有的困难，最终走向和谐、永久。

击退婚姻困境的神奇钥匙

洁白的医院病床上，雯雯苍白的脸庞没有一丝一毫的血色，就像一张脆弱、无助的白纸；乌黑的眼眸空洞、茫然，全无往日迷人的娇柔和飞扬的神采；一双姣好的小手，冰凉、消瘦。

“雯雯，你怎么这么傻？你要是就这样死了，叫妈妈可怎么活呀！你死都不怕，为什么还怕活着的那点难事？看来你这个婚不该结，婚后什么都不顺。唉，大不了和他离婚，你也不用去寻死呀！”雯雯母亲伤心欲绝，在病床边含着泪劝解心爱的女儿。面对母亲的话语，雯雯的表情没有任何变化……

一旁的我感觉很揪心，这位母亲显然没有明白，如果人没有彻底懂得和醒悟生活，有时，克服所有困难继续生活下去所需要的勇气，会远远小于做出死亡决定瞬间需要的一点点冲动。

婚姻中，承挫力非常薄弱的人，遇上态度一向悲观、灰色的爱人时，两个人会把婚后所有的困难、不顺归罪于婚姻、对方和命运，而亲人的臆断必然会雪上加霜。一份彼此相爱的婚姻解决不了的困难，在下一份婚姻里就一定能够解决？

我示意失魂落魄的雯雯老公阿宇来到病房外的走廊上，垂头丧气的阿宇重重往椅子上一坐，拼命地揉着自己的太阳穴，满脸的痛苦和无助。

一个小时前，我来医院探视朋友，无意中看见惊慌失措的阿宇和他那因自杀送进医院刚抢救过来的妻子雯雯。我很是震惊，阿宇聪明、稳重，任职于某知名的外企，雯雯活泼、纯真、可爱，做文职工作，两个人性格互补，工作不错，结婚也已 4 年，应该是很不错的一对，却是为何闹到如此的境地？

“阿宇，究竟是怎么回事？告诉我原因，我也许能帮到你们。”

阿宇深深叹了一口气，难过地对我叙说他和雯雯的婚姻发展到今天这个地步的经过。

两个人婚后最初的甜蜜，随着蜜月的结束以及忙碌工作的开始，很快归于平常。因为金融危机，雯雯所在的公司率先有了状况，夫妻两人平静的生活瞬间被打破。因失去了雯雯的收入，凭阿宇一个人的收入在还掉汽车贷款后，每个月还要付给双方父母赡养费用，最重要的还是每月必付的 2000 多元的住房贷款，显然在去掉 3 项必须支出的钱之后，阿宇的工资连两个人的生活费都远远不够了。

两个人无休止的争执由此展开。阿宇指责雯雯家不该拿住房作为两个人结婚的条件，害得现在为了还房贷，基本生活费用都出现了困难；雯雯指责阿宇不愿意骑车上班，非得买汽车，使每月多了千元支出。阿宇抱怨雯雯事事攀比，父母明明非常健康，雯雯还坚持每月一定要给父母 800 元；雯雯委屈极了，回击阿宇每月要给他远方的父母 1500 元的支持，自己才给了一半，为什么不可以！两个年轻人倔强地指责对方，无法理解对方的举动，小家庭里怨气重重。

阿宇非常伤心地对我说："老师，你想，我的父亲身体非常不好，母亲没有收入，两个人就我一个儿子，我怎么能不管！雯雯她父母是大学老师，退休后收入也是稳定的，最主要的是身体都很健康，并不缺钱，可雯雯非得坚持公平，月月给爸妈送钱。我就这点收入，怎么能撑得住这么多开销呀？"

就这样，两个小夫妻在月月光中艰难度日，沉重的压力使阿宇的情绪非常糟糕，经常陷入极度的恐惧：恐惧自己的工作如果不稳定，一旦出了什么问题，后果不堪设想；恐惧远方的父亲病情会不会恶化；恐惧自己拼命地工作，体力会慢慢不支；恐惧自己的父母一直吵着想抱孙子，万一真有了孩子，经济一定会彻底崩溃。

恐惧之下伴随着的更是无比的失落，想起婚前，自己随时可以和哥们儿一起去酒吧喝酒、唱歌；随时可以在疲惫时一个人请假出去旅游；随时可以拥有无拘无束的自由。唉，为了结婚失去这么多，到底值不值得？失落不断助长着恐惧，阿宇在家里表现得越来越没有耐心，动不动对着雯雯大发雷霆，动不动一个人坐在那里自言自语，动不动拿拳头砸墙，感觉自己快疯了似的，甚至在某些瞬间，站在阳台上，都有种想跳下去的冲动。

事情的爆发是在前天，正在上班的阿宇突然接到雯雯的紧急电话，要求他立即请假回家，说人命关天。这吓得阿宇丢下正谈一半的客户，开着车飞速往家跑，心慌意乱间，车子与隔离桩撞到了一起。阿宇心急之下，也顾不上自己的车子和撞出包的额头了，拦上一辆出租车，继续向家飞奔。

万分焦急的阿宇推门进屋，却看见雯雯哼着小曲儿一个人在屋里转圈，不由得怒火万丈！他不由分说，大声指责："你是不是闲得发疯了呀！大白天把我当狗遛！不想过，就离婚！和你结这个婚，倒霉透了，几乎失去了所有，还每天像奴隶似的拼命挣钱，还完房贷还车贷，还完车贷，还要养你一家闲得发慌的老老小小！老子不伺候了！告诉你，离婚！"说完话，愤怒的阿宇摔门离去，完全没有注意到雯雯惊恐、伤心、绝望的表情。

6个小时后，阿宇接到了岳母的电话，雯雯服大量药物自杀，因为药物的影响，刚刚怀孕也必须流产！

孩子？阿宇的脑袋一下子蒙了，难道雯雯呼唤自己回家，是为了告诉自己这个消息？是自己父母想要孩子，雯雯才克服对生孩子的恐惧，取消了避孕的措施，想成全阿宇父母对孙子的满心期盼。而自己都干了什么？对着刚刚怀孕的妻子，大声叱骂，奉出了离婚的礼物，给出了伤人的疯话！唉，阿宇恨不得抽自己耳光。

飞奔到医院，雯雯正在抢救。整整一天后，雯雯才苏醒过来，两个年轻人在病房面对面，疲惫得说不出话来。面对岳母的指责，面对雯雯绝望的眼神，想到那即将失去生命的孩子，阿宇陷入了更大的困境。

"老师，我应该如何面对生活中的种种困难，困难太多使我失去了所有的理智和思考。每天睁开眼睛，满脑子的债务和义务，使我忧心忡忡，把我压得都快要失去生活的勇气了，多少次我自己都想过放弃，人也变得越来越没有勇气和耐心，唉……”阿宇难过极了。

“阿宇，首先，我问你，你还爱雯雯吗？”

“当然是爱的，其实离婚真的是气话，我和雯雯恋爱了5年才结婚，雯雯纯真、可爱、善良，如果不是真的爱，我们也不会选择结婚。后来生活压力太大，她又很孩子气，不懂得我的心思，所以我一个人独自扛了太多，超过了极限，才会觉得生活失去了意义。昨天夜里我守着昏睡的雯雯，握着她的手，才感觉到自己已经离不开她，就像生命已经连在了一起。”阿宇认真地说。

“你试图过将自己面临的所有困难告诉给雯雯吗？”

“告诉她也解决不了什么呀，所有的问题还得我自己来扛！”

“这就是你自己的臆想了！你们的困难有：房贷、车贷、雯雯父母和你父母的赡养、工作的压力、孩子。这5项困难，每一项都是有可能得到雯雯的帮助的，如果雯雯清楚地意识到你面临的困难，在爱你的前提下，她是一定会为你考虑的。男人总以为所有的问题都应该自己一个人解决，像个小鸵鸟似的，把脑袋扎到沙里，却看不见不懂得丈夫到底怎么了的妻子焦急的目光。

“女性的心理特征非常矛盾而有意思，一方面她们感性、敏感，爱人绝情、冷漠、沉默的态度和话语，都会激怒她做出惊人的灰色举动；但同时她们内心也蕴藏着世上最柔韧的力量，面对巨大的困难，往往女性比男性的抗压力还要好，只要你不激怒她、逼迫她，给她尊重、信赖和理性的沟通，爱人将是你最棒的战友。

“我可以确信，深爱你的雯雯一定无数次地想帮你，只是不知道怎么帮你，只是不知道应该或者能够为焦虑的你做些什么！两个人一起面对困难，婚姻才具备了意义，人类结婚，正是为了两个人从此不再孤独，可以一起相互扶持，无论困难与否，坎坷与否，顺利与否。”

“老师，你说得真对。”阿宇的眼睛里闪烁着希望的光芒。

“你先把你们主要的困难在纸上列出来。”我给阿宇递上了纸和笔。

“为什么？”

“白纸黑字列出来的困难，比口头说的更清晰、理性，不容易激怒双方，而且利于双方的思考和讨论。”我耐心地向阿宇解释。

阿宇认真地在纸上详细列出了他们生活中面临的令他一直非常担忧的各种问题和困扰……

“对了，你有没有向雯雯道歉和解释你那天的态度？”

“还没有，我害怕她妈妈，所以……”阿宇困窘地说。

“我已经问过医生，雯雯没有什么危险了。傻小子，雯雯绝望在你在她有孩子的状况下却提出离婚。这本是一连串的误解。她全然不知道你面临的压力和那一天路上的情形，还不赶紧和雯雯好好聊聊。”我鼓励着阿宇。

“与产生了误会的妻子交流是有诀窍的，首先，面对她可能的指责，一定要诚恳接受，千万不要急于还嘴回击；然后，你要明确告诉雯雯那天往家里赶的路上你出的状况，先解除基本的误会；随后，用最最诚挚的态度，诚恳地向雯雯道歉，明确告诉雯雯，其实你很爱她，绝对不想离婚，把雯雯的心安定下来，缓解她的怒火、绝望，取得她对你的充分谅解。”我为阿宇指点着夫妻沟通的基本要诀。

阿宇立即站起身，走进病房，我将雯雯妈妈劝出病房，给夫妻两人独立的沟通时间。雯雯妈妈余怒未消，在走廊上跟我不停地叙说对女儿的心疼。

“你真的希望他们离婚吗？”我笑着问雯雯母亲。

“唉，其实也不是，但是阿宇把我女儿都快欺负死了，这还怎么过呀？”

“你知道阿宇并不知道雯雯怀孕吗？你知道阿宇那天往家赶的路上撞车，差点也遭遇了生命危险吗？你知道阿宇从车里爬出来，丢下车，抹掉额头的血，继续往家赶的过程吗？”

“啊？那他为什么不和雯雯说，反而一见面就嚷着要离婚呢？”雯雯妈妈显然非常震惊。

是呀，毕竟长辈内心深处是疼着小辈的，我感受到雯雯母亲的焦急，耐心地劝解："年轻人都是血气方刚的，他刚遭遇了巨大的危险，回到家，却看见雯雯根本没有任何危险，有怒火是可以理解的。你知道他们最近一年一直面临的各种困难吗？"

"好像是房子贷款的事情吧！"

"远远不止，雯雯失去了工作，阿宇一个人的工资在还完房贷、车贷后，还要每月支付双方父母赡养费 2000 多元，就只剩下 1000 来元了，你知道吗？"

"哎呀，雯雯不在工作呀？这孩子怎么不早说？我和她爸爸每月退休工资超过 5000 元，根本花不完，这孩子还每月送 800 元回来，说什么也逼我们收下，说是报答我们。他们两个每月 1000 元的生活费哪够呀？汽车还有加油费、停车费之类的杂费，这两个傻孩子是怎么过来的呀？"雯雯妈妈心疼坏了。

"所以呀，不要先忙着责骂阿宇，给他们空间，相信他们自己能够解决。"看到雯雯妈妈缓和的脸色，我知道问题一定会得到非常好的解决。

雯雯母亲拉着我走进病房，看见雯雯正含着泪水，抚摸着阿宇头上的伤，阿宇满脸的柔情和歉疚。两个人看来是冰释前嫌了。我的心里非常开心。

"阿宇，一定要相信雯雯，鼓起勇气，与雯雯一起来分析生活中的困难。什么事情一家人一起承担，就没有过不去的坎儿啊！"我提醒阿宇。

雯雯母亲冲上去，抱住两个年轻人："是呀，傻孩子，以后有什么困难，一定多和我们商量。你们知道吗，最让我们老人担心的，不是你们有什么困难，有多大的困难都可以解决的！我们经常最担忧的是，你们什么也不说，我们蒙在鼓里，反而更提心吊胆。"

我轻轻舒了一口气，微笑地为这一家人掩上了病房的门……

一周后，阿宇快乐地给我打电话，在电话中我获知，一家人坐在一起认真商量后，阿宇决定卖掉汽车，坐地铁上班，先卸掉一个大包袱；随后，雯雯母亲提出，以后只要在节日和周末两口子多陪陪两个老人，顺便在老人家里吃饭，每月800元坚决不收。在老人心中，年轻人多陪陪自己，比给多少钱都更令他们快乐呢！

问题其实就是这么简单，大家相互谅解，相互支持，一下子每月就腾出了2000多元，生活的压力也就不那么大了。

阿宇在电话中非常感慨，曾经令他非常绝望的事情原来如此好解，麻烦少很多后，他也感觉到自己的脾气也好了很多，雯雯在阿宇的温柔的抚慰下，身体也迅速得到了恢复。阿宇还打电话耐心劝解自己的爸妈，不要再逼雯雯怀孕。两个人决定再奋斗3年，有了一定积蓄，再去生养一个可爱的宝贝。得到长辈的谅解，雯雯轻松了很多。这个家庭的阴云散尽，雯雯和阿宇在生活的历练下，变得更加成熟。

当在生活中遭遇困难时，无论当时感觉多么黑暗，都一定要有信心，最最黑暗的时候，一定离天亮不远了！不管夜多黑，都会天亮的，但是请不要在天亮前轻易绝望。

生活不会真的放弃我们，只有我们自己才有可能放弃自己，如果我们自己放弃了，那才真的没有希望了！一个人思考容易钻进死胡同，把所有困难整理出来，和自己心爱的人共同面对，和爱自己的长辈们共同商量。都是彼此深爱的人，一旦摊开谈，有什么解决不了的呢？死要面子不仅是活受罪，最主要的是容易自己把自己逼到绝境中去。

过于热衷帮助异性的残忍老公

“姐姐，你说，是我芳儿浑蛋，还是他浑蛋！”凌晨3点了，芳儿在电话里对着我痛哭流涕。

芳儿的老公阿明，居然在凌晨2点接到女同事喝醉酒无法回家的求助电话后，一跃而起，穿上衣服，不顾芳儿的全力阻挡，义无反顾地冲进夜幕。芳儿生气地发短信骂他浑蛋，阿明居然迅速回了条短信："你才浑蛋呢！我能见到朋友有困难不救吗？"

我好奇地问芳儿："你是不是怀疑阿明与这位女同事关系非常呀？"

芳儿气愤得音量都高了："哪里呀，他要真是只帮这一个女人还好办，任何时候，任何情形下，只要是他的女同事、女朋友、女同学发出求助呼唤，他都义无反顾。

"姐姐，你知道吗？我和阿明新婚那天，酒宴上他的一位大学女同学喝多了，酒宴散席时，伴郎已经主动表示会送这个女孩回家，阿明却说：'她是我的同学，我必须对她负责，我来送！'结果，我的洞房花烛夜，一个人等到了晚上 12 点！心里像无数个蚂蚁在啃咬，煎熬极了，委屈极了，难过极了。

"夜里阿明回来，我生气地问他：'为什么送了那么久？'姐姐，你猜他怎么回答？他说：'我得把人送进家门吧，送到家发现她家没有人，我得扶她上床，为她倒好水吧。可是她刚躺下就吐了，我怕没有人在，她会被自己的呕吐物噎住发生危险呀，所以我只好在旁边守了一会儿，看着她吐得差不多了，睡着了，我就立即回来了呀！'姐姐，你说他这简直是二十四孝呀！哪里是什么同学情谊？

"前一阵子，电视上说什么朋友少送 30 米，人醉酒死在路上，结果被朋友家人索赔 10 万元的事情后，他更加得意地对我说：'看看，我说的吧，送酒醉的朋友回家，就应该一直送到床上！'

"姐姐，任我们女孩子再大度，怎么可能对老公动不动送女孩送上床无动于衷！即便是学雷锋，也有个尺度，更何况帮助的人又多是女性，总得考虑我的感受。而且每每帮到深夜，让我一个人孤独地待着胡思乱想，为他的安全担忧，为他会不会在帮助中越过界线与人来点暧昧担心，经常郁闷得以泪洗面，都快受不了了，唉！"芳儿委屈地对我诉说道。

"芳儿，先别着急，阿明还有哪些你认为特别过分的助人举动？你再多说几条。”

“唉，多得不胜枚举，就说我和他参加他们单位组织的那次春游吧，他会热心地帮助很多女同事提重物、提包，享受着她们的夸奖，得意扬扬的。最过分的是，她们热了，脱了外衣，他还帮她们抱衣服呢；而我的衣服和包，他就像没看见一样。走到路狭窄的地方，他会伸手拉她们，有个女孩一过桥就害怕，他牵着她的小手，像护小鸡似的护着她过桥。看着那些女孩拍着他的肩膀，一堆人谈笑风生的，我难过、酸涩极了，恨不得立即掉头回家。

“烧烤的时候，就数他最忙，不停地照顾各位女同事的口味，为她们烤制喜欢的食物，最气人的是，他烤好 3 个鸡翅，递给一位女同事，结果人家改主意不想吃了，他居然回头把别的女孩不愿意吃的鸡翅递给我，让我吃！我气得一把推开，他回来还和我生气，说对我随意是因为我是自己人，说我没风度，丢他脸呢！

“姐姐，你不知道，每年春节更是我们家的地狱日子，他的女同事的车票都是他包了的，夜以继日地排队，排队买不到就贴钱想办法买，热乎劲儿那叫个足呀！他在外面对每个女人就像春天般温暖，可是在自己家里却是衣来伸手，饭来张口。有时他帮人帮累了，回到家，往沙发上一倒，腰酸背痛的，我还要给他按摩。

“我不反对他帮人，但为什么他总是帮女孩？而且为什么帮得不分白天黑夜？已经严重影响到我们正常的生活秩序。

“今天早上 5 点钟，他一骨碌爬起来，去车站接外地来的女性老朋友，完全不理睬我正感冒得头昏脑涨的，连问问我还烧不烧都顾不上。结果夜里，又来这一出，风夜护美人，现在说不定又在送人送上床呢！

“姐姐，是我太自私、太浑蛋，不能理解他，还是阿明太过分，对女性过度热情，对我对自己人太粗糙？他为什么会是这样呢？”芳儿的声音难过得都哽咽了。

“芳儿，那你告诉姐姐，在他不帮别的女孩时，对你如何呢？”

“在只有我和他单独在家时，他对我其实非常好，态度温柔，谈笑幽默，也还算体贴。可是，只要有女人对他吹起了求助的号角，他就亢奋地上阵去了，不知道疲惫，不知道早晚，不知道尺度。我现在都神经过敏了，每天晚上，只要一听到他的手机短信声或来电声，我的肌肉就发紧，心里就揪得慌，眼巴巴地看着他，不知道会不会下一瞬间，他又会义无反顾地离开家门。我甚至觉得那手机就像巫婆一样，在把我的老公分割给无数的女人共享，难过极了！

“有一次，我正来着月经，肚子痛得要命，但还是在帮他洗衣服，结果他的手机又响了，一女友呼唤他去帮助搬家，他穿上外衣就要走。那一瞬间，我只觉得热血冲头，两眼发黑，莫名难过，快速冲上去，把他的手机抢过来，直接扔进洗衣机里。为了他的这种‘嗜好’，我已经摔过、破坏过家里的很多东西了。姐姐，你知道的，原来我不是这样的，现在这么有破坏力，这么焦躁，我是不是快被他逼疯了呀？”芳儿的怨气积聚已久，叙述起来幽怨低沉。

我清楚地记得，婚前的芳儿，温柔、淑女，笑容像月亮一般温和。不是芳儿疯了，是阿明的过度行为在一点点增加芳儿的委屈、压力，当这种“考验”对芳儿的压迫日积月累到了一定界限时，纵使再温婉的女性也会失去冷静，陷入焦急狂躁状态中。

男人身上带有明显是非感的特点，是不可怕的。可怕的是这种以助人为表象，看似光明、正确，其实令人很难忍受的缺点，这才是最可怕的。

阿明的问题其实是一种典型的异性社交强迫症，因为阿明一直以道德感、使命感来说服和暗示自己，所以他不会察觉到自己正陷入到一种癖好之中。这种癖好，对妻子的伤害，如同与玻璃摩擦发出的那种刺耳噪音一般，折磨妻子的心灵。这种折磨，如温水煮青蛙，会使女性伴侣在酸涩、纠结，却与说不得的情境中，煎熬辗转，逼迫女性产生无限的想象，更在可怕的想象中走向紊乱。女性的心态如果两年以上处于这种状态之中，原本的个性就会被彻底打乱，性格变得敏感、多疑、脆弱、易怒、焦虑。更糟糕的是随着情绪的变化，还会使妻子的内分泌趋于紊乱，月事不规律，更年期提前到来等，后果决不是老公们愿意看到的。

而男性拥有这种对过多女性实施超过正常尺度的热情的“嗜好”，原因或者是由于自身荷尔蒙分泌的紊乱，或者是其童年、青少年时期成长环境的某些不良刺激诱发而致。前者可以通过医学检查、心理咨询和医学手段来解决；但如导致男性产生这种强迫性行为的原因是后者的话，则必须在专业人士的帮助下，在妻子的配合中，引导男性寻找发现刺激其产生过度行为的起源点到底在哪里。

这个不良刺激的起源点，也许是童年父母过于严厉或苛责的教育，使其强烈渴望追寻被承认的感觉；也许是单亲成长环境导致的对异性的温暖、赞许、认可的强烈依恋；也许是青少年时期成长过程中，目睹或经历过因没有得到外界帮助，导致某些女孩受到欺负或严重伤害的情境；或者是自我成长的历程过于孤独，过于寂寞等等很多很多的原因。这些不良的刺激在男性内心悄悄潜伏，一旦时机合适，一旦这位男性发现，自己格外享受与大量女性的相处的温暖，格外享受帮助女性，被女性赞许、认可的荣耀感，格外享受结果带来的成就感时，这些感受就会厚积薄发，令其成瘾，难以自拔。

他会觉得，不帮就会内心空荡荡的；他会觉得，不助就会内心痒痒的，很不舒服。其实，这种感受与其他各种瘾区别不大。对生活无害时，我们可以不理睬它。但是，一旦对生活、对爱人都产生了严重的影响时，一定要高度警惕，并及早调整和纠正，以免影响婚姻，伤害爱情。

我详细地为芳儿解释了这种情形，帮助她理解阿明身不由己的苦衷。芳儿认真地回忆：“姐姐，真的是这样呢！我想起来了，阿明和我说过，他小时候曾亲眼看着自己很喜欢的一位女同学被很多的人起外号、欺负、嘲笑，每天上学都能看见她手上、脸上被家里人打的新的伤痕，自己心里一直为不能救她于苦难而难过……后来阿明转学了，却突然听说那个女孩用纱巾把自己吊死了，阿明每次一说到这件事，就非常痛苦。”

“是呀，类似的经历，都有可能在男性的心中埋下阴影。现在阿明有能力了，可以帮人了，所以他会以加倍的热情忘我地去做，以弥补并不属于自己的内疚和难受。在这些被帮助的女性的快乐的笑容和夸奖中，他会觉得心里满满的，好受了很多。所以，每一种强迫症，都是有事实根源的。

“找到根源是关键，顺着这种根源理性地与他交谈，充分理解他、支持他。取得与他共同的心态和共同的话语点后，再告诉他，这种过度弥补的行为会令妻子受到哪些伤害，会对自己的家庭有什么影响，在你懂得他、理解他的前提下，他才能听得进去你的冷静的劝解。夫妻充分交谈后，再在专业的心理师的指导下，逐渐帮助他减少次数，学会理性、量力而行地适度帮人。阿明就又会快乐、健康、阳光地回到你的身边啦！”我细致地引导芳儿。

芳儿原本满腔的愤怒逐渐冷静下来，开始变得理解、心疼自己的老公。电话那头，我听见开门的声音，阿明回来了，想必已经平静下来的芳儿一定会有一份温馨的微笑，迎接着疲惫的阿明。

妻子为什么会昏倒

这年的春天姗姗来迟，春茶的上市也格外令人期待，好友小雯傍晚欢快地给我打来电话：“姐姐，晴香阁今年的新茶到店啦，咱们这些茶友周末好好聚一聚如何？”“好呀！”我欣然应允，心里暖洋洋的，满是新茶那淡雅而沁人心脾的清香和绿色芽尖轻舞于氤氲水汽间的曼妙身影。

阳光很好的周末，一帮朋友在熟悉的茶社相聚，一杯新茶初沏，清新的滋味在舌尖漾开，任由初春的阳光嚣张地安抚着全身的肌肤，一冬的劳累似乎在瞬间被击碎，抛出体外，饱满的细胞在欢乐地歌唱……

端着茶杯，我正快乐着，无意间目光触及对面的小章。咦？我们的才女小章，为什么表情那么紧绷？原本舒展的秀眉之间，微微拧起，自然形成明显的“川”形；黑而深邃的目光中跃动着疲惫和亢奋混合出的不正常神采；原本光滑细致的皮肤上，显现出不少淤疮和痘痘；即便没起疙瘩的地方，皮肤也是苍白无光；那原本精致的鼻头，毛孔粗糙，起着少许的白皮，却又有着些许的油光；眼下的黑眼圈更是非常明显。

我正准备问问小章是怎么了，突然发现小章的额头上渗出密密的细汗，脸色变得更加苍白，她频繁而焦躁地揉着自己的太阳穴，眼眸里轻轻泛出泪光，我赶紧拉起小章的手，感觉冰凉极了。“哎，小章，你是不是很不舒服呀？”小章的老公扶着小章，在一旁惊呼，小章大眼睛无力地轻眯着，眼皮很沉重很沉重，摇摇欲坠似的，很是虚弱。我让服务员赶紧准备了一点蜂蜜水，喂着她喝了些，同时，轻轻为她按揉人中、太阳穴，轻拍膻中。过了好一会儿，小章渐渐变得清醒，额头冷汗退却，脸色也缓和了很多。

朋友们紧张坏了，叫小章的老公赶紧带小章回家休息。小章轻轻地对我们笑着说：“现在真的已经没事了，实在不好意思！其实没关系的。最近这段时间，经常会没来由地感觉特别恶心，同时，还会眼睛发黑、头脑发蒙、心悸，耳朵就像被蒙上了一样，听东西隔了一层似的，声音像是从远处传来，很多时候，就感觉自己想晕过去，或几乎在晕倒的边缘了。

“有时候聊着事情会突然忘记了，记忆好像出了些故障；晚上要不就彻底睡不着，要不就是整夜拼命地做各种奇怪的梦，一觉醒来，全身都很疲惫，感觉和没睡似的没力气。这种状态我都快习惯了，唉！”

小章的老公插嘴说：“还不止呢，最糟糕的是，小章现在情绪变得反复无常，前一分钟很高兴呢，下一分钟说发脾气就发脾气，有时候还特别歇斯底里。有时候，大家正好好说着事情呢，她突然就哭了，满脸都是泪水，弄得大家很尴尬！上周，我出差回来，想着两个人好久不见了，想给她个惊喜，轻轻打开房门，却发现整个屋子都没开灯。我以为她不在呢，却忽然听见黑暗里传来她的抽泣声，我以为什么人欺负她了，她却说，谁也没有欺负她，她就是觉得心情很低沉，情绪很消极，就是忽然想哭了。”

“姐姐，你说我现在是怎么了？刚开始，以为自己病了，到医院做了一大堆的检查，结果除了血糖低点，其他没发现任何问题。你说我现在工作强度那么大，竞争压力也那么大，我真的不能在这个时候输呀！”小章非常焦虑地问我。

“小章，最经你的胃如何呢？”我问。

“胃也不是很好，经常会不舒服，有时，还会有胃酸泛上喉咙，把喉咙烧得很难受！每月月经的量，总是很不正常，而且会肚子疼。对了，每次要晕前，我会觉得心跳加快，心里发虚，嗓子像有东西梗着似的，全身肌肉紧张，汗水从脖子、额头直往外冒呢！”小章轻声述说道。

“哦，小章……”小章的老公歉疚地握住小章的手，转过身对我说，“老师，我经常出差到外地，这两年在家里的时间非常少，不知道小章的状态居然已经这么糟糕。老师，小章这样到底是什么原因？”

“在做过各种医学排除后，如果确定没有其他重大的生理疾病的话，你妻子目前的状态，就明显是由于工作压力过大了。

“现在的社会生活，很多人由于压力过大，体力透支过多，使身心的机能较长时间处于高度的备战状态，肾上腺素大量分泌，刺激心、肺、肌肉保持着极度紧张的运转状态，即便是吃饭、睡觉状态，仍然如此。压力反复积淀，当负荷临近人身体及神经的承受极限时，我们就会像过热的发动机、过压的弹簧、运行过度的 CPU 一样，濒临崩溃。

“然而，人的自我保护本能，会在我们的压力快要超过负荷前，反复发出警告，比如小章现在的各种不良感觉，如皮肤状态变坏，掉发严重，眼角、额头、嘴角皱纹加重，黑眼圈加重，睡眠质量下降，情绪反复无常，爱哭泣，思想悲观，恶心，肠胃不好，严重时头晕、心悸、冷汗，包括昏厥。在这个时候，抓紧时间进行科学缓解和合理调整，是能够逐渐恢复正常状态，使我们相安无事。

“但如果在身体警告频起时，我们仍然不重视，任由负荷继续、持续加重的话，脏器等器官便会陆续由之引发病变、罢工或衰竭，导致各种生病的危险，甚至出现最可怕的过劳死亡。”

“啊？太可怕啦！老师，小章这样的状态，我是不是也有责任呢？我能为小章做些什么呢？”小章老公紧张坏了。

“你还别说，小章这样和你关系是很大的，成年女性，工作压力是难免的，但如果夫妻有良性的性生活或者温柔体贴的异性安抚，哪怕只是言语安慰，哪怕是最简单的拥抱，都可以有利于缓解妻子的巨大压力。

“孤独、寂寞，是女性压力加倍增长的关键，激素分泌的非正常和不平衡是导致女性自我抵抗力大大下降的重要导火索。健康男性爱人的语言安慰、肢体抚慰及适度的两性生活，既是保持女性青春容颜的不可或缺的元素，也是保持妻子健康身体和抗压能力的极为重要的因素。你经常出差，让压力很大的小章独自承受困难，她没有自然宣泄压力的渠道，情况就会越来越严重！

“如果你要帮助小章，那么减少你的出差频率，多给她温馨的陪伴，多陪她说话，多给她你温暖的安抚和温存，这是治疗她的最佳良药呢！”

小章老公由衷地点点头，紧紧握着小章的双手。

好友小雯突然说：“姐姐，虽然我已经 28 岁了，但我还没有选定男朋友，那如果我的压力也很大，怎么办呢？”

“压力宣泄有很多方法，如果有正在健康交往的异性，效果是最棒的。但是，如果还没有异性相伴的话，也可以选择其他方式。

“如头痛、头晕，可以通过对头皮、太阳穴、肩膀、颈部和背部的按摩来有效缓解。建议在情况严重时，可以适时增加轻松惬意的 SPA 和正规专业的医疗按摩。

“同时，越是疲惫到情绪快失控时，越不能亲近酒精、烟和咖啡，试着两手手指分别按压两边的太阳穴来控制情绪。

“当疲惫状态来临时，立即暂停手中的工作，停止听取所有的工作交谈，以温的蜂蜜水、柚子茶润口，以最舒适的姿势坐靠沙发，千万不要坚持站立或行走，深呼吸深吐气。如果条件允许，关上房门，拉下窗帘，给自己一个相对安静、相对暗一些的环境，静思冥想，想象美好、快乐的情境或事物，轻轻而坚定地给自己鼓励和加油，待感觉冷汗已经渐渐退却，四肢重新有力，才可重新站起。疲惫警告状态频发时期，一定要在舒服点的时候，多和亲密的朋友接触，让自己能有尽情倾诉的机会，倾诉是解压的最佳方式之一。

“另外，没有行程压力的旅游，几天睡到自然醒的假期，力所能及与朋友们一起做的运动，周围好朋友真心的称赞，花香飘逸的环境，都能帮助我们尽快地缓解压力，脱离陷进抑郁、焦虑、强迫、惶恐症状的危险中。尽可能地减少独自相处的时间，是压力过大的朋友们必须牢记的规则！”

小章爱人深情地对小章说：“我再也不离开你，周一我就和领导协调工作性质。”

小章笑着说：“没关系，你只管出差吧，现在我知道过度疲劳的后果了，我自己也会注意，我会经常找我的好姐妹们玩，自我调整，争取不再晕倒。”

“哈哈，真是羡慕你们的甜蜜呢！”好朋友们打趣着小夫妻，欢声笑语重新洋溢在春日的茶社……

“坏”男人妻子的幸福生活

每次涉及爱情的主题讲座，大家都会踊跃地讨论一个话题：“为什么看似坏坏的男子，更容易令女性芳心大动？”看着大家每每非常激烈地争辩，我意识到这个由来已久的古老话题，真是具有无比的魅力。

这种坏坏的感觉，是一种自由、灵动的东西，一抹霸道自信的桀骜，些许令人折服的智慧，欢声笑语间的幽默谐趣，进退举止间的风流倜傥，燃烧似火的深邃眼神，调侃微笑的迷人嘴角，健硕结实的深情怀抱。它与男人五官是否完美无关，它与男人职位高低无关，它与男人金钱多少无关。

这种坏坏的美好，如夏夜童话般的夜空飞速划过的流星雨，如秋天凌晨羞涩挺立的芳草上晶莹欲滴的露珠，如含苞未放却已经芬芳满溢的鲜花，如皑皑雪山顶盘旋翱翔的雄鹰，能在很短很短的瞬间就令女子满心充盈着无限的欢喜，芳心如小鹿乱撞；令女子情不自禁地为之整理发髻和裙裾；令女子的双眸变得比平常更加明亮，红唇变得比平常更加性感，身姿变得比平常更加迷人；令女子愿意以自己最美好、最纯洁的情愫相报。这是美好与美好相逢时灿烂的化学反应，这是心灵与心灵相撞时迸发的绚丽的火花。

这是为人夫能够奉献给爱妻的璀璨得连钻石都无法媲美的最华丽的礼物！这是能使你心爱的女人永葆不老魅力的绝世秘方！这是为什么呢？

男性朋友们，你们是不是抱怨过：心爱的妻子，自从有了你爱情的庇护，她的小脑袋瓜似乎不再机敏、灵动？自从有了永久的归宿，她不再“小鸟依人”？自从有了你的温暖可依，她似乎不再努力奋斗，向上之心似乎已然悄悄熄灭？自从有了一生歇息的港湾，她的身材渐渐不再窈窕动人？

可是，你知道吗？永驻爱妻身上所有美好禀性的密码的神秘钥匙，正是掌握在所有的丈夫自己手中。男人洋溢着智慧和机敏，会激发妻子积极开启潜能，努力学习应对的冲动；男人充满着自信和霸道，会使爱妻产生安全的感觉，这种甜蜜的“被征服”能够唤醒女子可爱的“小鸟依人”之心；男人显现出诱人的桀骜不驯和满腔的野心勃勃，会唤起爱妻努力追逐、共同翱翔的搏击之情；风流倜傥、气度迷人的男人，会自然地激发爱妻不甘平庸，不忘“妆点”自我的爱美之心，使娇妻变得活色生香。

男性朋友们，你们是不是期望过自己的老婆：明亮的双眸，永不黯淡；明媚的心情，永不麻木；母爱的温馨，永不消失？

可是，你知道吗？如果你愿意为平凡、枯燥的生活：加上一点点燃烧似火的深情眼神，就能将爱妻曾经明亮的双眸永远地点燃；加上一点点柔情万种，就能润泽她曾经明媚的心情，使她永葆青春的活力；如果你愿意偶尔放下架子，在她的怀中有些许的淘气、撒娇，抑或只是小憩片刻，她就能温情绵延，对你的“母爱”长存。

男性朋友们，你们又是否记得你的妻子曾经对你抱怨过：嫁给你后，很少听到你的甜言蜜语，很少得到你深情的拥抱和柔情的爱吻，很少能让你安静地坐下，温柔地倾听她的心思。你是否觉得妻子不再是每天笑靥如花和生动、有趣了？

你知道吗？深爱的男人“坏坏”的“花言巧语”，才能时时安抚和甜蜜着爱妻永远如少女般的敏感、纯洁的心扉；深爱的丈夫痴迷沉醉于品味爱妻的美妙和柔情浪漫，才能使妻子女性的激情常在，不会因生活负累而变得陈旧、木讷；深爱的男人明察秋毫、愿意洞悉爱妻的细致情怀和愁思，才能被轻轻熨平；深爱的丈夫“邪邪”的幽默诙谐、妙语连珠，爱妻才会有永驻的欢颜如花、神情生动。

只有你在爱情婚姻中永葆富于变化的深情；在深情之中注入了持续、持久的灵动心思，你的爱情和你深爱的人，才能常葆新鲜、常葆美好！

每一个忠厚老实、淳朴讷言的男人，每一位循规蹈矩、善良传统的男人，这点饱含爱意的“坏坏”的感觉，难道你们做不到吗？在真爱的情怀下，一点点幽默调侃，一点点温柔多情，一点点激情冲动，一点点花言巧语，一点点桀骜不羁，一点点霸道不讲理，一点点风流帅气，这些“坏坏”的小变化，是那么难以做到吗？当然不难！

如果你希望自己珍爱的女孩，能够在岁月的磨砺之下，愈发俏丽迷人；如果你希望你珍爱的女孩，能够在岁月的历练之下，愈发快乐明媚，就请你用心学习这“不一样”的爱情课程吧！学习做一位充满爱心的“坏”男人，令你的妻子一生甜蜜、幸福！令你自己的人生因之充满欢乐、成功！

高要求的老公将妻子苦逼崩溃

漫步在很静的春夜，微风拂过，空气中弥漫着淡淡的花香，雨后飘落一地的粉色、白色的花瓣在夜色中显得楚楚可怜。看着这些美丽的花瓣，我不由感慨颇深，很多时候，我们的爱情就像这花儿一样，再美也敌不住不解风情的骤雨袭击。可是，往往，我们只会在花瓣满地时才会有离别的泪水。

傍晚，小娟的拜访使我的心情许久不能平静。小娟是一个文静、娟秀的女子，7 年前初识她时，曾在心中轻叹，好一个聪颖、甜美而又不乏稳重的好女孩呀！可结婚 3 年，怎就变得像一只快要拧出水的苦瓜。

坐在我面前的小娟泪水长流，黑黑的眼睛中满是浓浓的无奈。脸上过早出现的斑点和憔悴的黑眼圈使人显得老气横秋，我几乎认不出她来了。

“姐姐，救救我吧，我感觉自己已经度日如年，每一天迈出家门的脚步满怀着踏向深渊般的恐惧。阿磊，他不断地对我提出新的要求，每天都要给我布置新的挑战，每一刻都对我横加挑剔，我永远不知道自己能不能完成他交给我的下一个任务，我永远不知道自己在下一分钟会不会又令他不满，整天战战兢兢的，内心满是疲惫。”小娟委屈万分地对我倾诉。

“他都对你有怎样的要求呢？”我问。

“他要求我学习理财，把家里全部的存款交给我，要求我在股市里拼出他要求提高的比例。姐姐，我从来不懂股票，怎么敢拿着全家的钱开玩笑？万一血本无归，以后怎么过日子？我想，先悄悄存起来，过段时间再说吧。可是他每天都要盯着我问进展，每天晚上押着我看股市分析，到凌晨 2 点我都困得睁不开眼睛，他还逼我对他讲心得。

“上周到了要向他汇报炒股结果的时候了，我只好偷偷向妈妈借了 1 万元钱补上，跟他说是赢利，才算应付过去。可他一高兴就说，既然第一次做就能挣1万，说明我们家小娟已经进入角色，再接着做嘛！然后，又给我提出挣5万的最新标准，我的腿都软了，妈妈只是一名普通的教师，我用什么来补这5万的空缺呀？

“理财还只是一部分，他还要求内向的我必须学习社交，他带着我去参加他们的朋友聚会、同事聚会。面对一屋子的陌生人，他要求我要谈吐大方，应对得体、潇洒自如。可我真的不知道如何应付自己完全不熟悉的人群，在KTV时，我怎么好意思和他的同事抢话筒？饭桌上，我怎么好意思和自己完全不认识的人谈笑风生、打成一片？于是，每每回到家中，他都要对我大发雷霆，说我丢了他的脸，说带我出去是天下最窝囊的事情。姐姐，我真的已经尽力去做了，一直小心翼翼，对每个人赔着笑脸，怕说错一句话，可是他仍然那么不满意！

“除了理财、社交，阿磊还要求我学习烹饪。可是，当我对照着菜谱满头大汗、认认真真做出一桌子菜时，他却不是嫌这个菜咸，就是嫌那个菜品相不好，绷着个脸，敷衍着吃两口，嘴里说着风凉话，说他娶个老婆连菜都不会做，真命苦。我说，我会好好学，以后会越做越好的。他却说，算了吧，你这么笨，下辈子都学不会！

“每天晚上，从我们两人到家开始，他几乎习惯性地挑剔我的每一个举动：为他倒可乐，他说我倒法不对，把可乐的气都溅到他的胳膊上了；我换睡衣，他说这衣服怎么穿起来和老人似的，30岁像50岁的女人；我看综艺节目，他说我没品位、浅薄；我看电视剧，他说你还没写股市心得呢，怎么就开始玩，一点上进心都没有！我为他熨烫衬衣是最受罪的事情了，因为几乎我每熨一下，他就大叫：‘不对，不对，不应该这样，应该那样！’我按他说的做了，他又大叫：‘不对，不对，我不说了，你怎么就又不知道了……’

“出门上车也是遭罪的事，关车门，他说：‘怎么关得这么重，把门都撞坏了！’姐姐，我是个女孩，你说我能关多重呢？车开起来后，有时在副驾驶座上的我不小心睡着了，他就会发脾气：‘不许睡，我在开车，你不陪我说话，去睡觉，你不知道这样我会危险吗？’姐姐，你知道，长途开车时，我从不会去睡的，这只是在市内办事。我每天睡觉实在太少，有时真的很困，可眼睛一闭他就骂我，我都快崩溃了。以至于后来坐他开的车，我都有心理障碍了。”小娟疲惫地对我叙说自己的烦恼。

“姐姐，今年是结婚的第三年，我每每想到还有那么多年要和他这样过下去，每每想到不知道他还会给我设置多少难关要我去逾越，我就绝望，就后悔！”

“那你有没有尝试与他的沟通，告诉他你的力不从心呢？”

“姐姐，我不敢呀！我非常非常爱阿磊，我怕如果他觉得我不能够做到他的要求，他就会不再爱我。

“每每当我不能达到他的要求时，他就会拉下脸来，连着很长时间不给我笑脸，不和我说话，他会很郁闷很不开心地一个人在那里叹气！而且他最讨厌我抱怨，我一抱怨，他就会暴跳如雷，看着他满脸通红、青筋暴起的样子，听着他咆哮的声音，我就像掉进了地狱，痛楚难当。

“为了他能夸我，为了他能满怀爱意地凝视我，为了他能爱我，我竭尽全力拼了3年，但真的太累太累了。

“有多少次过马路时，我幻想自己能被车子撞死，就再也不用做这么多超出自己能力的事情了！再也不用活在这种为爱强撑的煎熬之中了！最好是为了救他被车撞死，他一定会因为感动而后悔以前对我要求太多太苛刻。姐姐，我真的觉得，死亡真的是世界上最愉悦的事情！闭上眼睛，再也没有烦恼，再也没有担心，再也没有委屈，多好呀！”小娟泪水长流，哽咽着不能成句。

“小娟，你怎么能这么想……”我痛心地握住小娟的手。

在现实生活中，确实存在很多很多的类似于小娟和阿磊夫妻的情况。有着完美情结的伴侣，会把自己对待生活的完美主义习惯强行施加于自己的爱人身上，以苛刻、挑剔的眼光，去审视，去指责，去改变对方。

他们完全意识不到自己的苛求会给对方带来怎样的心灵伤害；他们完全

意识不到自己的独断专行会将爱人逼到怎样的严重绝望的死角；他们完全意识不到自己的横加挑剔会怎样损耗爱人的自尊，使爱人丧失努力的信心，丧失进步的勇气，丧失对待爱情的立场。

他们完全意识不到进步目标设置太高，爱人竭尽全力始终力不从心的后果只有两种，一种是崩溃绝望，一种是退缩逃跑。任何一种，都不是初衷；但任何一种都会将爱逼到绝境，无法挽救。

他们完全意识不到对伴侣的性格改造过于严苛，当爱人发现实在无法把自己改变得令其满意时，爱的谎言、怯懦的躲避就都会应运而生。太想控制时，沙子更快地流失；太想纠正时，势必矫枉过正；太爱时，爱会窒息。

问题最糟糕的地方是，完美主义的朋友，往往自己意识不到自己的行为对伴侣已经构成危害。如何判断呢？其实，非常简单。

当她回来，老是躲在你不太能看见她的角落时；当他一回家就总是埋头于自己的天地，任你怎么努力，他都躲避你的沟通时；当她在你的训斥声中，不再争辩，只是泪流满面时；当他莫名其妙的叹气越来越多时；当你又在骂她，却发现她脖子僵硬，手里拼命做着小动作时；当你发现他其实没有任何理由和外遇，却总是找机会在外面耗着不回家时，朋友，请高度警惕呀！

这足以说明夫妻的情感已经到了压力爆发的边缘，彼此不能理解、彼此无法沟通，不能邀请对方共同面对内心的难关，不能向对方述说自己处事的困扰，不能与对方分享自己内心的难过和憋屈。这个危险的时刻如无法突破，就是外遇乘虚而入的温床，就是某一方萌生退意，甚至丧失生活勇气的危机四伏的黑夜。

自己困自己，多是容易解决的；人困人，可就难了。尤其碰上高要求的完美爱人，与之相对，却无法满足其标准，这是一种典型的人困人的纠结。走入婚姻的人，彼此陷入这样的境地，势必是两败俱伤、玉石俱焚的拉锯战。苦苦地承受煎熬，两种心境找不到并轨的可能，纠缠在上空厮打，即便是冷战，也是寒气逼人，重创彼此于无形。

“姐姐，我仍是爱他的，但是，我真的受不了这无止境的恐惧了。我该怎么办呢？”小娟难过地问。

“你是想留，还是想离，首先，你必须问清自己内心真实的想法。”

“我怎么才能弄清自己内心真实的心意呢？”小娟很茫然。

“教你一个心理学游戏，你做两个小纸团儿，一个上写‘离’，一个上写‘不离’，告诉自己，随手挑一个，是什么结果都得接受！如果挑到的纸条结果令自己感觉内心特别难受和空虚，特别没底，说明那是你内心最真实的想法；如果挑到的结果使自己产生想说服自己的心理，比如我不能要这个选择，他这么这么样，我凭什么……说明这个结果并不是你内心真正想要的。选择好你内心真实的想法，立即坚定地去实施，才能帮助自己从困境中走出来。”

“老师，用你这个方法我确定自己内心并不想离开他，但是，这样的日子我确实无法承受，我该怎么办？”小娟紧紧握着写着“不离”的纸团儿，苦恼地问我。

“你要选择一位能够为你严格保密的朋友或亲人，让其替你去和阿磊做一次谈心，谈心方法非常简单，真实地把阿磊对你的每一份苛求以及对你产生的严重影响和伤害，明确告诉阿磊；把你的伤心、难过、彷徨告诉阿磊。

“切记，这个人必须是阿磊不反感的，必须是说话方式比较温和、理性的人。切记的是，这位朋友或亲人不能在交谈中涉及‘离婚’、‘分手’的字眼，不给出任何帮你得出的结论或判断，只是帮你阐述现象。切记，除非你不想挽回，否则千万不要用‘分手’的字眼来激化矛盾和进行不良心理暗示。

“让第三方替你谈，一是因为你自己会没有勇气直接向阿磊袒露你的‘不能做到’，而如果不用最直接的话语沟通，事情就不会有结果；二是人性的本能会使人不排斥听取与事情无关的旁观者的观点。所以，别人替你说比你自己说效果要好很多。

“在第三方替你谈过后，给阿磊一周的冷静和思考时间，最好你安排个出差什么的，离开他一小段时间，然后再约他出来与你面对面谈。有矛盾的夫妻在熟悉的环境如家里或单位或宿舍，谈判效果最差。其次，在有床的酒店房间里，是不易谈出好结果的。

“最好的谈判场合可以是在一个环境不错的茶社的包厢里，关上茶社的门，两个人静心来谈。要一壶绿茶，如果他能接受菊花茶最好，菊花茶会使谈判进行效果更好，因为舒展、漂亮的菊花形态会使人内心的焦躁有所平息，菊花中的某些美妙的成分更可以使人平息肝火、心火。

“这第二步的谈判，让阿磊多说，你少说。要说，也只说正面的、如何解决问题的话。切记，对要求完美的男人来说，说服他的最好方法就是不与他正面交锋和顶撞，不用极端语句激化他的情绪。他吵你停，他静你说。

“如果你有办法握着他的手说，效果最好。因为你的体温传导会使他感触更深，增加对你的信赖，更会言下留情。而他手部的动作更能帮助你判断他的心意。如果他手心湿润，手感温和，说明他已经开始思考自己的转变，说明他还是爱你的。如果他的手感僵硬，说明还在僵持中。”

“我明白了，以前我和阿磊谈话时，我喜欢用苦苦逼问的语调，比如你到底爱不爱我？你到底想不想过了？这都是错误的谈话方式。”小娟认真地思索。

“是的，两个人都不要用质问句、疑问句，质问对方解决不了问题。真正的方式是一起讨论怎么解决。谈最实际的解决方法，废话越少越好。”我笑道。

“我知道该怎么和阿磊谈了，太谢谢姐姐啦。”小娟开心地微笑着，生动的表情轻轻在脸上漾开，眼角的细纹也淡却了许多。

小娟的家庭危机正在渐渐消散。当你的伴侣对你要求过高，当你在他的“压迫”下不能喘息时，一定要早早行动，切莫等心彻底灰了，情彻底伤了，再去拯救，甜蜜的爱情，是经不起连绵的消磨的！

情感篇：只有正确地爱，夫妻才能心有灵犀

情感金钱化是爱情的“狼外婆”

金钱化的情感往往会披着狼外婆的慈祥外衣，对我们叫着“小兔乖乖，把门开开”，你会把门打开吗？

“实行家务劳动工资化，切实保障女性权益”，屏幕上跳动的黑字刺痛着我的双眸，女性的被尊敬真的是工资和金钱就能够保障的吗？女性的权益真的是制度和约定就能保障的吗？我深深地表示怀疑。

这些年来，相继涌现了很多保障女性权益的很潮流的方法。如“夫妻AA制”，凡事男女对半摊，使男子不再仗着家里的花销都是他一人承担的而耀武扬威。如婚前约定“如果男性背叛婚姻,女性可以得到更多的财产补偿”，用大额的财产损失增加男性内心的顾忌。

表面上看，金钱的介入似乎确实对很多男性形成了约束，似乎为女性争取到了扬眉吐气。但是，请擦亮你智慧的双眼，让我们一起来细看这些新潮花样后来的结局！

咱们先说婚前经济利益约定吧。

太多的花边新闻和身边事实已经在给我们上课，婚前的利益约定只能使那些坏男人不敢嚣张地公然出轨，而一切悄悄转为地下的时候，女性的权益变得更加岌岌可危。为什么呢？明枪易躲，暗箭难防！当男人把他们太多的智慧放在躲避妻子的视线上时，当男人把他们太多的精力放在如何保障可怕的婚前经济约定不被实现时，当男人的潜意识被金钱威胁牢牢困住的时候，他给予爱情本身的温情就会悄然减少，这就是心理学里的一种跷跷板原理，此消彼长。

如果这个男人是铁了心地爱你，即便没有任何约定，万一分手时，女方的利益也会在他的大男子主义的风范中被得到最大限度的退让。如果这个男子只是被利益困住了飞出笼子的翅膀和野心，那么被压抑后的情绪会释放成更为嚣张的表现。

这才有国外某富豪老公因与妻子有婚前约定，不敢公开放肆，所以在自家地下挖掘修建了数千平方米的地下宫殿，长期与上千名女子奢侈糜烂，醉生梦死。历经数十年，才被妻子发现。

这才有了南方某城市，有了新宠的老公为了不让婚前财产约定变成可怕的现实，在费尽心思把所有财产成功转移后，再突然以身无分文的姿态出现在妻子面前，要求离婚。妻子没有任何证据，欲哭无泪。

其实，类似的例子太多太多，一纸约定成不了成心想背叛的男人心中的枷锁。相反，如果女方坚持要签订这种婚前协定，还会令真心在爱的男人心寒。看看，还没结婚呢，妻子就像防贼似的防着我，是不是这个女人并不是那么爱我？是不是她的心中金钱高于爱情？

再说“夫妻 AA 制”在使女性获得短期的被尊敬的快感之后，正在使年轻的夫妻情感“斤两化”。

丈夫很愤怒：咱俩是 AA 制一起花钱的，凭什么你给你爸妈的生日礼物花了 1000 元，给我父母的却只有 800 元？

妻子说：咱俩一起生活，水电费却不应该对半分，你上网比我多，电费你应该掏！丈夫说：那你洗澡一洗就 1 个小时，我洗澡 10 分钟搞定，你花的电钱、水钱比我多多了！

丈夫说：你每次逛街哪次不花个千儿八百的，咱家什么时候买得起房？妻子说：你和你那些狐朋狗友一聚餐一唱歌就 5000 块的，咱家不过日子了？

比如丈夫为了职场应酬必须的花销，女子为了孝敬父母必须的付出，有了孩子后，两个人因着血肉亲情更多的利益纠缠在一起。AA 制的温情面纱很快就会变成小夫妻越来越多的激烈争执的导火索。

夫妻本是同林鸟，融为一体的两人一起朝夕相处，一起柴米油盐，一起孕育下一代，荣辱与共。亲情、友谊、住房、生活，这其中有千丝万缕的关联，如何能够简单粗暴地一分为二？

本着理性之秤的惯性思维的两人，都已经变成睚眦必争的斗鸡。AA 制的前提使两人失去了凡事以情感思考问题的可能，而一对夫妻如果没有了情感，存在的意义又在何处呢？女性的尊严在婚姻和爱情因为无休止的利益争吵而荡然无存时，又如何能够得到丝毫的保障？

咱们再说说实行家务劳动工资化一旦成为可能的后果。

首先，身在婚姻之中的男女都知道，两个人的婚姻生活中家务是随时随地都有的。

小到给老公取瓶饮料、把老公散乱的衣物收归衣筐，大到洗衣、做饭、带孩子……如果要列清单，妻子为老公所做的家务估计 10 页纸也列不下，如何计算价钱，如何来得及记录，又如何算得清楚！

再说，就算能记得清账目，那么原本是妻子满怀着爱意对家庭的付出，如果全被金钱化了，就变成老公花钱买妻子的劳动，妻子在家务中倾注的对这个家的爱莫名其妙变没了，一切似乎变成了“保姆”和雇主之间的关系。

那么妻子将情何以堪？那么家庭还需要妻子吗？每个男人直接请保姆就好了！这哪里能保障任何一点妻子的权益呀？

夫妻两人每一点无怨无悔地为这个家付出的汗水，原本是彼此纯美爱情日渐稳固的基础，量化、金钱化家务有着温情的面纱，但揭开面纱后看到的却是一个最冷酷无情的家庭关系。

有了相亲相爱的家才有了家务，家务是两个人的爱的最实质的表现形式。家务工资化使得谁有钱谁就是老大，使得另一方的付出变成理所当然的交易，那么我们还要爱情干什么？还要婚姻做什么？

我无法想象，如果这些能成为现实，人间会有多么可怕。

母亲满怀爱意地为游子缝衣，儿子只需将人民币摔在桌上即可；丈夫腾出工作时间陪伴爱妻出游，妻子只需用人民币直接埋单即可；妻子为了照顾一家老小含辛茹苦，甚至牺牲或耽误自己的事业前途，丈夫不需要感激，用人民币就能直接搞定一切；父亲两鬓斑白，为妻儿操劳一生，没关系，孩子不需陪伴孝敬，人民币搞定呀！

如果，父母亲情，夫妻爱情，人伦之乐在狂舞的人民币面前荡然无存，这个人间将多么可怕！

金钱算什么？有了良知、责任、感情、健康，人民币才有意义，爱情和权益才能得到最好、最有利的保障。没有了良知、责任、感情、健康中的任何一条，徒有人民币埋单，就变成了可笑的荒唐事。

金钱化情感往往会披着狼外婆的慈祥外衣，对我们叫着“小兔乖乖，把门开开”。但是，一旦我们将自己的生活彻底对它敞开，它就会像魔鬼一般吞噬我们生活中的美好情愫和温情。

人间只有真挚不渝的情爱、坚若磐石的责任、相互爱惜换来的永生健康，才能真正保障所有天生如天使般的女孩子们的权益，使大家能够幸福地生活。

君子爱财,取之有道。金钱原本无罪,它只是我们生活的工具。它就像《西游记》里那些石头、项圈、莲花、野牛什么的,本只是物件或动物,对人间无害。可一旦幻化成了美人英雄，便成了魔力无边的祸害了。金钱情感化便是那金钱幻化为人形，成了妖怪，降临人间，为祸情感。

让我们都学那慧眼的悟空，且莫被幻化成人形的坏东西迷惑了双眼。让金钱情感化的狼外婆，彻底远离我们的幸福生活吧！

身心双修：天天快乐有妙招

我有一个熟人，他辛苦了半生，历经九死一生和提心吊胆的岁月，总算挣下了上亿的家产。我祝贺他："哥们，苦尽甘来了吧！"

他却愁眉苦脸地对我说："我现在是人生最最痛苦的时候。以前，有挣钱的动力，虽然折腾、担心、劳累，但是心里总有一个盼头。现在钱多了后，我告诉自己该享受享受了。

"可是，从买第一套房子的欣喜若狂，到了第二套的冷静，到了第三套的无聊，直至到了第五套的时候，我感觉到自己痛苦极了。房子再多，我只能住一间，所有的房子都成了别人的快乐。

"再说钱吧，虽然我钱多，但一辈子节省惯了，临到头想花了，却根本不知道怎么花！特别是节日里，看满街没钱的小情侣们幸幸福福地牵着手，脸上全是甜蜜，而自己却一个人孤孤单单的，寂寞得想发疯，觉得快乐和自己距离很远，经常有生不如死的感觉。"

我同情地打量着这位拥有上亿家产、单身未娶（离异）的男人满面愁容、满心寂寞的沮丧样子，不由想起我母亲的一位老朋友。

母亲告诉我，她这位老朋友一生不管到了什么境地，总是非常快乐。即便当年落魄到被下放到了中国最贫穷的农村，每天吃不饱，睡不足，拿了半辈子笔杆的人被迫整天扛着锄头行走在满是泥泞的田埂之间，他还是快乐地哼着歌曲。每一个节日，他都会从箱底翻出一件非常干净的中山装，认真而开心地穿上，一尘不染，以示庆贺。

前些年，见着了母亲的这位老友，银发皓首、皮肤光洁、神采奕奕的，在他的身上一点儿也看不出那段艰苦岁月留下的痕迹。我非常好奇，问道："当年你被冤枉时，被自己的徒弟打倒时，被折磨时，被下到遥远的地方，不知道什么时候才能回城时，不知道什么时候能够天亮时，你没有绝望过吗？"

"哈哈，闺女，告诉你一个真理，那就是任何灾难都不可能直接毁灭一个人的意志，任何困苦都不能彻底剥夺一个人的快乐！在这个世界上，能令自己不快乐，令自己烦恼和绝望的，最终能够打倒自己的，只有自己！

"与我遭受同样磨难的，有自杀了的，疯了的，颓废而放弃了希望的！

但是，更多的是像我这样始终保持快乐，始终坚持快乐的人，活着迎来了翻身的日子，活着看见自己的冤屈被洗清，活着享受今天更加快乐的日子！”

“那么，在那么困难的处境中，你是怎么坚持快乐的呢？难道满目的泥泞能带来快乐？难道单薄的肩头被农活磨破也有乐趣？难道夜晚连灯也没有的赤贫生活中有快乐？难道被人委屈，被自己人欺辱中也有快乐？”

“什么样的景象留在自己的眼中，是自己可以选择的呀。在那段岁月里，从未到过乡村的我学会了识别各种奇妙的野草；学会了在夜晚和善良的孩子们一起去捉野生的小鱼和动物；学会了睡在池塘边，仰望满天的星辰，重新思索自己的人生。一棵带着露珠的草、一朵朴实绽放的花、一条鲜活欢实的鱼、一场不期而遇的大雨都能给我快乐。反而，所谓的烦恼因为想了也无用，早被我扔到脑后。多么快乐的时光呀！”

“最重要的是，所有的快乐帮助着我终于活到了天亮。”老先生爽朗地大笑。

瞬间，我的心如醍醐灌顶般透彻、清晰。宋无门和尚的《颂》在空中如天乐般回荡：“春有百花秋有月，夏有凉风冬有雪；若无闲事挂心头，便是人生好时节。”

人世间，最不幸的时刻，也有幸福和快乐存在；最黑暗的时刻，也有期盼否极泰来的快乐。人世间，最富有、最满足的时刻，也会有寂寞、痛苦和无助。

春天有沙尘肆虐的灾难，也有百花孕育的快乐；夏天有酷热难当的痛楚，也有凉风来时的爽快；秋天有落叶凋零的凄冷，也有皓皓明月在天相伴，起舞弄清影的美景；冬天有寒风肃杀的凛冽，也有白雪轻舞，千树万树梨花开的绚烂。

你愿意沉浸于痛苦哀愁之中，就会对所有的美好和希望视而不见；你愿意选择快乐和阳光，那么所有的阴风残雾便会烟消云散。人生的痛苦和快乐本只有一线之隔，多么希望我们每一个人，无论遭遇困难还是遭遇烦恼，都能如同那位老先生一般，快乐如斯！

能否坚持快乐，对人生道理的彻悟是基础；学会寻找快乐、发现快乐、欣赏快乐是关键！但是，如果我们同时可以从饮食调理和自我保健上也多加注意，那真是想不快乐起来，都不行呢！

那么，你想知道，在拥有了彻悟人生喜乐的心境之后，如何运用你的巧手通过家常的快乐知识，为自己的家人和爱人打造出一个快乐的生活吗？

不要着急，且听我慢慢道来。

首先，让我们从饮食说起。国外营养专家通过长期研究发现，人们心情能否保持快乐和人体的5－羟色胺的水平有很大关系。5－羟色胺是一种来源于色胺酸的有机物，体内含量越多，就能越快乐。而香蕉这个宝贝里就含有大量的色胺酸。所以，你可以为自己的家人多做香蕉食品或饮品，让心爱的人一起喝，可以很好地改善大家的情绪。其中，香蕉饮品的做法是，将一根香蕉和若干颗草莓洗净后，加适量半脱脂乳，放在搅拌机中搅拌后，快乐饮品即可搞定。

而蔬菜里的快乐宝贝，当然就是菠菜了！营养学家帕特里克·霍尔福德说："菠菜含有非常丰富的镁，而镁是一种能使人头脑和身体放松的矿物质。"菠菜和一些墨绿色、多叶的蔬菜可都是镁的主要来源。

还有一种大家想不到的快乐食品，那就是女孩子最爱吃的葵花瓜子！瓜子里含有多多的用来为你我"灭火"的维生素B和镁，越吃越快乐，越吃越平静，为你的爱人也来上一袋吧！要知道，妈妈爸爸多吃了，还不容易对小宝贝发脾气。有意思吧！

另外，在日常烹饪中，你还可以多选用令自己精神振奋的红色系食物，让忧郁不再侵袭我们和孩子的蓝色系食物，令我们心情滋润的白色系食物来做日常菜肴，它们可都是帮助我们快乐的好助手！

快乐食品很多，但是，我要额外提醒大家一点的是，一定要根据自己的身体状态确定最适合自己的快乐食品。尤其是那些有某些疾病的朋友，更要征求一下医生的意见，因病忌口的食物，再想快乐也不能尝试！

现在，咱们再来谈谈如何运用你的双手为你的家人和你自己进行自我快乐保健，使全家能够由内而外都快乐？

其实，在我们的身体上有6个掌管快乐的穴位，这是我国中医数千年优秀成果的结晶。只要坚持对这些穴位进行按揉，对保持快乐的情绪大有好处！它们分别是：

合谷穴（左手拇指第一关节横纹正对右手虎口处按下，指尖所指处。另一侧同理找寻）：轻轻按揉此穴，可以改善心情，缓解失眠和神经衰弱。

少海穴（位于手肘前内侧）：由深及浅地轻揉，可以舒缓心情，令心境开阔明朗。

足三里（膝盖下有一突起的骨头，骨头下3个手指宽度的地方，凹陷处）：以双手拇指轻柔按压，可振作精神，消除沮丧和疲惫。

中冲穴（在中指末节尖端中央）：可通过指头活动泻出心中所憋之暗火。

风池穴（位于后颈，在胸锁乳突肌与斜方肌上端之间的凹陷处）：轻柔按压这个穴位，可减轻焦虑、烦恼，令心情轻松，思路清晰。

膻中穴（在两乳之间）：以拇指指腹按揉轻压，也可以往下轻捋，可迅速平息怒气和难过，使自己心神安宁，身心愉悦。

不过，有某些疾病的朋友，一定要结合医生意见，选择最适合自己的快乐穴位的自我保健。

心态调节、饮食调理、穴位保健，让我们三管齐下，令我们的人生快乐如歌。

彻悟人生、感受快乐，春有百花秋有月，夏有凉风冬有雪，万般烦愁皆放下，便是人生好时节！

怎样的爱情抉择，不会道路坎坷

很小的时候，我满心的童话，坚信灰姑娘和王子的故事。大学时，和同学争论“爱情不需要门当户对”争得面红耳赤。

我曾经以为只要两个人拥有爱情，就可以所向披靡，就可以融化冰雪，就可以抗击磨难，就可以消除隔阂。我曾经以为两个人成长背景完全不同，正好可以相互补充，相互取经，相互交融。我曾经以为坚持“门当户对”的老人庸俗无聊、势利可憎，他们就如破坏神一样拆散神圣的爱情，是绝对的封建糟粕。可是，当我开始从事心灵研究的工作，人性和心灵的神秘大门在我面前打开了。我心痛难忍地看见太多太多的爱情故事，恍然了解了一代一代的老人们为什么要那么“迂腐”地坚持。从此王子和灰姑娘过上了幸福的日子，为什么所有的童话书只能写到这里？因为那以后两个人一定会历经极其痛苦而漫长的磨合。

你会问，我痛苦地看到了什么？让我慢慢告诉你。

我看见，在不同家庭长大的孩子，他们成长的文化氛围和对问题思索的方式完全不同。两个人在爱情的高烧退下后，开始发现齿轮过于不合拍。我还看见，在不同家庭长大的孩子，他们背后的长辈很难融洽相处。婆婆与岳母，公公与岳父，观念冲突祸及小辈，夫妻于夹缝中难安。富贵家的婆婆重视家风做派，行为高雅，举止有度，职业“正经”；穷人家的母亲重视勤俭持家，铮铮傲骨，绝对尊严，实用为上。

他觉得我爸爸妈妈一辈子省吃俭用将我养大，我们没有资格奢侈浪费；她觉得我买衣服多些怎么了，我从小都是这样的，嫁给你就没有这个权利了？

她觉得我需要多交朋友，开拓眼界，不断进步；他觉得女孩子老是沉迷于社交，不在家里相夫教子不像话。

他觉得老父亲病了，弟弟娶媳妇了，我是长子要帮扶家用；她觉得我母亲养我这么大容易吗！你全帮了你家人，咱家都没钱给我母亲过个像样的生日了。

她觉得两个人过两个人的小世界多温馨；他觉得家族那么需要帮助，事业要打拼，不辛苦工作怎么行。

他觉得庆贺一件事情不需要那么多人，花 1 万元还打不住；她觉得为我庆贺你居然舍不得区区 1 万元，是不是不爱我了？

他贪恋女色，把爱情和性爱分开：我只是玩玩，并没有背叛爱情呀？她伤心流泪无法释怀，觉得爱情已经被深深玷污，无法承受。

她觉得你们家亲戚怎么那么多，弄得家里像旅馆；他觉得饮水思源，我奋斗就是给自己长脸，亲戚来了就得接待。

他觉得她们家规矩太多，非常不自在；她觉得他们家没有规矩，有点“粗俗”难忍。

她埋怨他不该将刚积蓄的钱全买了钻戒，不如用来添置家具；他委屈，她不懂得自己一片爱的表达，太庸俗。

……

其实，孰是孰非？

不同情形下，人们重视的生存侧重点本来就不一样。但观念强烈冲突下的爱情就出了问题，生了病。我不想说门不当户不对一定不能爱，毕竟真爱无错。但是，我一定要提醒门户不匹配下的痛苦坎坷必然存在。

爱情中不顾一切的勇敢的儿女们，你们做好承受一切的准备了吗？爱情中一切不在眼中的热血的儿女们，你们做好忍受一切“天造地设”的隔阂了吗？爱情中看不见世界的可爱的儿女们，你们做好正视一切困难的准备了吗？

为你们的爱情喝彩，为你们的坚持却不得不捏把汗呀！

相反，如果男女双方文化背景、家庭成长背景基本接近，至少，你们彼此能够快速了解对方的想法；至少，你们彼此的生活习惯不会强烈撞击；至少，你们身后的家庭相处起来，没有天然的隔阂；至少，消磨你们爱情的争吵能够少些，再少些；至少，你们少了适应彼此家庭陌生环境的不自在。

所以想郑重地提醒所有正在爱情中的人，想清楚了再去爱，但爱了就绝对不要后悔。因为边走边后悔的爱，连神仙都会笑话。想清楚了再去定，但定了就必须勇敢承受。因为定完又煎熬，任谁也挽救不了自己的痛苦，只有自己独自品味。

真爱来临，原则成为废纸

她是一名非常讲原则的姑娘，她不会在第10次约会前与男生牵手，她说："不是足够熟悉，怎么可以让他碰我的手？"她不会在晚上10点后与任何约会男生再单独相处，她说："没有最后结婚的把握，怎么能够让自己处于未知的危险中？"她不会和任何追求的男生喝酒，她说："最浪漫的葡萄酒，只留给婚后与最爱的老公共享。"

她骄傲地为自己制定非诚勿扰的择偶要求：低于1.75米的不要，还没有我高，太不伟岸；太瘦的不要，连抱都抱不起我，如何保护女生；眼睛太小的不要，我的眼睛这么大，他那么小，对孩子遗传不利；太黑的不要，不够儒雅、不够斯文。

她挑剔地昂着脑袋：不够幽默的不要，傻乎乎的，像木头，生活多没情趣；口才太好、嘴太贫的不要，有点吊儿郎当，太不稳重；花钱不够大方的不要，那么小气，可见爱得一定不深；花钱如流水的不要，这么乱花钱的男人，一定是个败家子，没法过日子；没房子的不能要，决不能一辈子为房子发愁！必须入门见屋！没有B字头名车的不要，天天都需要交通，哪能一出门就输掉面子?

她摆着手矜持地轻笑:收入不如自己的不要;门不当户不对的不要;与自己星座不合的不要;有恋爱史的不要;爱自己没有自己爱他深的不要;爱妈妈比爱自己深的不要;有小孩的,天啊,进门就要做后妈,那可怎么活呀!绝对不能要!

然而,上帝非常喜欢开玩笑,偏偏淘气地送给她的是:身高 1.70 米,非常精干和瘦削;眼睛也实在不够大,皮肤就像孙红雷那么黑;完全不懂幽默;非常节俭,从不买奢侈品;当前的收入虽不算低,也比出色的她每月少了 3000 元;标准租房一族,车子倒是 B 字头,可惜才是比亚迪;出生于最赤贫的山区,明显与她门不当户不对;恋爱史不多但很致命,婚史一次,孩子一名。

上帝瞪大眼睛,开心地注视着自己导演的这场爱情故事。

在她遇上他的瞬间,四目相对,微微的闪电掠过。之后,温柔的粉色轻轻袭上她娇羞的脸颊,柔美的深情悄悄渗入她明亮的双眸,狂乱的心思有力地侵占了她的全部心扉。在突然而至的爱情面前,所有的规则轰然倒下。女孩子的心中,一瞬间,便除了爱,满得再也盛不下任何一点规则……

个子不够高?没有呀,他的身高,刚刚好够我的小脑袋轻轻靠在他的肩上;太高了,还不合适呢!

太瘦了?多么酷呀,一看就是生活健康,身材不臃肿的阳光男子汉呢!

眼睛太小,皮肤太黑,不够帅?胡说什么,他可帅啦!眼睛小显得精神;皮肤黑,不用花钱就是天然小麦色,多棒呀!

不懂幽默,言语太少?说你不懂吧,这样的男人,才够 man,才不娘,如今多难得呀,羡慕死你!

太节俭,不懂得为女孩子花钱?真是不懂事,钱是用来过日子的,LV 能当饭吃吗?他能带我去采漫山野花,不比花钱买什么蓝色妖姬浪漫百倍!

没房子,车子不够好?天,冰冷的钢筋混凝土能和炙热的真爱相比吗?

租房子住，能够经常换屋子住，还可以保持爱情新鲜度呢！

比亚迪怎么了？好停车，塞哪个角落都行，不像宝马傻大傻大的，停个车总怕磕着碰着，老费劲儿啦！

收入没我高，出身太贫寒？你太短浅了吧，他是标准绩优股，后来居上才够惊喜和刺激呢！再说我也不是物质宝马女呀！

门不当户不对？太老土了吧，什么年代了，出身贫寒怎么了？我们的老革命家们多是出身贫寒，不照样做出辉煌的大事业？！

有婚史？这算什么障碍？你out了吧，有婚史的男人才更加成熟，别的女人无偿把男人打造到最好状态送给我，我感谢还来不及呢！

他有孩子，不怕拖累？唉，我一定不做白雪公主的后妈那么坏的女人，你看，我的眼睛中是不是天生有母性光辉万丈？

上帝傻眼了，啊？为什么所有的规则都作废了？为什么所有的话都可以倒过来说？为什么？

女孩子眼波流转，秀发飘飞，在阳光中显得艳光四射。

因为我爱上了他！

因为爱他，所以我爱他所有！

因为爱他，我愿意为他舍生忘死，前仆后继！

因为爱他，我觉得所有的忍耐和承受都变得值得了！

因为爱他，我坚信所有的困难都可以解决！

因为爱他，我觉得一切的付出和牺牲都是最幸福、最甜蜜的！

因为爱他，所以我愿意。

原来，千言万语，都会在真爱面前黯然失色；千规万矩，也悄悄改变！

未爱时的千般理智和万般矜持，只是未到爱之深处。

在上帝以及今天来到这里的众位见证人面前，我愿意娶你为我的妻子，我愿意嫁你作为我的丈夫。从今时直到永远，无论是顺境或是逆境、富裕或贫穷、健康或疾病、快乐或忧愁，我将永远爱着你、珍惜你，对你忠实，直到永永远远。

在众人的祝福中，音乐响起，泪眼朦胧的女孩子端起葡萄酒一饮而尽，调皮的小脑袋幸福地靠在心爱的男子不高的肩上。

在真爱面前，没有任何原则；若有原则，只是爱未到深处！

难道不是吗？

智慧的爱情在糊涂中圆满

容儿甜蜜的幸福，在一瞬间跌入了“地狱”。怎样的智慧才能呵护女孩子的爱情走向一生一世的圆满？

一封叫“容儿”的读者来信，在屏幕上已经停留很久，我的心非常难受，看着容儿一字泪一字血地倾诉着她一地鸡毛的悲伤婚姻，倾诉着原本恩爱的老公变得如何暴虐无情，倾诉着父母双亲如何因着她垂下白发苍苍的头，含泪苦求她的公婆能够谅解容儿往昔的过错。

容儿一遍遍地追问我：“老师，请一定要救救我的爱情，救救我的幸福呀！我该怎么办？我该怎么办？”

我的手轻轻颤抖，沉吟许久，却难以敲击键盘。唉，容儿今日所受之苦，缘起恰恰正是容儿原本最大的优点，她的纯真、善良和坦白！恰巧正是她对爱情的过于纯真和坦白令她陷入了万分痛苦的深渊，这让我如何忍心再苛责她？

新婚的容儿，幸福得像饱满的船帆，美好极了，老公俊峰爱她，视她如掌上明珠，公婆对美丽、善良的容儿也是十分满意。

婚礼上，一对玉人儿惹得亲戚、朋友艳羡不已。俊峰满眼的宠爱在容儿洁净的脸庞上久久凝视，使容儿甜到了骨子中，美到了心窝里。在漫天的鲜花和贺语中，在满堂的红色双喜的喜庆中，容儿被爱人俊峰抱了起来，俊峰有力的心跳、醉人的气息令容儿恍若隔世，幸福的眼泪拼命地涌出眼眶，擦也擦不完……

容儿终于下决心了，这么好的老公，自己一定要把那份“礼物”在洞房为他送上，彻底了结过往，以最纯真、最忠诚、最坦白的自己，轻松迎接崭新的幸福生活。

令容儿犹豫再三的“礼物”，是容儿写了5年的日记。在这绿色缎面的本子里，记载着容儿那份不堪回首的初恋。

5年前，纯洁的美少女容儿满怀着对爱情的甜蜜憧憬，一头栽进了一位名叫鑫的男子深邃迷人的眸光之中。她不可自拔地爱着生命中的第一个男人，为着他的一声呼唤，逃学、退学、离家出走、离开父母背井离乡，几乎做了所有最叛逆的事情。然而，在容儿第三次躺在妇产科病床上打胎时，她才知道这个男人早已经有了妻子和两个双胞胎的儿子，自己只不过是他的三奶、四奶，甚至有可能是五奶！容儿痛苦万分地离开了这份初恋，仓皇回到家乡，回到了父母身边，在温暖的家庭之爱中修复自己满身的创伤，她用日记记下了所有的痛和悔，记下了不堪的过往和对流产孩子的痛惜。

上帝似乎开始垂青容儿，让她重逢了小时候就非常喜欢的梦中情人俊峰，更为幸运的是，成熟了的俊峰俊逸帅气，事业初成，而且对容儿一见钟情。他爱极了容儿清澈明亮的眼睛，爱极了容儿娇艳的红唇，爱极了容儿干净、坦白、纯真的性格，几乎在3个月的极短时间里便迅速征服容儿的芳心，并牢牢牵着她的小手，带着她一起领取了结婚证书。

容儿非常激动地问俊峰，为什么要这么快和自己领取结婚证书。俊峰深情地搂着自己的小娇妻，幽默地说：“像我的容儿这么纯洁、干净的小天使，太难找啦，好不容易让我遇见，怎么能放过。如果我的动作不快，万一让别的男子抢了先，岂不后悔终身？”

容儿甜蜜的心重重地痛了起来，大眼睛里弥漫着阴影，过去的那段经历，如果不告诉俊峰，自己的心中就总是充满了内疚，觉得自己对爱不坦率，对俊峰不公平。但是，如果告诉俊峰，会有什么后果？他一定会不高兴，一定会生气，一定……容儿用力地摇着自己的小脑袋，非常纠结和难受。可是，当俊峰用有力的臂膀抱起容儿时，容儿的芳心一下子乱了，这么好的爱人，对自己坦白了那么多往昔的事情，自己却那么不诚实，这岂不亵渎了爱情？

于是，在两个人坐在婚床上的时候，容儿毅然取出了自己的日记本："峰，你是我愿意用一辈子去陪伴的爱人，所以，我应该对你绝对诚实和坦白。我用我的人格保证，这日记本里记载的都是过去了的事，绝对不会影响我在未来对你的完全的忠诚。"

俊峰含着笑意接过本子，幽默地说："好呀，让我看看我们的小公主的过去……"

翻开扉页，娟秀的字轻轻在俊峰眼前展开。慢慢地，慢慢地，俊峰从床上翻身下来，点上了烟，开始坐在沙发上看，时间是那么令人煎熬。俊峰的笑容慢慢凝固，眼神中的惊愕和困惑像湖面的涟漪一圈一圈在婚房中荡开。3个小时过去了，俊峰从沙发移到了地上，坐在地板上，头重重地埋在日记本中，容儿怕俊峰着凉，为他递去一个坐垫，却被俊峰挡开。两个人的手臂在空中相撞，其中的力度使容儿心中暗惊，她的心重重地摔到了谷底。

许久之后，俊峰摁灭烟蒂，站起身走出了婚房。夜里非常刺耳的关门声，刺激得容儿耳膜发痛。容儿孤独地坐在床上，一遍遍问自己：难道我错了吗？难道不应该有这份坦白吗？

天亮后，俊峰回来了。他满面冰霜，满脸疲惫，冷冷地对容儿说："为什么你不在婚前告诉我？为什么你不索性别告诉我，让我蒙在鼓中？为什么你看上来这么纯洁，却连流产都流了3次，还爱上人家有妇之夫？为什么？你叫我如何忍受我深爱和自豪的妻子，居然是被人玩弄了几年后抛弃了的剩货？！"

容儿被俊峰刻薄的词语惊呆了，忍不住回击了俊峰一个耳光。俊峰捂着脸，仇恨地瞪着容儿："好，你够狠！连我母亲都舍不得打我，你这个被人抛弃的骗子，居然还敢打我，我真是瞎了眼了。怎么看不出你是个泼妇！离婚！”

容儿感觉热血一下子冲上脑门，她满眼泪水，大叫：“我绝对不会和你离婚！你想都不要想！”

从此，容儿的幸福似乎到了头，痛苦的俊峰无法忍受自己的娇妻居然有那么不堪的过去，在多次的努力接受以无效告终后，干脆不再回家。偶尔回去，也是眼神冷冷的。容儿不知所措，难道自己要为过去的错误终身买单吗？难道对丈夫坦白是自己真的做错了吗？

容儿想寻求喜欢自己的婆婆的支持，但是当婆婆知道了事情的原委之后，慈祥的笑容也立即消失了。身为大学教授的公公，几乎认为这是辱没门楣的事。容儿的母亲亲自登门调解，也被冷漠地拒绝……

在接到俊峰发的一条长长的短信后，容儿彻底绝望了。俊峰告诉容儿，自己做过尝试，但只要一碰到容儿的肌肤，他就会想起容儿那绘声绘色、描述详尽的日记内容，想到另一个男人是如何糟蹋自己心中的神圣公主。他发现自己面对容儿，再也没有之前的感觉，所以他恳求容儿放过自己。

故事打了一个死结，停在这里……

我深深地叹了一口气，恋爱的坦诚、忠诚在这个故事里变成了“杀手”。在这个痛苦的故事里，容儿对爱情坦诚的出发点是无可厚非的。而丈夫俊峰对新婚妻子的不堪过往，突然被以最具体的形式展现在眼前，无法接受也是可以理解的。那么到底是什么错了呢？

在心理学里，有一种感受是令人反应最强烈的，那就是在不设防的前提下，突然被以文字描述的形式或图像形式，告知真相。

女子的日记，一般笔法细腻，容儿那满含泪水的日记，把所有不好的经历以最详细的方式，从天而降，砸在俊峰的心坎上。最关键的是，由于文字具备最好的记忆储存性，这些不堪一旦被看进眼中，就被迅速转化成无限想象的画面，长久停留在俊峰的脑海里。

而男性的功能是与心情、头脑的活动密切相关的，如果脑海里是无法忘却的不堪图文形象，势必非常容易导致男性的功能受到直接的干扰和影响。有些男性会因之压抑神经，变得粗暴野蛮；有的则会功能下降，形成自我保护式的封闭，甚至暂时失去性爱能力。

所以，如果不幸或不慎在婚姻前有些许历史，一定要谨慎待之。

其实婚姻的忠诚，指的应是从两个人走到一起那一天起，两个人对对方的坦诚、忠实。婚姻之前的经历，应让它深深埋葬在土壤里，轻轻挥洒在清风里。非要把和眼前爱人无关的经历清晰地摆到桌面上，不是对对方的尊重，而是对爱人的残忍！你爱他，却让他在与他无关的历史中饱受煎熬。人非草木，夫妻双方，谁又能真正大度地做到对对方的情色过往无动于衷？

爱他（她），就把遇见他（她）之前的所有认真遗忘和消灭，以清空了的心，纯洁、忠实地接纳新的爱情。在新的生活中，将自己全部的身心忠诚地投入给家庭、伴侣，这才是真正的丈夫对妻子，妻子对丈夫应有的爱情。

同样，聪明智慧的伴侣，如果在对方试图将自己过往历史讲述给自己时，也应该理智地制止。对过往历史的难得糊涂，才可使伴侣的爱情变得清澈、迷人。也不要相信伴侣出于好奇心的驱使提出的互诉历史的要求，他（她）再说不在乎，你再以为自己不在乎，那不好的过往历史也会像钉子一样深深钉入你的心底。即便有气度拔出钉子，钉子也已经在那里留下了不可愈合的痕迹。

喜欢记日记的男孩女孩们，当你走入新的恋情或婚姻之时，为了绝对保障幸福不会出“意外”，最好与这些日记彻底进行告别，包括那些过往的博客、电子版日记、特别图片。不要浪漫地非要留个回忆什么的，过去的就过去了，即便不舍，即便难忘，即便刻骨铭心，为了后面的幸福生活，为了自己一生的真正快乐，勇敢地与过去告别吧！将最后的叹息埋葬在过往日记的灰烬中，干脆、认真地转身吧！

后来，我建议容儿带着俊峰去接受婚姻心理辅导，期望在专业的心理辅导师的帮助之下，逐渐引导俊峰学习忘却，学习更新记忆，学习幸福记忆法，进而能最终抛却阴影，重新赢回温馨爱恋。

对自己的过往，勇于健忘；对爱人的过往，难得糊涂。智慧的爱情在难得糊涂中、在忘却中得以圆满。

不要让误解折磨你的心灵

你相信自己的眼睛和耳朵吗？你相信过传言和猜测，误解过身边的亲人和朋友而令他们非常痛苦吗？你被最亲的人误解而百口莫辩，莫名伤心过吗？你知道被误解伤害最大、最深的人，恰恰是误解别人的人吗？

我们生活的这个世界是非常奇妙的，它充满着无数丰富的变化和未知的因素。每个生活于其中的人，每天穿梭、忙碌于各种实际场景之间，看见了形形色色的现象、事物。然而，朋友，你相信自己的眼睛吗？你相信自己所听到的吗？

卢梭说过：“最善于欺骗我们的，正是我们的双眼和耳朵。”当事实不明的现象在我们眼前上演时，我们往往选择相信自己的眼睛和耳朵。而生活一直在告诉我们，最多的错误，最多的误解，最多的痛苦，都是由于我们过于迷信自己的眼睛和耳朵。而所有的误解一旦形成，又会绵绵不断地折磨我们无助的心灵。

因为误解之下，愤怒、痛楚、灰心就会轻率地轮番上场，使我们的心灵从此无法安宁。我们会不再相信那个令自己万般纠结的亲人或爱人、朋友或同事，我们不再相信其他事实存在的可能，我们不再愿意倾听令自己纠结和误会的那个人的任何解释。

可是，亲爱的朋友们，你们知道这会有多么危险吗？

在为大家讲故事前，我想说的是：误解，也许会使你从此失去一位也许原本是真爱着你的爱人，而且莫名的痛苦和失望会陪伴着你。对非真相的坚持，令你痛苦辗转，疑窦丛生，失却更多。你会由这一份怀疑而怀疑所有的爱；你会由着痛楚吞噬心田，也不再回头看去。待知道真相时，已经后悔莫及，遗憾永存了。

误解，也许会使你执着于某一个时间、某一个瞬间在你的眼前发生的事情和由此产生的愤怒情绪，使你放弃所有去寻求其他任何可能存在的真相的可能性。

有一天，无意中发现自己愤怒错了对象，发现自己痛恨错了事实，也许你错怪和伤了一位好人的心，也许你已经失去了一位最好的知己。最糟糕的是，也许你会发现在错误的坚持下，自己白白纠结了许多的岁月；在完全摸错了方向的情形下，自己折磨了自己很多的时刻。

误解，也许会使你倔强地坚持自己的偏见，使你漠视深爱着你的父母、孩子，使你伤透了其实最爱你的至亲，也淋漓尽致地伤透了自己。最终获知真相后，却可能与亲人已经天人两隔，令你从此再也没有后悔的余地和机会了。“子欲养而亲不待”，“白发人送黑发人”，怎么能如此啊！

误解别人的过程，也是自己折磨自己的过程。自己一定是极其不愉快、极其不开心的。尤其是在真相大白的时候，个中滋味，更是会令自己万般追悔和无奈。

误解的悲伤，每天都在这个世界上演。

江西某位丈夫以为自己不能生育，在妻子怀孕后，悲恸欲绝，拒绝听取妻子的任何解释，疯狂地折磨和报复那个曾经深深相爱过的女子。最终爱妻以死明志，表明清白。然而，却在生死两隔之后，丈夫突然发现，原来自己其实在以往的治疗之中早已恢复了生育能力。那枉死的曾经刻骨铭心深爱的灵魂，其实只是自己一段莫名怀疑的悲哀祭奠！那种万般追悔的痛楚，使这位丈夫终身为之忏悔和负罪。

安徽某男孩与女友异地苦恋 5 年，终于即将见面。在那个下着滂沱大雨的黄昏，刚从外地归来准备给女友惊喜的男孩，激动地打着雨伞去接女友下班。然而，梧桐树下，那令自己朝思暮想的女子却与一帅气男子手拉着手，居然还笑靥如花。男孩悲痛地扔下雨伞，绝尘而去，当日返回异地。强烈的自尊心使他拒听任何解释，从此拒绝相见，一段爱情无辜夭折。然而，事实是：女友思念心切，心不在焉地想着心事，脚忽然踩到一个泥坑，身体即将失去平衡时被一路过的男子出手相救，男友看过去时，女孩正在感谢救自己的那个不相识的男子！事实简单到可笑，可是误解和对爱的高度不自信蒙蔽了那位倔强的男孩，使美丽的5年爱情莫名夭折，从此永不相见。

北方某女孩所任职企业由于金融危机等原因，董事会决定停止业务。女孩虽然拿到了一些补偿金，但是，节日加班费、年假费和最后几天的工资没有拿到。女孩固执地认为，一定是执行老总克扣掉了，甚至故意据为己有而不给她。于是，不停地纠缠其中，不停地指责怒骂，甚至事情已经过去很久，她依然如此，一直不能释怀，自己也就无法放下这些郁闷和不快。然而，事实是，那位执行老总在最后关头放弃了许多自己的个人利益，极力向企业法人和董事会为每一位员工尽力争取到了最大可能限度的补偿金。而其他的那些费用，根本就已经不在他所能争取到的范围之内了。女孩因为一些表象和误解蒙蔽了双眼和耳朵，完全忘记了企业的财务权和解散措施的决策在最后时刻根本只会掌握在法人和董事会的手里，执行老总在这个时候，只能在非常有限的范围内去帮助所有员工。这原本是人所皆知的最基本的常识。但误解就会使人暂时失去清醒思考和多方求证的理智，过于相信自己所谓的听闻，令自己很久都陷入不快和烦恼之中，使自己没有正确目标地纠结，影响心情和健康。

南方一母亲某日突然发现，9岁的女儿的书包里居然有已经吃了半盒的毓婷！母亲十分焦虑，几乎昏厥，却不敢直接去问女儿。于是，这位母亲陷入了疑神疑鬼、草木皆兵的战时状态，每天搜查女儿的书包，细细嗅闻女儿的内衣等物品，偷看女儿的日记，甚至前往女儿所在的学校去跟踪和监视女儿。种种举措把不明就里的女儿逼得烦恼不已，与母亲对立情绪日渐高涨，最后，女儿留下一封信，直接离家出走！找不到女儿的母亲几乎崩溃，却忽然从班主任口里了解到了事实真相，事实居然让人哭笑不得！原来有些学生之间误传，避孕药可以治疗脸上的青春痘，于是孩子就去偷买避孕药来吃。原本只是女儿爱美的小小举动，发现问题后，如果母亲能心平气和地与孩子交心，讲明利害和道理，加以制止，就什么也不会发生。可这位母亲立即就把疑心上升到无限高度，在自己的误解中与自己进行激烈的较量和战斗，却把女儿生生逼离了温暖的家，将女儿推向了真正的危险。误解后的真相大白使这位母亲更加自责和痛苦，所幸后来找回了爱女，如果真的发生了什么不可预知的危险，可能这份疑心的后果就会白发人送黑发人！母亲白白被误解纠缠痛苦了数月，还差点伤害了小女，多么深刻的教训啊！

广东某男孩从小父亲去世，母亲独自拉扯孩子非常艰难，嫁给了一位北方汉子。后爸对男孩非常严格，经常在他犯错后责打他。男孩非常伤心，认为母亲对死去的父亲不忠，认为后父非常狠毒。所以，男孩在仇恨中长大，大学一毕业就远离了母亲所在的城市，远远地成家立业，与母亲和后父从此没有任何音讯往来。然而，事实的真相是，这位后父非常喜爱妻子所带来的孩子，为了更好地抚养这个孩子，他们甚至没有再要自己亲生的孩子！对男孩严厉则完全是这位北方汉子教育子女的方式而已，因为他坚信孩子百炼才可成钢。男孩从姑姑那里知道真相，方知这份误解是如此之深，懊悔不已，千里急奔回家，想和妈妈和后父忏悔自己的冷漠和无知！回家后却发现，后父已经去世，母亲更是因为思念儿子和丈夫已经哭瞎双眼。搂着白发苍苍的老母亲，已身为人父的男孩，锥心之痛无可排遣。子欲养而亲不在的痛，如何不令人扼腕叹息！

心理学和生理学的各种理论一直在说明一个问题，那就是任何人在愤怒、怨恨的热血冲动下，头脑的理性思维和发散思维就会变得迟缓，理智会在固执的偏见下后退和让步，在窄巷中无法调头。而缺乏理智，自然容易做出令自己后悔以及折磨自己的各种事情。

误解的生活实例不胜枚举，太多太多。大家应是深谙其中的痛楚和教训。请对待任何眼睛看见和耳朵听闻的所谓“事实”，都保留一点理智和清醒，不要让别人的悲剧在自己身上上演。

事情发生后，请多一份智慧心、思索心。首先用宽容、理解的心情，去面对所有一时间令自己无法接受的各种事情。然后，多一些多渠道的求证，多一些清醒、明晰的思索。即便事实一时无法理清，也给自己一份耐心和大度，向前看，先把未来的路走好，把自己未来的生活理好，给自己多一些乐观和快乐，少一些愤怒和纠结。

宽容和理性，既是你给别人的礼物，也是给自己最好的礼物。因为不良情绪伤害对方的同时，一定也会重重折磨自己！

解开情感纠结的万能“钥匙”

有什么妙策使自己可以从此不再为感情纠结所困所伤？

许多个晚上，夜已经很深了，我的心却仍然无法平静。在那些夜里，我一直在阅读着各地的读者来信，一行行文字之间浮现出她们和他们悲伤、愤懑、纠结的表情，我的心中常常被莫名的痛楚重重地压抑着。

大雪之夜，被嫌弃自己的丈夫连同哭闹的孩子一起推到门外，妻子万分悲恸和绝望，却因为顾忌重重，认为孩子不能没有爹，认为自己也无法割舍对他的眷恋而无法放弃，苦苦纠结；

女子被连续出走和神秘失踪的老公折磨得几近疯狂了，在一夜夜苦苦的猜测和难熬的等待中快到了崩溃的边缘，却仍然在心中往最好处想，向最好处祈祷；

心中明明已然无数次断定他是不爱自己的，他的暴虐野蛮，他的极度不负责任，他的轻慢冷漠……却仍然幻想自己的痴情可以感动他，自己的爱恋可以改正他；

第 N 次在她的手机上看到暧昧的短信，第 N 次显现在眼前的事实清晰地证实着她的背叛，丈夫仍然不舍离去，不愿放弃，甚至一边疏散愤恨，一边还在替她的种种不合理的举动做最“合理”的解释；

男友长时间的避而不见，长时间的以委婉借口说出的拒绝，女孩却觉得多年的相恋包括自己宝贵的身体付出，不会就这样莫名其妙没有了。于是，苦苦追问，苦苦纠结，爱情在女孩的追问之下愈加缥缈。女孩却宁愿将缥缈当成希望，他以委婉理由拒绝，说明他的心中还有我；我见不着他，是因为他忙。纠结不到被冰霜雪刃重伤，就无法平息。

情感的一道道纠结如同乱麻，每一个痛苦的灵魂都被无边的乱麻纠缠其中。越挣扎，缠得越深；越慌乱，缠的死结越多；越矛盾，纠结变得越复杂。

望着缠在、困在乱网中央的灵魂在痛苦无助地辗转，我敲击键盘的手指变得愈加沉重。我一直试图寻找一种最简单的方法来破解这些虽然缘由复杂、纠结无数，但实质都是一致的、结果也是一致的痛苦的情感纠结的难题。

为什么说它们的实质和结果是一致的呢？大多数的情感纠结之实质，皆来自于单方或双方当局者对某些事物的执着和痴迷。这种执着和痴迷，或是某种不甘心，或是某种愤愤不平的赌气，或是某种不舍得，或是某种欲求顾忌，这份欲求顾忌涉及老人、孩子、事业，甚至是面子和尊严。

俗话说：“无欲则刚。”内心有了欲求，有了固执痴缠，理智就会被无数庞杂的情绪分割，变得支离破碎，直至丧失。没有理智的秉持，感性泛滥的结果就是使人们的心意再也无法坚定和清晰，混乱而无法定夺的纠结结果也就不可避免地出现了。

那么如何帮助理智重新树立，心意重新变得清澈呢？如何剥开团团纠结的乱麻，解放被困的心灵呢？

某日看见一部纪录片突然有所顿悟。片子拍摄的是一只正在蜕皮的蝉，我们知道在没有完成这个艰难的过程之前，蝉是无法飞翔的，在这层硬壳的束缚下，蝉只能踟蹰爬行，无法抵御很多天敌，无法进行交配，无法展开自己真正的生活。硬壳困裹下的蝉，选择在黎明前完成自己的羽化，看着那幼小的生灵在树枝上与困住自己的硬壳进行搏斗，辗转挣扎，左右摇摆，疯狂的“体操”在薄薄的晨色中孤独地进行着。脱开了，就是展翅的新生命；失败了，就再也没有了自己。

那份坚定、执着到令人心动的争取，不正是自然界在向我们昭示着生活的真谛吗？

如果缠住自己的硬壳不脱开，就会令自己失去人生所有幸福的可能。幼蝉尚知，必须在黎明之前拼尽了全身的力气，为自己争取展翅飞翔和快乐生活的自由；而我们人类，作为自然界最神奇的缔造物却无法参透吗？动物的醍醐灌顶只需要本能，我们呢？最有智商、最有心智的我们，还需要多少悟性呢？

思念起江南养蚕的情景，蚕儿破茧而出才能成全自己完整的生命。丝是自己吐的，纠缠自己的所有的结都是自己织就的，咬破自己吐出的茧和丝，你会心疼；但不咬破，不冲出，裹在茧中的生灵就会变成僵尸，真正的爱情、繁衍和生活就再有没有重新开始的可能，不是吗？

还记得那个著名的传说吗？古代伦帝那王国供奉天空之神宙斯的神殿之中，赫然摆放着历史亘古的战车，沧桑而辉煌的战车上有着举世闻名的“格尔迪奥斯绳结”，传说只有能够解开绳结的人，才是整个亚细亚真正的霸主和王者。

那是怎样神秘的千古之结呀！无数智士和勇士殚精竭虑，任他们如何巧用心思，即便是最灵巧的手指也是无计可施，望而却步。这样的绳结，会有多么复杂，多么纠结，多么精妙，多么令人绝望呀！但是，伟大而睿智的亚历山大大帝，宝剑轻挥，剑光辉映下，千古的绳结一劈而散，世上最复杂的纠结却是以最简单、最干脆的方式豁然破解。

一代亚细亚的枭雄，以同样的智慧，以最简单的真理，势不可当地攻下了坚若磐石的波斯帝国，以他的大智慧开启了世界之门，缔造了自己的霸业。

尚在情感纠结的痛苦中挣扎的你们，千万次地问自己：该怎么选择？该怎么做？

人生不过短短数十载，相对于人类漫长的历史何其短暂，在如此短暂的生命时间里，我们要用多长时间织痛苦的茧把自己包裹得更深，更看不见光明呢？蚕用来包裹自己的是自己吐出的丝，蝉用来包裹自己的是自己曾经身体的一部分，感情纠结中包裹自己的是自己过多的执着、愁苦和怨恨。

你若想弄明白其中的道理，你若想打开自己的思路，寻找破解的方式，身在茧中，如何可解？身在壳中，如何可清？所以，学蚕的破茧，学蝉的脱壳，学亚历山大的挥剑斩结，破开这个包裹得太深的心结，令自己能站在事外清醒地再看。

我经常用提问的方式破解朋友们的疑惑，因为你只有学会置身事外清醒地自问，清醒地旁观，问题才会有正确的答案。

你不是无法下决断吗？你不是被千头万绪纠缠得头脑发昏吗？那么，请上几天假，或者暂时离开困扰你的环境或人，关上手机，一个人以最舒适的状态待着，把自己满心的悲伤思绪先暂时彻底清空。

然后，静下心来认真问自己：你究竟想要哪几件东西？列出清单来：爱人的身体、爱人的心、孩子的成长和健康、父母老人的健康、事业成就、尊严面子、自己的自由、自己的快乐、自己的健康？

完全按你自己的想法把这些因素排出顺序来，如果注定不能全部顾及，如果注定不能全部拥有，你先割舍什么？你必须割舍什么？做这个游戏吧，用全部的心一点一点去做，最后留下几样你力所能及的，给出你最后的选择。

为了保全最珍贵的，必须学会割舍。最重要的是一旦抉择，无怨无悔，让你的人生变得风轻云淡，格外清晰。切莫做边走边悔的人，那是在把自己织进一个更大的茧中，最终将无法自拔，成为壳中的标本，茧中的僵蚕。

身在局中的朋友一天心结不解，就如为丝所困的蚕，为壳所困的蝉，生命和思路混沌而懵懂。在这样的时候，任你为之想出再妙的对策，他都会无法想通，自是枉然。只有自己挑破和劈开自己心中的纠结，咬破缠绕自己的蚕丝，脱开负累自己的硬壳，思路才会破茧而出，才能够真正弄清楚自己到底想要什么。

而当你一旦理清对自己最重要的是什么后，也只有在这样的时候，精巧的良策和妙计才能开始对你起作用。毅然跳出纠结，暂时割破纠结，置身于茧壳之外，再来细剖茧壳，整理思路，寻找问题的根本，最终有所取舍。

舍去的，不再后悔；留下的，就是你要的了。那么，用你全部的身心去缔造和珍惜它吧！其实，这就是解决多数情感纠结的关键钥匙。

有了这把钥匙，心结打开，心智清醒，我们就可以从容、理智地结合具体问题，采取具体的对策一一化解人生的困难了。

野蛮女友的爱情只是神话传说

我收到过多封读者来信，信中这些朋友都提到了一个共同的困惑。

这个困惑是男女双方都存在的，这里我以女对男的角度来举例：很多女孩子发现，自从相恋或者结婚以来，她们的男友或老公一直对她们百依百顺，对她们所有的刁蛮任性，耐心包容；对她们所有的不好态度，笑而化之。

她们的爱人，会在深夜为她一时兴起想吃的某种牌子的鲜汤馄饨，穿越半个城市去购买；

会对她和闺蜜经常性地玩到深夜甚至不回家的举动，充分信任，无怨无恨；会对她当众冲着他大发脾气，甚至对他动手的野蛮举动，低头承受；

会忍受，她在家中动不动对着他大呼小叫，颐指气使，横眉怒对；会忍受，劳累一天终于睡倒后，因她无数临时想起的小要求频繁起床，或者是为她取一瓶水，或者是替她揉揉胳膊，或者是替她找一本突然想起的书，任劳任怨，没有任何的嫌怨；

会忍受，她不会做任何一样菜，却反过来指挥他学习所有的烹饪技术，并对本不会做菜的他做出的每一种菜横加挑剔；会忍受，她有很多很多的男性好友，好不容易在家的时间她却抱着电话，1 个小时、2 个小时地和男性好友们开心地聊天；

会忍受，她花掉家中几乎大半的积蓄，去大肆购买多得衣柜都装不下了的衣服、鞋子和叫不出名字的奇怪东西；会忍受，她每天挑剔他的缺点，每天唠叨他的不好，似乎对他全身上下都看不顺眼；

会忍受，她以各种理由 3 个月、半年，甚至一两年不与他行夫妻之实；会忍受，她嫌弃和嘲笑他的工作收入低，嫌弃和嘲笑他的朋友土气或庸俗……

这种没有怨言的忍受，经常是很多年，我见过、听过最长的甚至是 15 年。然后，然后，他终于爆发了。

或者，他爱上了别的女孩，移情别恋。或者，他拒绝给任何原因和解释，突然但态度极为坚决地提出离婚或分手。而且一旦提出，绝不回头。

这种情形反过来亦然。妻子或女友，一直无限制地包容和忍受丈夫或男友的过分举动和冷淡对待，直至有一天，突然与之决裂，也是普遍存在的。故事情节各有不同，然而，故事结果却是一致得惊人。

于是很多很多的朋友大惑不解。

妻子说：“我不相信他会这么绝情。8 年了，我从一个刁蛮不懂事的小女孩，已经长大成逐渐懂得了生活的女子。他一直包容我，忍让我，他定是深爱我的，为什么现在会突然不爱了呢？不可能！我知道自己过去太任性，太孩子气了，我可以改呀，我要去挽回！”

丈夫说："我不相信，这些年，她是用全部的心在爱我和这个家的，无论我对她态度有多不好，无论我多久不回家，无论我对她有多厌烦或者粗鲁，她都无怨无悔，现在怎么可能突然不爱了呢？不可能！她定还是爱我的，我从今天开始改变，一定能挽回她的心！"

电影里不是说，野蛮而无理的女友，可爱娇俏，能赢得自己心仪的男孩上天入地般痴情追求吗？电视里不是说，霸道而不解风情的男性，阳刚性感，能赢得美好的女子死心塌地地苦苦追随吗？

电影里，电视里，那多是神话和传说！因为——

极少有人能长久地忍受，永无休止的单向付出；极少有人能长久地忍受，自己向往的爱情总是不爱回家；

极少有人能长久地忍受，伴侣对自己永无止境的不尊重；极少有人能长久地忍受，爱人永远不给自己正常的两性"抚慰"；

极少有人能长久地忍受，爱人给别人的，给朋友的，给异性的，给任何人的，永远比给自己的多；极少有人能长久地忍受，伴侣对自己永不停止的抱怨、挑剔和嫌弃；

极少有人能长久地忍受，爱人长期的忽略和漫不经心的对待；极少有人能长久地忍受，无论何种作为，无论何种忍让，无论何种努力，都永远捂不热"野蛮"伴侣那冷酷无"情"的心！

忍耐的存在，是在爱情的初期。恋爱的化学反应所产生的高热度、高亮度的炫目光辉，会支持每个人为了追求爱，为了赢得爱，为了永驻爱，舍生忘死地付出。

在这种情形下，所有的苦，所有的忍耐都是甜蜜的，都是心甘情愿的。这时，爱人的刁蛮是可爱的，爱人的漫不经心是迷人的，爱人冷漠的眼神是性感的，爱人的不回家是有原因的，爱人的不理解是可以争取的，爱人的异性朋友多是因为他（她）太有魅力，爱人的粗暴对待是因为工作太累、压力太大！

但是，即便是世界上最伟大的爱情化学反应，也有热度逐渐消退的时候。这时，爱情的延续和加浓就需要通过双方的回应和付出来激发更多的动力了。如果永远是单方面的付出，另一方永远是回应迟钝，甚至不屑于回应，爱情升腾上空,却没有持续的推力相助。单向付出的一方,他（她）永远孤苦伶仃、形只影单地奔波在爱情的路上。

那么，少有付出的你，又如何有资格苛求其在终于遇到一份真挚的温情的诱惑时，毫不动心？如何苛求其在极度疲惫和孤独下，不去飞蛾扑火般地追寻甚至是骗局的一点点温暖？如何苛求其在忍无可忍、心灰意冷之下，不给出放弃努力的选择？如何苛求一颗逐渐冰冷了的心再为你重新跳动？

不要说什么某某伟人的爱人一生孤独，仍是挚爱伴侣。那是因为伟人伟大到能够影响到人类的事业信仰，这会为孤独的爱情提供另一种璀璨而火热的助力。这份共同为人类伟大的事业拼搏的感情，早已超出了平常的爱情。

不要说古代很多的女子成为皇帝的三千宠爱之一，仍无怨无悔。那是因为她身居宫闱，没有再遇他爱的可能；那是因为如果她想放弃，就断然没有生机或者被弃之冷宫，不见天日。没有其他路可走的可怜小困兽，只有竭尽全力去追求那份高高在上、漫不经心、若有若无的恩宠。不是不悔，是无路可悔！

不要说什么胡姓某人的爱情可以在不能持续付出，甚至三心二意的情况下，仍可令自己的女人愿意低到尘埃中去爱，还可令孤独的爱在尘埃中开出花来。神圣的爱，可以被诗文高高膜拜在天，牵动无数后人的心灵，可是，这份爱终是只有短短 3 年的寿命呀！我不能想象张爱玲在典当自己的手镯为这位还在与自己恋爱的爱人的情人打胎时，心中有没有悲壮的感受，但爱忍耐到这个地步时，3 年之殇自是必然的结局了。

爱人孤独地走久了，再热的爱也会冷却；任性无理地索求久了，再真的情亦会变淡；自私、贪心久了，再深的眷恋也会变质。

而所有的冷淡、任性、刁蛮、自私的对待，它背后的本质又是什么呢？

断然是，你是不够爱他（她）的。

因着一个人走累了，因着被宠惯了，因着他（她）无怨无悔、无要求的爱来得太容易，你接受了他（她）的爱，两个人走到一起。这时，你的爱不是爱，是一种习惯，是一种感谢，抑或是一种享受。所以，你不会珍惜伴侣所有的付出和努力，所以你才能做到冷淡、任性、刁蛮、自私、挑剔地待他（她）。可是，这是极端危险的！

因为你很可能在此后的日子里，不知不觉地真的爱上了他（她）。当你真的不知不觉地爱上时，不知道是否还来得及。如果你在他（她）承受的极限范围内翻然悔悟，也许爱会重新来过；但是，如果你醒悟得太晚，那可就有可能什么都没有了！等你真的爱了，你爱的人却已经不在了。

不要等爱变了、淡了，再去后悔；不要等爱人的心凉了，再去想着重新焐热；不要等刁蛮入了骨，伤了爱情的筋骨，再去流泪挽回。那时，即便挽回，也会出现巨大的问题。两个人，因角色的对调而变得陌生、尴尬；两个人，因着小心翼翼而变得奇怪、不适。爱的奶酪，丢入了灰尘，被脚狠狠地踩过，被车轮狠狠地践踏过，即便捡起，重新洗过，入口的滋味也不会是从前那般甜美、香醇。

不要太相信野蛮女友的神话，不要太相信冷酷王子痴情公主的传说，真的决心牵手一生，就付出你全部的真爱！不要待爱开到凋零，再去落泪挽回。

借钱使人情变性

很小很小的时候，有一位老人对我讲：

如果你想永远拥有这个好朋友，就永远不要向他（她）借钱！

如果你想永远拥有这个好亲戚，就永远不要向他（她）借钱！

如果你想拥有和收获这份爱情，就永远不要向他（她）借钱！

我非常不服气：

有困难，找好朋友为什么不可以？好朋友不光是在荣耀时共享快乐，更应该在最困难的时候不离不弃，帮你渡过难关呀？

有困难，找亲戚为什么不可以？因着血脉相连，生在同一个大家族的屋檐下，不光逢年过节时互相往来，串门问候，更应该在彼此出现困难时解囊相助，彰显亲情的魅力呀？

有困难，找恋人为什么不可以？爱情在甜言蜜语中行走时，看不出是否能够历经岁月磨炼，向爱情借钱不正好可以考验出他对爱情的奉献度和投入感吗？

当时的我内心认为：

这位老人太市侩，友情、亲情、爱情，不正是世界上最值得信赖、最美好、最纯净的三种情感吗？

难道在区区金钱面前，再美的友情都会被黯然失色？

难道在区区金钱面前，再深厚的亲情都会一地鸡毛？

难道在区区金钱面前，再山盟海誓的爱情都会烟消云散？

年少的我，一笑置之。我记住了“不借钱”的铁律，只是因为不想相欠他人，但却绝对无法认可那份说辞背后所意味的残忍意义。

岁月飞逝，很多的故事上演，很多的事情发生……

渐渐地，于友情，我看到：

有人将钱借给朋友，因面子不敢按时追要，当自己急用之时捉襟见肘，内心煎熬，渐渐对朋友心生怨恨；有人因着借钱给穷朋友，朋友发达后，自己却仍然原地徘徊，借钱的人内心无法平衡，朋友反目的悲剧上演；有人因为向朋友伸手借钱，在不能及时归还之前，无法坦然见面，过去天天相聚，现在却绕道而行，心中忐忑，友情生疏。

真的是，钱一旦借出，彼此的债权债务关系就已经形成，除了哥们情谊，各自必须面对的生活用度的现实使友情悄然变形。

“借”字出口，从此，借的人忐忑，被借的人纠结；如果不借，从此，借的人怨愤，被借的人尴尬。

于亲情，我看到：

有人因买房向亲人借钱，却不知道亲人的家庭也许正因孩子上学急需用钱；有人因为生病向亲人借钱，却不知道亲人的钱也许已经套在股市，如果急急去取，便会过半贬值；丈夫出于亲情借钱给自家弟弟学习技能，妻子会生气于上次娘家兄弟借钱盖房，老公不同意是多么冷酷无情；老人借钱给老二了，下一次老三借钱时，老人即便手头再紧也不能不借，否则便落下了厚此薄彼的嫌疑。

一旦借钱，只要未还，亲人再见，必生尴尬；一旦借钱，亲友间的比较就已形成。钱有时会悄然变成亲情厚薄的计量天平。

真的是，“借”字一旦提出，便成了象征。

如果不借，被借的亲人被迫学习撒谎寻找看起来说得过去的借口；借的人伤心悲哀，感觉自己被亲情抛弃不理。如果借而未还，被借的亲人焦急愤怒；借的人心虚不安，亲情从此披上了悲哀的外衣。如要讨还，便有了重利轻情的感觉；如不讨还，亲情是讲了，自家的生活用度甚至命运都可能深受影响。

借还关系的建立，使亲情往往负担了过重的道义。很可能，在钱借到的同时，你失去了一个很不错的亲人的真心相待。只因为，你因你的生活干扰了其他亲人的生活秩序。

于爱情，我看见：

有人向心爱的恋人伸手借钱时，恋人即便双眸中不露出疑惑，心中也会微动；婚恋关系尚未真正确立，为何如此匆忙地不分彼此？有人特别委屈地倾诉，他说爱我，可以为我付出所有！可为什么第一次借钱，他便会变得冷淡起来，为什么爱情往往禁不起金钱的考验？

唉，那是因为爱情在还没有缔结成亲情之前，就还只是友情！彼此尚在相互的试探和积极的了解之中，相知未深。在如此状态之下借钱，很多人的内心会因着未知的不安全感，自然心生疑惑。

爱情不同于亲情的是，它是两个陌生人走到一起结成的深厚情意。因着陌生，动机自然变成非常受关注的重点。如是真爱，什么都可以付出；如不是真爱，所有付出都变成了亵渎。所以，你们彼此走近的动机就成为考量一切的唯一。而金钱动机向来是爱情的头等死敌。故若在爱情进行之时，借钱的举动无疑在自我彰显动机，使爱情面临人类本性的强大挑战。

真的是，“借”字出口，爱情的纯洁动机就要开始接受潘多拉宝盒的考验。不借的人，会被认为不愿意为爱付出；借的人，容易质疑对方的爱情意图。借与不借，都会在张口的瞬间令爱情承受受伤的风险。

借钱对爱情的影响与爱情本身无关，只与人性怀疑未知的本性关联。

我们都是人，不是神仙。那么，为什么我们要去挑战人性的本能，将尚未强大稳定了的爱情置于险地呢？

在历经了很多的岁月后，我终于明白了那位山林老人的话。

金钱，与人性相关；感情，与人心相关。人性与人心，本不是一个领域的事情。

我们需要他人的人心，给我们最真挚的友情、亲情和最美的爱情；别人肯给，能给，已是你我百年修来的美好缘分。

而金钱，它与人心无关，它是人们用来生活的根本，只与人之天性相关。就像我们的手遇上火，会因着痛缩回来。对痛的本能回避，这就是天性！因把钱借给别人而影响自己的生活，使自己的生活尴尬、痛楚，甚至困难，对这种压力的承受力和取舍态度，完全取决于人之天性本身。

有人可以无怨无悔地为他人忍受自己的不便，借钱就不成问题；有更多的人因为借钱可能会严重影响自己的生活而产生犹豫或不愿，这是完全正常的心态，与善恶无关。

你如果执意要将人心和人性混在一起去挑战，也许能得到，但更多的时候是失去。这其中，最残忍的不是不借钱的那位，而是出口借钱的自己！

因为，强迫别人以忍耐生活的混乱或对爱情的纯洁信念被挑战为代价，借钱给你，如此挑战规则和人性本身的人，如同将人的手按在火上烧灼，还要求对方不能因为痛的本能缩回并告诉对方，如果缩回，即说明不爱。如此，是多么残忍、自私和愚蠢的做法呢？这种做法很难不把自己置于尴尬之中，很难使自己拥有他人真挚的情谊。

所以，无论我们的生活遇上了什么样的困难，请努力学习自我解决，自我改变。不要轻易将我们的朋友、亲人、爱人，因着我们的困难拖累到一起，那是一种自私和愚蠢的做法。

如果他们自愿帮助，固然美好；如果没有人能够帮助，就必须学习自我解决。实在不能解决，就要试着学习放弃。我们没有任何资格要求任何人额外的帮助，须知帮是情意，不帮是本分！

心理篇：能否爱到地老天荒，心起决定作用

三大心理高招，教老公学会体贴

周末，参加朋友孩子的婚礼，遥遥注视着那甜成蜜水般的美人儿，在美丽的婚纱之中灿若桃花。略施粉黛的新人，笑立于欢舞的彩带之间；热情喧嚣的爱情祝福，映衬着腾空绕梁的莺歌和燕语。满屋的空气里，充盈着童话般美好的氛围。坐在我一旁的女孩庞儿，凝视着眼前美景，始终双眸含泪，情绪惆怅低沉。

我有些纳闷："小庞，你的爱人呢？"

庞儿答非所问地对我说："姐姐，你说这满堂欢喜过后的婚姻还不是一样吗？女子，从脱下婚纱起就不再是公主了。她要独自面对如山的家务，独自面对工作的疲惫，独自面对孩子的教育，独自面对身体的酸痛和心灵的焦虑；男人只需要忙一件事——工作！却像大爷似的，总是觉得自己很了不起！"

"独自？"我注意到了庞儿的措辞，"难道你的老公从来不帮你吗？"

"姐姐，这婚礼已是差不多了，我们出去走走，好吗？我有很多烦心事，想和姐姐好好聊聊呢！"庞儿问道。

"好的。"感觉出这个姑娘实在是心事重重，心里很是不忍，我点头同意。和朋友打完招呼，我们漫步走到不远的一处公园，在美丽的水边坐了下来。

在庞儿的叙述中，我理清了事情的来龙去脉。庞儿与夫君小涵结婚已有10年了，两人从谈恋爱到蜜月期，小涵一直对庞儿宠爱有加。度完蜜月后，夫妻进入了正常的生活之中。庞儿却发现身边这位爱人逐渐露出了大男人的种种习惯：每天回到家中，小涵袜子脱下，往空中一扔，即刻拿起报纸，沙发上一靠，不到吃饭是不会起身的。嘴里还喊着："老婆，香烟拿来！""老婆，麻烦递瓶饮料！”“老婆，你看看，我的裤子都皱了，你怎么不给挂起来呀？瞧我这老婆找的，唉！”“老婆，我都叫你三遍了，你怎么都不应一声呀！咱家遥控器在哪儿呢？”

庞儿劳累一天已是身心疲惫，还得像陀螺似的一边满屋跑进跑出地为小涵服务，一边烧菜、烧饭、洗衣服、整理屋子。后来有了孩子，更是加上了一倍的劳动量，接孩子，照顾孩子起居，督促孩子学习。每天从一睁开眼睛到晚上睡倒，满脑子的事情，似乎永远也做不完。连梦里也很难踏实，夜里，还惦记着检查孩子是否把被子踢掉了，顺便帮小涵盖好被子。

“这都不算什么，姐姐，你知道我最忍受不了的是什么吗？”庞儿疲惫地说，“我为这个家竭尽全力，几乎付出了全部的心血。可是小涵却从来感觉不到。他从来没有想着帮我分担，不但不懂得体贴我、感激我，最气人的是，他还总是挑剔来挑剔去，对我抱怨多多、牢骚多多！”

“你怎么知道小涵不知道你的辛苦呢？”我问庞儿。

“如果他知道，他为什么从来不对我说一句‘你辛苦了！’如果他知道，他为什么从来没有对我说过一句哪怕些许感激的话？如果他知道，为什么他还对我那么多抱怨？”庞儿情绪非常激动。

“小涵都是在哪些方面抱怨你、委屈你、不体贴你呢？”

“唉，可多了！比如，有时，他看洗衣筐里有两天的衣物没洗，他就会抱怨：‘老婆，你怎么这么懒！这衣服都两天了，还不洗！’而其实，那几天我正来那个，肚子痛得非常厉害！而小衣服都得先用水手洗一下，我不敢沾太多凉水，所以才没动衣服。他不问我的苦，却在那里吆三喝四的，多气人呀！

“比如，某段时间，我刚接手一个新的难度很大的项目，每天在单位工作得特别累，回到家里实在做不动家务了，就对小涵说：‘咱们出去到餐馆吃一段时间吧！’于是，小涵又不高兴了，他抱怨说：‘你怎么这么不会过日子呀？菜也不愿烧了，真是小姐脾气！都是我把你惯坏了！工作忙，谁不忙呀？我比你负担大多了，我得养活这个家呢！你听我抱怨过累吗？’

“可谁靠他养活！他是挣得比我多，但我也一样在工作呀！关键是，他工作回来，进了家门，就是甩手掌柜了！而我每天除了工作，还得操持所有的家务！他为什么就不能体谅到我的辛苦？

“有一天我们一起参加朋友聚会回来，他阴着脸，半天不开心！嘟囔我不会穿衣打扮，埋怨我不好好护理面部，他居然还说：‘瞧你的手，年纪轻轻的就那么粗糙！也不好好保养一下，多丢脸呀！’

“姐姐，这个小涵，多没良心！原来，我的手多光滑呀！不是经常做事，怎么会磨粗？说我不穿着打扮，你想，我每天被工作、家务整得精疲力竭的，周末还得照顾孩子，哪有多余的精力和时间天天逛街玩呀？恋爱时，他还经常给我买衣服，结了婚了，就再也没为我买过任何一件了！他怎么就知道埋怨我，却不知道反省自己的不体贴呢？

“最最难过的是，每当我在外面受了委屈，受了气回到家中时，他从不问我到底是怎么了，反而抱怨我说他在外辛苦一天了，回来还要看我的脸色，日子过得真没劲儿！姐姐，你听听，他比我还委屈呢！我只是一个普通的女孩子，我又不是百毒不侵的金刚。为什么他不能问问我的委屈，分担我的伤心，用他的拥抱给我哪怕一分钟的休息和鼓励？

“还有一次，我加班完回家已经晚上 8 点半了，腰酸背疼的。孩子送到外公家了，家里只有耷拉着脸、嫌我回家晚了的小涵，正老大不高兴地坐在电脑前玩游戏呢！我一个人，孤独地在厨房准备晚餐，菜切着切着，突然泪流满面，这难道就是我要的‘执子之手，与子偕老’的生活吗？没有体贴，没有温存，没回呼应。好孤独呀！多么渴望小涵能将我揽入怀中，像谈恋爱时那样轻轻地给我一点安慰。多么渴望哪怕他能对我说一声：‘老婆，辛苦了！’没有，什么都没有！只有键盘敲击的声音，无休无止……”

庞儿忍了许久的泪水终于流了下来。唉，这个女孩所面临的问题，是很多女性所共同面临的。

太多的男子在结婚后，就会感觉自己已经完成了人生一件大事，开始不再为了这份爱情多考虑了。他们多会把生活的重心转向工作，交友，享受生活。他们开始疏于打理自己的后院，心安理得地享受妻子的付出，任性而随意地提出自己的要求，孩子般希望妻子能别烦自己，能自己寻找快乐，自己照顾自己。他们会变得迟钝，变得忽略妻子的感受，变得忽略妻子的身体状况，变得忽略妻子的喜怒哀乐！

“都老夫老妻了，还扮什么家家，矫情什么呀！”多数的男人会觉得，妻子是自己人，不需要对自己人再讲究什么，不需要再对自己人哄着、宠着。

是的，每一位女子嫁给心爱的老公后，自是洗净铅华，以满腔的热忱经营快乐的小家。可是，纵使这个女性三头六臂，十分能干，她的体能也是有限的；纵使这位女性心理承受能力极好，她的心也是敏感多愁的；纵使这位女性爱老公爱到情深意切，她也会希望爱情是互动呼应的；纵使这位女性是最无私最崇高的，她也有需要老公给予体贴和温情的时刻。

可是，男性的生理特点决定了多数男性只有在追逐时才是勇猛的、细致的；而在安居时，他们则会变得慵懒、迟钝。国外的科学家做了大量的样本测试，可能十个男人中只会有一位是特别的，你有碰上这样的男子的好运气吗？

如果你希望自己的老公，懂得主动对你关怀有加；如果你希望自己的老公，懂得主动看懂你的痛苦难受；如果你希望自己的老公，懂得主动替你分担劳动；如果你希望自己的老公，懂得主动体贴，安慰你疲惫的心灵。那你可能真的要等到地老天荒，等到海枯石烂了。

为什么不主动出击呢？对于被动的男性，我们为什么不主动出击，去唤醒他们的细致，去唤醒他们的爱意，去唤醒他们的体谅，去唤醒他们的关注？

“方法在你智慧的头脑之中呢！”我笑着对庞儿说。

“那姐姐快告诉我，我怎么做才能教会老公懂得体贴我呢？”庞儿喜悦地追问。

其实，倒也不难，运用心理学的三大妙招，多管齐下，体贴的老公自然就能亲手打造出来！

我为庞儿详细阐述了做法。

一、换位体验游戏。

在老公心情甚好的节日或老婆的生日，请求老公与自己彻底换位3日，做做游戏。

此游戏要诀之一是：老婆需哄得老公心甘情愿地愿意体验此游戏才行。比如，请求老公把这个互换游戏当作送你的一份生日礼物或结婚纪念日的礼物。比如，由孩子提出来。

此游戏要诀之二是：在体验日开始前的一天晚上，妻子一定要详细列出第二天的全部任务单，这是成功的一半，切记！任务单要列得有代表性、说服性，现举例如下：

老公换位体验一天的任务单——

1. 全家第一个起床去准备早餐；

2. 早餐做好后，耐心哄老婆和孩子起床；

3. 饭后清理碗盘、桌子；

4. 把全家的脏衣服收集起来，先手工处理衣领、衣袖等难洗部位，然后扔进洗衣机开始洗衣；

5. 洗衣期间，负责督促孩子学习功课，包括把三心二意的小家伙不时从电视前、电脑前、小人书前拉开，令其回到书桌前；

6. 开始准备中午饭的材料，择菜、洗菜、切菜；

7. 烹饪午饭；

8. 同时必须及时服务于妻子随时提出的如喝水、找寻东西等各类要求；

9. 洗碗、收拾桌子；

10. 送孩子去学习班上课，包括陪堂听课；

11. 接孩子回家，顺道去超市和菜市场为晚餐和明日早餐购买物品和蔬菜；

12. 准备晚饭；

13. 同时，不时陪调皮的孩子玩耍，应付孩子的各种提问；

14. 同时，及时服务于妻子随时提出的如喝水、找寻东西等各类要求；

15. 洗碗、收拾桌子以及清理地面；

16. 督促孩子学习，包括不厌其烦地再三将三心二意的小家伙从开小差中纠正回来，包括辅导功课、解答孩子的学习问题；

17. 为孩子放洗澡水、拿衣物，督促孩子洗澡；

18. 给孩子讲故事，督促孩子睡觉；

19. 继续整理家里被放乱了的家具、玩具、衣物；

20. 态度很好地坐下来，接受妻子的批评、抱怨；

21. 然后伺候妻子洗澡；

22. 自己洗澡；

23. 整理床褥，再三邀请沉迷于电脑的妻子上床睡觉；

24. 上床后，接受抱怨。然后，听着妻子的如山一般的“鼾声”(扮演)睡觉；

25. 吃饭时，随时接受妻子和孩子对所烧菜品味道的挑剔和不满。

老公换位实习期间，老婆可以任意模仿老公平日里的说话腔调对其进行抱怨、评判、指责、指挥。

试验两天下来，你就看吧，任他平时是怎样的钢铁战士，此时也变成了满腔冤屈和辛苦的怨妇状。在这个时候，你就可以含笑地请亲爱的老公好好想想了，平日里，咱可是除了8个小时的辛苦的单位工作之外还有这些繁重的家务呢！

这种高强度的指定任务的换位游戏几乎是最有效的唤醒老公觉悟的好办法了。它可以兵不血刃，和平演化他的思想，何不试一试呢？

二、撒娇提要求，千万别客气。

女孩子一旦成了家，往往就忘记了自己的最大法宝：撒娇！

会哭的孩子，才容易唤起母亲的注意。对待老公，女人要学习做一辈子孩子，别把自己当成大人！当成铁人！当成超人！切记，你希望老公保护你、帮助你，你就要善于示弱，做“大小孩”。男人本来就应该用他坚实的肩膀为你担当下生活的疾苦！那么与他风雨同舟的你，为什么就没有资格永远做他的小女孩儿呢？

做家务累了，去撒着娇拉着老公的手，哄着他到厨房陪陪你。

脆弱时，理直气壮地要求他借给你他温暖的怀抱，供你哭泣，顺便把眼泪、鼻涕蹭他一身！

每月不方便的那些日子请他帮助自己做做按摩，缓解不适。不能下冷水的时候，悄悄提前告诉老公，请他主管家务几天。

拿教育专家的书给老公看，让老公明白孩子的成长需要父母共同参与，否则孩子将来的性格容易不健康。然后，就可以在你忙不过来的时候，要求老公帮助督促孩子的功课或陪孩子玩耍！

无论多忙，一定得腾出点时间，去美容院认真做几次手部护理，给自己刚刚养护过显得珠圆玉润的小手拍张清晰的照片，回去放在老公的书桌上，对比给老公看。让老公清楚，老婆的小手如果不做家务，是很美的！那么，如果以后你再要抱怨咱不够美丽，你就得检讨自己是不是让老婆大人做了太多的家务！你就得检讨自己是不是该给没空去美容院的老婆买一些好的护肤品回来，帮助老婆保护小手。

委屈的时候，累了的时候，用撒娇的方式提要求，既容易博得老公的关心，同时还是自我心理解压的好办法！尽情哭一场，撒撒娇，耍耍赖，谁说大人不能做小孩？撒娇是保护女人不老的传世秘诀呢！法国科学家早有结论：会撒娇、有风情的女子，会比不会撒娇的女子年轻好几岁！女人难道不该对自己好些吗？为什么要把撒娇的资格全让给了小三呢？

三、多鼓励、多激励，男人需要蜜糖般的夸奖。

这男人是越大，越像小孩子。他为你做了一件好事，你要热情、真诚、快乐、慈爱地夸奖他，表扬他，鼓励他，他才会越战越勇！越做越好！

不善于及时给老公鼓励，人家就缺乏继续努力的动力。小三为什么往往能轻松博取男人的欢心，绝招之一就是小嘴甜蜜呀！

老公今天主动把袜子扔到了指定地点，送他一个香吻或充满鼓励的笑容；老公心疼你的委屈，给了你一次认真的体贴，你回报他以灿烂的笑容和快乐！老公在你辛苦的时候从后背抱住你，给了你一次安慰，你要清晰、甜蜜地肯定他，明确地告诉他你的快乐感受，令他印象深刻！放心吧，你很快就会有下一次甜蜜的经历！

甜言蜜语地教他怎么对你好！在他做好了的时候，给他真挚、热情、羞涩的回应，同时，表达出你对更多甜蜜的热烈期待，你的体贴老公就会一点点地变得更好！你的幸福生活也就不远啦！

庞儿的泪水早已经干了，取而代之的是满脸的对美好生活的无限憧憬和坏坏的笑容："好姐姐，我全明白啦，看我回去怎么'调理'他！"

让男人不敢对你撒谎的五大心理高招

教女孩子学会如何在男人刚准备说谎时就能轻松识破，并运用智慧、幽默、快乐的方式，既为他保留足够的面子，又能中止他继续编织谎言。准备写这个奇妙的心理学主题是源自于我的一个美好的初衷。

我一直希望，天下所有的夫妻和情侣都能轻松相处，坦诚相待，和睦快乐。两个人在一起是要过一辈子的，任何一方无意中或被迫说出一个小谎言，就会需要无数的小谎言来圆。说者必会因此背负起恶性循环的"蜗牛壳"，非常疲惫。

撒谎这种事，说者累，猜者也累。两个相爱的人满心劳累地过日子，爱情会变得多么痛苦呀！与其如此，不如教会女孩子聪明应对的方法，把所有可能的谎言都掐死在萌芽状态，其实，这样女孩快乐，男人也轻松了！

两个人相爱，可以在彼此心底保留一定的秘密。但是，只要你决定要说出来的话，就一定必须是真实的，这样两个人才可以对彼此真正相信、相爱！

男人准备对自己的爱人撒谎，不管他是撒谎“菜鸟”，还是谎言高手，都会有很多“迹象”可寻的。

如果他是一个撒谎的初级“菜鸟”，那么他会脸红，会挠脑袋，会加快手部的来回搓动，会目光闪烁游离，会流汗加快，会结巴，会站立不安。这些举动，估计女孩子们都能轻松把握，这里就不细说了。

我要教大家的是，如何搞定爱情中的撒谎高手？那可就需要专业功夫了！爱情撒谎高手之所以称之为高手，是因为他们有两个共性：一、撒谎撒得太多，太熟练，懂得“反侦察”，懂得严格克制那些撒谎中常见的生理现象；二、情场阅历太多，了解女人的心性和喜好，懂得运用身处爱情中的女性的心理弱点来掩盖自己撒谎的破绽。

所以，我就从以下几个方面来教女性对此如何进行应对和破解。

1. 了解撒谎高手的心态。

首先，我们要学习了解男性撒谎高手的心态，才能知道该怎么应对。

非常懂得自我克制的“撒谎”男性，他们的破绽恰恰出在过强的克制意识上了。他们会情不自禁地控制自己，结果使自己的表情和肢体动作出现很多反常行为。

2. 眼部是撒谎高手的软肋。

因为他知道，一般撒谎的人都会目光闪烁、游离，所以，他会努力克制自己眨眼的冲动，使眼部肌肉绷得很紧。于是，当他准备对你撒谎时，你会发现，他眨眼的频率比平常明显少很多，他眼部细小皱纹也比平常少，他的眼珠会几乎不转动，眼角会轻微充血。因为他害怕你会发现他想撒谎，于是他不但不会回避你的眼睛，反而会比平时更加专注地观察你的反应，与你的眼神交流更加频繁，以判断你是否相信了他。

多数撒谎的高手准备说话时和说话过程中，眼球移动不会太多，但是只要一动，基本上就会往他的右边动，也就是倾听者的左边转。左撇子则相反。英国心理学家通过数百万人次的心理测试，证明人们在进行回忆时，眼睛会向自己的左边转动。所以，当你发现他看向自己的右边（你的左边）更多，就可以明确地说明，他正在说的话没有经过任何回忆。没有回忆的话，自然多数都是现场临时编排的谎言了！

3. 情绪是撒谎高手的“温度计”。

因为撒谎本能的心虚，他的肾上腺素分泌加剧，情绪会突然比平常丰富很多，易怒、急躁、敏感，对你一句很平常的问话产生激烈反应，甚至会流出“深情”的眼泪。

这点要切记，不是说情绪丰富就一定是撒谎，你要观察他的“情绪突然丰富”是否合理。如果没什么缘由，他仅仅因为你的一句问话或一个小举动或根本没任何原因，情绪就发生明显变化，那就说明你的爱人可能有“心事”了！

4. 语言是撒谎高手的“痛点”。

因为撒谎时内心有强烈的不确定感，撒谎的男性会情不自禁地对所说话题进行生硬的重复和强调，说话间歇的短暂停顿增多。话语重复得越多、停顿越多，说明他内心越纠结、越虚弱。

因为害怕撒谎言语露馅，他的思维会非常活跃和清醒，叙述方式会比平常显得更有条理、更有逻辑。但是，当你打乱他的叙述顺序，不分先后地抽出片段和他较真时，如果他确实是在撒谎，就会被一下子打乱逻辑，出现混乱。

5. 身体是撒谎高手无法驾驭的“盲点”。

撒谎高手再善于克制，也还是有许多无法驾驭的盲点。那就是身体和植物神经的本能性反应。如准备撒谎时，思维需要高速运转，所以血液过多集中在脑部和面部，这时，他们的手一般都会比平常要凉一些。

因为撒谎时，内心会本能地紧张，他的心跳会加速。当你撒着娇将头轻凑他的胸口时，或者温情握起他的手腕时，就会发现明显加快、加猛了的心跳和脉搏跳动。

由于过于紧张的自我控制，他的身体动作也会明显少于平常，你会发现他的腰部很僵硬，手部动作也会机械、僵硬。由于思维紧张，头脑需氧量大，他的呼吸频率会比平常明显增加。同时，他的唾液吞咽速度也会快于平常，这时他容易口渴。

了解撒谎高手的心态，学习看透其眼部的动作，抓住他们语言的“痛点”，感触他们撒谎时的情绪，全面掌握他们的身体“盲点”，男人就不敢在你的面前随意撒谎了！

但是，了解到自己最心爱的人正准备对自己撒谎，女孩一定会非常伤心，不过，伤心能有什么用处呢？如果你已经下定决心，把自己的一生交付给眼前这个心爱的男孩，那么，请擦干你的眼泪，用你智慧的小脑袋学习不动声色地化解他的谎言。最重要的是要了解他为什么要对你说谎，然后，在为他保留足够的自尊的前提下，来帮助他解决困窘。

所有的男人，不管他的地位如何，不管他平常在家里是否强势，他们都是需要绝对的尊严的！如果你了解到并严格注意这点，你就能帮助他克服必须对你说谎的原因，为你自己赢得幸福。反之，任何哭闹和羞辱都只会加重他必须对你说谎的理由，使他讨厌你，甚至永远离开你。所以，当我们发现自己的爱人在对自己撒谎时，一定要冷静、清醒，一定要把自己的心态放松，学习幽默、轻松、智慧地搞定这个“淘气”的坏男人！

女孩子们一定要问了，不能吵，不能揭穿，不能哭闹，那么，发现他准备撒谎后，难道我们只能“坐以待毙”吗？

当然不是！当你用自己的“慧眼”发现他准备撒谎时，其实，应对方式非常简单。四两拨千斤，不让他张口！

记住，男人开始撒谎，都是在心里有所酝酿了的。所以，当他对你“蓄势待发”时，如果你苦苦逼问他，不但得不到任何真话，还会给了他“撒谎”的机会，使彼此都无法下台。

他缠着你解释，你偏不听。微笑地递上一杯茶，含情脉脉地“深深”地看他一眼，然后，你做你的事情去。等他已经完全放下所有的“戒备”后，你如果实在想知道什么，再不经意地突然回头问他。你可以试试，效果很好呢！

但是，如果你想和谐地问出真情，最好还是采取温柔攻法，问的时候选择在晚上，把灯关了，用你的身体轻轻挨着他，去温暖他紧张的身体，把你的脑袋轻轻放在他的胸口，温柔地拉着他的大手。在此情形下，连“说谎大侠”都是难以招架的……

你可以阻止老公说谎，但最好不要去苦苦逼问他一些暂时不想对你说的秘密。逼问需要专业技巧不说，有些秘密还是永远不说比较好。

三大心理妙计，消除夫妻猜疑

有一年深秋，我在杭州讲学，正是桂花飘香的季节，对方热情邀请我前往久负盛名的景点“满陇桂雨”一游。我自小便偏爱桂花，漫步在桂花满地的南山“满觉陇”，两侧苍翠的南高峰与白鹤峰像一对天长地久的恋人，静静地耸立着。满眼茂盛的金色小精灵与郁郁葱葱的绿叶交相辉映，浓郁的芬芳与清新的空气交融着，自是满心欢喜。

陪同我参观的是对方单位的负责人老韩，他力邀我在几树老桂环抱之下的一家茶社歇息。茶社是露天的，老桂茂密的树冠便是它的屋顶，所坐桌椅皆是藤条编织，舒服极了。我轻笑着坐下，主动入题：“老韩，瞧你今天都已经叹了第三十回气了，反正没有同事在一旁，你就把你的苦恼说出来吧，看看作为老友的我能否帮你解一解。”

老韩有些羞涩：“啊，你怎么知道我是有事相求呀？”

“我们是多年朋友了，你一向是潇洒自如，性格果断。哪里见过今天这样的你，总是欲言又止的；看见亲密情侣更是不由自主地暗自摇头，同时眉头微蹙，唉声叹气。这说明一定有情感之事令你困扰纠结，无法解决，以至肝气发虚，气血不畅。你的眼睛血丝很多，眼袋明显，脸色不佳，更说明你已是很久没有睡好啦！说说看，到底发生了什么事情使你夜不能眠、日不能安？”

老韩深深呼出一口气，苦着脸对我说：“老师，既然如此，我也不瞒你了！我原来可是沾了枕头就能睡着的人，可是最近，我的爱人天天不好好睡觉。这一转身，就看见她睁大眼睛茫然地瞪着天花板，还不时叹息着，看着她的眼神那么空洞忧郁，我就满身不自在，再也没法睡着了，这还是夜里。白天，我就更受罪啦！她疑心病极重，我的手机都已经被她安了 GPS 定位了，这还不够，每天一回家就要接受她一条条短信和通话记录的检查。晚上，如果有任何电话打入，她就像间谍一样，在一边竖着耳朵听着。有时，晚上回家晚了，她就像猎犬一样，扑到我的衣服上左嗅右嗅，眼睛就像雷达一般在肩部和领口来回扫射。

“有时实在忍受不了了，一发脾气，她就痛哭流涕，梨花带雨，像比我还委屈似的，哭得我头都痛！我忍着不发脾气，好声说话，甚至帮她做些家务吧，她又不干了，说我是不是干了什么亏心事，心虚着，要故意讨好她来为自己寻求心理平衡！

“就这样，我软她硬，我硬她惊恐，两个人像拉锯一样，相互提心吊胆，相互试探，相互猜心事，相互折磨，我都快被她逼疯了。有一次我赌气说：‘既然无论我怎么努力，你都看我不顺眼、不放心，这日子没法过了，要不咱们离婚吧！’这一说更糟糕了，她的眼神一下子变得像到了世界末日似的，整个人一整天不语、不吃、不哭，像木头一样，吓坏了我。

“我觉得如果我和她再这样下去，不是她会疯了，就是我被逼疯了，要不，就两个人一块儿完蛋！老师，你是认识我爱人的，你说我和她到底该怎么办呀？”老韩愁眉苦脸地看着我。

我想起老韩的爱人小茜，已是3年未见了。记得她是典型的江南小家碧玉，明亮漆黑的大眼睛总是洋溢着热情、快乐；说起话来快言快语，声音如银铃般清脆悦耳；更有着飘逸清秀的一头青丝，走起路来，青丝如风，和着长裙飘飘。很美好、很快乐的一位江南女子！

我对老韩说：“记得小茜会开车，能否干脆请她到此一聚，争取今天就帮助你们把问题解决于此，如何？”

“太好啦！”老韩喜出望外，激动得连打电话的手都快发抖了。

在等待小茜过来的时间里，我又问了老韩一些问题。这才得知，原来事情的缘起是两年前老韩与一位网友发生了一次一夜情。粗心的老韩顶着衬衣上的口红印子就回家了，车子里，那个网友的香水味更是两三天都没有消散。

小茜看着衣服上的口红印子都快疯了，在她大哭着逼问之下，悔得肠子都青了的老韩如实“招供”，并发誓：“从此，绝对不再与任何女人发生关系！”他还当着小茜的面，将与网友上网聊天的所有记录和往来短信、号码全部删除！

两个人对峙了一周之后，在老韩的再三努力之下，小日子渐渐又恢复了往日的平静。但是，小茜却开始变得疑虑重重，敏感脆弱。两个人陷入了旷日持久的疑心战争中，身心憔悴。

老韩苦恼地对我说：“其实，我真的很爱很爱小茜，从来没有想过要和她分开，赌气说离婚也是看她实在痛苦，觉得了断是否能令她解脱呢？唉，早知如此，我就不……现在后悔也来不及了，她的疑心已经着了魔了，变得我都快不认识了。这样下去，怕是真的会毁了这段姻缘了，现在我和她就像这个藤椅，藤藤相缠，纠结不清，全困在了一起，成为死结。

“夫妻间的信赖，有时真的像老师你说的潘多拉的盒子，一旦打开了就全是痛苦和灾难。无论你多想平息它，无论你多想真心忏悔，无论你怎么去按捺它，都无济于事，再也收不回盒子里了。”老韩悲观地哀叹道。

正说着，一袭清香飘过。“姐姐，老韩没有说，原来是你呀！”小茜轻叫着跑过来，紧紧拉住我的手。唉，可怜的女孩明显消瘦了许多，原本丰腴白皙的手腕也变得清瘦起来，手心冰凉得似乎没有了温度。脸色微黯，下巴都快尖了，与老韩一样，也是眼袋深重，眼中血丝缕缕。

我递给小茜一杯我专门请老板调好了的桂花茶：“好妹妹，先喝一口吧！”小茜大大地喝了一口：“嗯，调了冰镇过的蜂蜜，加上些许龙井的绿叶，再配上当年满觉陇的新鲜桂花，这样的桂花茶的味道一定是姐姐亲手调的了，好久没有喝过了。”真是聪明的小妹，3年前，我教她如何调制舒心、养神的桂花茶，她居然还记得呢！

“好妹妹，你既然记得，为何不继续为自己调制饮用呢？”我笑问。

“唉，姐姐，你有所不知，我现在是寝食难安，心绪繁杂，哪里还想得起来为自己泡制茶水呀！”小茜幽怨地看了老韩一眼，对我诉说道。

我支使着老韩去帮我买一些上好的新鲜桂花，我和小茜单独面对面。我问小茜：“妹妹，你们之间的事情我已经知道了。我想先问你一句话，你现在到底还爱不爱老韩？你自己是如何打算的呢？”

小茜的双眸里渐渐泛起如被困的受伤小兽一般伤感的目光：“姐姐，我真的还很爱他，他也向我保证过不会再有那样的事情。但是，不知道怎么回事，现在我自己也控制不住自己！只要他回来晚了，只要他和女孩在一起，只要晚上他的手机响起，只要他的衣服上有一点点香味，我就受不了。一夜一夜无法睡着，眼睛瞪着天花板，满脑子都是胡思乱想，很困但就是睡不着！

“以前，在发生那件事情之前，真的不是这样。那时，他即便是夜里三点回来，我也无所谓！不像现在，他每晚回一分钟，我每多等一分钟，心里就堵得发慌。争执多了，我也害怕会把这场婚姻吵散了，就想忍着，可就像得了强迫症似的，越想忍越忍不住，越忍不住越焦虑。”小茜用力地向上捋着额前的刘海儿，眼中泛出泪光。

静坐蹙娥眉，但见泪痕湿，不知心恨谁！感慨之间，我回头看见买完桂花想进来又不敢进来的老韩，不由摇头。好个平日里叱咤风云的男人，现在在妻子面前却是这般踟蹰。想必，他的心中确实是深爱着小茜的，只是因着一时的糊涂犯了错误，却完全不知道该如何收拾这团乱麻。

看见这两个人确实还彼此相爱，我很想帮助这份并未死亡的爱情重新燃烧。但是，首先要解决的就是这只被打开了的“潘多拉的盒子”，如何让“信赖”重新回到他们的心中呢？我有了主意。

我招呼老韩进来，让两人相对而坐。我突然将两个人的手拉到了一起，紧紧相握。很久很久没有这样双手交握，两个人都是一怔。爱情是个奇妙的东西，夫妻天天牵手不会有太多感觉。但是，在两个人生疏了很久之后，再这样紧紧相握着双手，奇妙的异性相容的“生理磁场”开始启动了！

轻按着他们相握的双手，我笑着说：“如果，刚才这一瞬间，你们的手心都有电闪火烁的瞬间酥麻的感觉，说明其实你们的爱并没有死。你们明明彼此相爱，并不愿分开；你们明明已经水乳交融，并不愿意就此天涯相隔。为什么不愿意共同做些努力呢？

“现在，你们就这样手握着手，正视着对方的眼睛，勇敢地说出自己的真实感受。”

老韩有些羞涩地说：“我真的很想努力挽回，只是我真的不知道怎么做才能使小茜安心？怎么做才能让小茜感受到我的真心？”

小茜也说：“我也很爱老韩，可是为什么我控制不住自己的疑心病呢？”

两个人说出了自己心中憋了很久的话，表情都轻松了很多。我笑着为双方递上桂花茶：“来吧，咱们边喝边聊。”

“其实，要解决小茜的疑心病，说难也不难！”我笑着说道。

“姐姐，在此之前我看过很多书，找过很多人开解，也按书上的写法努力劝自己想开些，可就是不行，这疑心病是越控制越严重！”小茜苦恼地问。

“那是因为，事情的根源没有解决。方法不对，就会越来越严重。这件事情，问题的所有的起源都在老韩身上。而事发后，老韩除了口头的承诺外，并没有去实施什么令小茜能够解除疑虑的实际措施。所以受了伤的小茜始终无法释怀心中的重重疑虑。

“男人的性格往往不愿意对妻子多加解释，相安无事的时候，倒也没什么关系。但妻子已经产生了信赖危机，男人若在解释无效后不再采取进一步的措施，可就麻烦大了。没有充分的解释，没有充分的安抚，妻子受伤未愈的情绪便会陷入恶性循环之中。由于严重缺乏安全感，又得不到确认，妻子往往会没有目标地胡乱猜疑，情不自禁地多加追问、逼问！以各种强迫性的行为，来平衡心中的不安全感和空虚感。

“于是，这夫妻间的疑惑就像潘多拉的盒子里放出的祸气，两个人越想躲避它，越想按捺它，它就会燃烧得越厉害！这时，消除疑惑只有一个办法！”

“什么办法呢？”老韩夫妻异口同声地追问。

“问题解决的关键是，解铃还需系铃人！任何人千言万语的劝解，都比不上老韩的实际行动。只有做老公的勇敢迎上，以真挚的爱心和耐心来慢慢疏导，方可消除疑心，这件事情是任何人都无法替代的。”

“其实，该解释的我都解释过了，她也表示相信，但还是疑心依旧，怎么办呢？”老韩苦恼极了。

“方法有，但是做老公的要辛苦一阵子，你受得了吗？”我问。

“没问题，只要能让生活回到原点，怎么样都行。”老韩急忙说道。

“是这样，解释是对的，但要有解释的技巧。”

接下来我给老韩详细解释了解决问题的三种办法。

一、彻底坦诚，消除妻子的疑心条件反射。

既然这段时间，已是光明磊落，那么，老公可主动采取密集汇报、密集描述、密集请示的轰炸式坦白来向小茜袒露你的状态。一天就那么点事情，老公逢事必报，逢情必陈，如果能密集到极其啰唆、密集到小茜忍无可忍，那最好不过了。

这样做，一方面，小茜就完全失去了疑心的空间；另一方面，没有人真的能忍受长时间的唠叨。你过于频繁地坦陈自我，可以帮助小茜逐渐消除疑心的条件反射。神经系统的条件反射本能是可以通过“厌恶疗法”来切断的，这种方式就是利用了这种原理。

二、为妻子实施爱心安抚治疗。

每天入睡前搂住妻子，以温和的手掌轻轻上下安抚她的后背，温柔抚摸她的秀发，或帮助她轻柔地上下顺理胸口的膻中穴，同时说一些帮助妻子安静的故事或话题，每次 15 分钟左右。如天冷手冷，一定要先暖和一下再实施。心爱的异性真诚、温柔的安抚，能激发令女性愉悦、安心的激素的分泌，使妻子渐渐产生安全感、甜蜜感。

切忌，在妻子未完全消除疑心之前，安抚治疗应避开敏感、暧昧的感觉，纯粹以物理性的爱心安抚为主。

三、多进行文字沟通，以自然心态面对。

除汇报行踪外，与妻子的其他情感沟通应以文字入心为主。在与妻子对面沟通时，一定要卸除心理包袱，落落大方。老公越自然，妻子越容易淡化情绪；老公太小心翼翼了，妻子反而无法释怀。

老公可以通过文字的形式多与爱妻回顾两人的甜蜜爱情经历，表达自己对妻子的眷恋之情，表达自己愿意相守一生的决心。这种文字，只要真挚诚恳就不怕多，越多，妻子的疑心病消除得越快。因为文字是奇妙的东西，它在人不能安静倾听述说时可以发挥巨大的作用，是使女性心灵镇定的最佳良药。

“以上三个方法，相辅相成，三管齐下，生理与心理方法结合，必能发挥非常良好的作用！解法中包含心理学的奥妙，于简朴之中见药力，你们一试，必有良效。”我耐心地为老韩夫妻解释方法。

“太谢谢了，回去我一定严格执行。”老韩认真地说。

“小茜，既然你是爱老韩的，也想解决自己的疑心痛苦，就一定要全心投入，多多配合老韩的努力！”我笑着拍拍小茜的肩膀。

临别前，我将老韩买回的桂花递给小茜，说：“妹妹，记得我教你的桂花茶的泡法吧！回去以此为主要饮品，可冰镇、可热饮。它的清香和美态，它的味道都能够帮助你尽快修复过于紧张、悲观的情绪，还可以使你的睡眠质量变好！而且，桂花之香充盈于室，也可舒缓居室主人的心态！”

小茜快乐地接过桂花，调皮地行了个“军礼”。

回去的路上已是黄昏，满觉陇沿途山道之旁，成千上万的桂花争奇斗艳，香飘数里，沁人肺腑。听着清风拂过，桂花落地的声音，小茜和老韩靠得更近了……

两周后，一个阳光明媚的午后，我正品着满觉陇带回的桂花泡好的茶，悦耳的电话铃声响起，拿起电话，电话里是雀跃欢快的小茜银铃般的笑声：“姐姐，谢谢你呀！我的疑心病痊愈啦！现在不光老韩的日子好过多了，最重要的是我自己的生活也步入了正轨！现在照镜子发觉脸上的雀斑都淡下去了，老韩夸我是越来越漂亮了，令他都有危机感了。我是真的真的很开心！”

放下电话，我在心中默默祝福这对经历过风雨的夫妻，能够从此雨过天晴，能如满觉陇的风花雪月般美好隽永……

怎样的女子，令男人永远心动

整整 3 天的心理学讲座使我有些疲惫，讲座结束后，随行工作人员心疼我连日劳累，便簇拥着我匆匆离开会场。当我终于得以离开热闹的人群回到安静的房间里时，眼前不禁浮现出那位坐在前排的忧伤的女孩。

摊开她塞给我的纸条："老师，我已经费尽心思地打扮自己了，为什么还是不能令老公动心？他和我已经很久很久没有'在一起'了，他总是嫌我不会打扮自己。而且，我的业务也很不顺利，那些客户老是惦记着不正经的事情……小兰。"

这位小兰每天坐在第一排，已经在我的眼前晃了3天。她的装束，粗一看倒没什么大问题，全身都是色彩斑斓的。上衣是一件深V字领贴身彩色条纹背心，下身着一袭碎花仿意大利时尚的低腰花短裙，头发于浅黄之中挑染了棕、红等多色彩，烫得四处爆花，似乎很新潮。

但是，结合她本人的自身特点再回头审视，就会发现很多瑕疵和问题：

第一，小兰属于丰满之人，她那开口太低的深V字领背心使她的胸前显得过于招摇和引人注目。

这其实是许多女性打扮的误区。太明显的暴露并不会令异性真的感觉到美好，只会令人"动性"，而无法"动心"。在某些场合，如大型集会、公司会议、与老公单独面对、会见客户等，如果过于"暴露"，则会令人对其行为产生错误的理解。

如与客户相对时，令人"动性"而不"动心"之装扮等于在暗示客户改变兴趣点。而大量的事实一直在证明，几乎所有的业务关系一旦掺入了性趣点，就会变成短线业务、短命业务。

因为，如果对方不再和你考虑业务因素，那么就剩下床上因素，没到手，他不会给出实惠；到手了，还用再给什么大实惠呢？商人的头脑在根本利益问题上都是异常清醒的，面对诱惑，施些小恩小惠，大业务可就未必了。最重要的是，但凡见过市面的大客户，都不会真正信赖和重视打扮太过暴露的异性，这是很奇妙的心理学规律。

公司会议时，着装如此更是糟糕。会议本身是严肃的，不严肃的着装会使气氛变得有些怪异，更容易令老板误认为此员工不专心于工作；与老公相处时，这种装束则会更糟糕。因为它会使朝夕相处的人审美感觉发生疲劳，对妻子失去想象感、憧憬感和动心感。

从心理学角度来说，最令大多数男性和老公心动的装扮，恰恰是欲遮还羞、优雅得体的服饰：脖间隐隐一线白皙的肌肤；美好简洁的长袖轻轻挽起时，露出或纤细温婉或圆润健康的手腕；工作、做家务之时，不经意露出的肌肤一角。朦胧、隐约，才能使女性的美好画龙点睛，美得令人心动。

第二，女性的腰是最美好的部位，小兰的横纹服饰，对已婚的女性来说是很糟糕的。它拉伸着视觉的错觉，令人感受不到腰部的曲线和动感，反而给人腰部粗壮臃肿的错觉，岂能动人？

聪明的已婚女性如果不是身材非常之好的话，应以深色、纯色处理腰部服饰，若是浅色的衣服，也可配上深色的腰带。另外，腰部服饰最好不要有大朵的鲜花图案，这会把自己整成一朵讨人嫌的“大理菊”的。

第三，小兰肤色偏暗，极不适宜染发。这是色彩心理学的道理。其实，黑色的头发恰巧是最配华人的黄色皮肤的。

肤色较暗的女子配上彩色的头发，会衬得皮肤显得更加黯淡、糟糕。只有白色、麦芽色肤色的女子，才适合染发。比如金色的头发配白皙的肌肤，棕色的头发配麦芽色，才可显出俏丽和美好来。肤色暗而偏黄的女子，若配以黑色整洁的头发，一定会显出美好、秀丽的一面来！

第四，大爆花式发型的女子可千万注意了，纵然发型碎乱夸张可以修饰脸部线条，但是，它也会令旁观者心情起伏！

演艺明星经常这么做，是因为她们需要观众的远观效果。但是，这种夸张发型在近距离相处时，尤其在发型主人心情不爽，脸色不好的状态下，会显得像“河东小狮子”。有时，甚至会令与你相处的人焦躁、不安、抓狂，至少不容易心态平静。尤其是正在修复夫妻关系的女子，更应该注意自己的发型。

切记，美好、安静、整洁的发型会使旁观者冷静、快乐、舒服、动心，会非常有利于各类谈判行为的进行！当然，我绝对不是说烫发都不行，如果你烫的发型优雅婉约，曲线柔和，就没有任何问题。如果处理合适，烫发反而会使女子显出姣好和生动的美好气质来。

不过，所有烫发的女性一定要注意了，不管你的发型多么美好，早晨起床的一瞬间最好是先冲到卫生间镜子前整理一番，再与亲爱的老公相见。其中道理，聪明的女性朋友自是明白的了。

第五，小兰的碎花短裙也有问题。即便是冬天，爱穿短裙的女孩也是很多，短裙本身没有问题，既显身材，又显气质飘逸。但是，穿短裙时一定要注意细节，否则各种瑕疵一旦入了他人之眼，不雅是其次，印象还会大打折扣!

比如，小兰穿短裙，她的短裙裙底边锁边的线脱开了，垂在那里飘飘荡荡的，很是令人难受。可别小瞧这几根白线，就如我们小时候，听老师擦黑板发出的那种刮玻璃似的声音时，我们快抓狂了一样。几根总是飘荡的散线，会使看在眼中的人老觉得心里疙疙瘩瘩，很不舒服，看在老公眼中，自然也是很不动人了。那时，即便穿再好的名牌，也是妩媚不起来了!

小兰的败笔之六是，我发现她每每站起来提问，都会轻着嗓子，嗲声嗲气的，所以，她的身后总是嗡嗡之声一片。女孩子如果不是天生娃娃音，最好千万别赶这个时髦。后天学的娃娃音听着都揪心，哪还有什么美感?

我们在男士中做过许多次的调查，大多数的评价都是:“掐着嗓子发音，那是不会好好说话！怎么可能动心呀？”

如果你实在是说话想嗲点，最好是用录音机录下自己的声音放给自己听，以自己不起鸡皮疙瘩为恰到好处。但从国外大量的心理实验检测结果来看:温和、从容、清晰、略带情绪起伏的女性声音，才是最令男性动心的。自然的东西，才是最美好、最动人的，这既是心理学的道理，也是不可颠覆的自然法则!

小兰最失败的还是她的走路姿势。

今天，如果你穿得很美，一定要特别注意，因为看你的人多了，自是露出破绽的机会也多了。其中，最容易令大家注意到的就是你的走路姿势。女性最不动人、最令人摇头的姿势中，有哈腰、驼背、走路大大咧咧地摇摆、倾斜肩膀、两腿过于分开。

如何快速纠正姿势呢？给大家一个非常有效的建议，让老公用摄像机给自己拍下一段自己走路的视频，放在电脑上反复观看，分析其中不雅的姿势，认真纠正。这种方法比对着镜子纠正会更加明确一些。

另外，大家都知道，轻风微过，女子轻轻撩动整理耳边的秀发，这个经典动作已经被电影放得很滥了，许多女孩都会有这样的动作。可是，在公开场合或与人对面而坐之时，如果你整理头发的次数过多，可就不会迷人了！小兰每过一会儿，就会抚动秀发一番，有做作之嫌，又如何能令人怦然心动呢？

小兰还有一个坏毛病，就是不分场合地用舌头舔嘴唇，这个问题可是女子无法令人动心的大忌呢！

不要看电影里都在放：女子轻抿嘴唇，粉红色的舌头不时可爱地舔舔红唇，男孩子自是激情难耐。其实，在现实中，经常舔嘴唇的女孩，嘴唇更容易干裂，这可是科学常识。舔得嘴唇像个小兔子，都不美了，又如何令人心动？而且，老是舔嘴唇会令人误解为行为轻率，更是得不偿失了。

有时候，好东西用得太多太滥，就会显得矫情，我们一定要谨慎！

课程结束的那天，我托助手将我的详细建议递给了小兰。

返回的车子启动了，蓦然回首，看见小兰远远地站在人群中拼命地冲我挥手告别的倩影。我在心中默默地祝福她能修正所有不好的毛病，成为真正美好的女性，赢回老公的爱情，赢回事业的成功。

生活中，令人心动的女性，往往并不是容颜最美丽的！道理其实非常简单，容颜是相对的，就如橱窗里的假模特，人是不容易对“假人”心动的。心动是一种彼此情感的交互漾动，若你可以“心”换“心”，用“心”动“心”，赋予容颜生动的感觉和灵动的用心，方能使“人心”为你深深感动。

修饰得体、举止美好、气质迷人的女子，才能令人长久为之动心。否则，即便美如西施、貌若潘安，若是没有良好、丰富的行为举止，也会令人生厌甚至腻味之极的。

深刻懂得这个道理的女子，即便岁月流逝，年岁渐老，其美好韵味不但不会消失，反而历久弥香，愈发美好、高贵，令人永远心动！

不要用你的沉默把她逼“疯”

你以缄默对抗过至亲之人吗？对待他人激动的情绪，你习惯以沉默作为盾牌吗？你知道沉默会对人伤害很大，甚至会将人逼到“疯狂”的境界吗？

“老师，我是靖宇，你快救救小媛吧！她疯啦！”午夜时分的手机短信声在寂静的夜里，显得格外刺耳。小媛？怎么会？那个文静、娟秀，有着一对可爱的小酒窝，笑起来眼睛像弯弯的月亮一般的女子，会疯了？

我赶紧把电话拨过去问了个究竟：“靖宇，你把事情说说清楚，到底怎么回事呀？”

靖宇接电话的声音非常紧张：“老师，这么晚打扰你，实在是因为事情太紧急了。晚上，我正和小媛说着事情，她突然号啕大哭，拼命拉扯自己的头发，还把脑袋往墙上撞！我看她情绪太过激烈，干脆不和她说了，转身想走。

“谁知她像头按不住的母狮子似的，居然跳起来疯狂地抱住我的胳膊。我想把她甩开，她居然低头就咬，把我的手都咬破了。我急了，对她说：‘咱先不谈了，等你冷静了再说！’

“谁知这下更糟糕了，她快速跳下床，直接冲进厨房拿了一把水果刀，比着自己的手腕，对我说：‘你敢走，我就割下去！’我最痛恨女人动不动就

要死要活地威胁人！而且这么威吓我，她也不是第一次了！所以我赌气地说：‘随便你！’

“我话音刚落，她的刀子真的划了下去，血一下子就涌出来了，我的腿都软了，赶紧抱着她赶去医院。现在她刚缝完针回到家，我在走廊上给你打电话，你说小媛她这是怎么了？我真害怕过一会儿，她又不冷静了。老师，小媛最信赖你了，你能来看看她吗？”

小媛是一位老友的侄女，老友出国很久了，出国前告诉我，小媛的家人去世很早，这个孩子一个人在社会上拼搏着，很不容易，拜托我多多照应她。

我披上衣服，立即开车前往小媛的家。在小媛家里，我看见了坐在床上的小媛。天啊，可怜的女孩，怎么变成这个样子？憔悴、黯淡的脸庞，瘦得变尖了的下巴，曾像弯月般的眼睛里满是红红的血丝，一点隐隐的泪光之下，眼神是那么纷乱和焦灼。她弯着腰，紧紧抱着自己的膝盖，像头被困的小野兽般无助、凄婉。

“小媛，快告诉姐姐，你是怎么了？”我心痛地握着小媛缠着厚厚纱布的手。

“姐姐……”小媛抬头看着我，还没来得及倾诉，已是满脸泪水。

在小媛随后的叙述中，我逐渐知道了事情的原委。

原来，靖宇的性格非常内向，平日里，夫妻两个人只要一起争执，靖宇要么是惜字如金，沉默无语；要么就是转身摔门离家。从来不愿意对着小媛多解释，更是很少与小媛直接冲突。

前一段时间，靖宇的单位为靖宇配了一位年轻漂亮的女助手，靖宇更是频频到外地出差，每日回家很晚。性格一向很急的小媛心里非常不舒服，就想找靖宇问个清楚，但是靖宇每次都很不耐烦，连一句安抚或否定怀疑的话都不愿意多说。

今天，靖宇更是过分，本来答应好小媛早早回家的，结果凌晨两点才回。小媛在家里等得心焦似火，非常憋屈。靖宇回来后，小媛忍不住拉住他苦苦逼问，为什么总是回家这么晚？为什么出差总是带着那个美女？为什么电脑里他和那个美女的海边合影那么多？

可是，靖宇坐在床边，除了一个劲儿低头抽烟，就是没有一句解释！逼急了，最多说一句：“我和她什么事也没有！”

得不到任何解释的小媛越来越堵心，态度也越来越激烈。可是小媛越激烈，靖宇越是不搭理。逼急了，他掐灭烟头，抓起枕头，就往书房走去。小媛满心的怒火被靖宇的举动憋得眼看就要爆炸出来了，只觉得自己头脑发蒙，眼睛发黑，下意识里感觉必须用更激烈的动作留住靖宇，于是便疯狂地抱住了靖宇的胳膊，不让他走！

小媛痛苦地对着靖宇大声喊叫：“你不许走，今天你必须把事情说清楚。如果你真的爱上别人了，只要说出来，我愿意放你们的爱一条生路！但是，你必须说清楚呀！”

靖宇更加不耐烦，用力挣开小媛的手，冷冷地说：“你爱怎么样就怎么样！过不下去，就离婚！”

小媛热血冲头，怒不可遏，重新拉住靖宇的手重重地咬了一口。靖宇痛叫一声，甩开小媛，转身就准备穿衣出门！

眼见靖宇就要出门，谈话更加无法进行了，这么晚他会去哪里？会不会到那个漂亮的女助理家里去？小媛心痛得无法呼吸，于是冲进厨房拿了一把水果刀出来。其实，小媛并不想真的自杀，但是靖宇沉默、冷淡的态度令小媛感觉自己已经无路可退！然而，面对拿着刀子的小媛，靖宇选择的是更加不耐烦和冷漠的态度：“随便你！”

小媛哭着对我说：“姐姐，你说，在那种情形下，我除了割下去还有什么选择？他的手都碰到门把手了，我再不行动，他就出去了！”

“傻丫头，靖宇的性格我了解，他就是非常内向而且不擅长言谈的一个人，但是，即便是天大的事情也可以动用脑筋来解决呀！你这么大闹，反而把他逼到了更加不愿意与你说话、相处的境地里！”我轻笑着抚摸小媛的秀发，安抚着这个可爱的女孩。

“这样吧！我和靖宇好好说说，帮助他调整一下与你沟通的方式，好不好？但是，你首先要答应姐姐，不要再做这种于事无补、与己有害的傻事了！”

小媛擦干泪水，变得平静了很多：“姐姐，其实我们的感情应该是没有太大的问题，靖宇平时一直对我很好。但是，我就是受不了他动不动就沉默不语、不屑于解释的那种大男子主义！而且他越沉默，我越无法控制自己的情绪！他越动不动拉开门就逃，我越心里发慌，无法冷静，甚至疯狂！好姐姐，请帮帮我们！”

安顿好小媛，我抽身离开卧室出来找靖宇，这个大男人正苦着脸，坐在客厅的沙发上发呆！

我笑着问靖宇：“刚才，我和小媛的对话你都听见了，有什么解释给我呀？”

靖宇有些不好意思地挠挠脑袋：“老师，真不好意思！其实，没多大的事情，结果闹成这样！小媛说的那个女助理，其实是总公司临时派来辅助做最近的一个大项目的！我和她真的什么也没有！由于项目日期紧，不光我和她，还有很多同事，现在都每天加班到很晚。出差更是正常了，她是专门派来配合我的，出差自然是一起的，而且项目一做完，她也就会回总公司了！”

“那照片呢？”我问。

“上次出差，正好去海边，同事都和她合了影了，我自然也合了几张！就这么简单！哪有什么事情呀！也不知道小媛想象力怎么这么丰富！”靖宇一脸不可思议的表情。

“那你为什么不对小媛解释清楚呢？”

“老师，你是熟悉我的，我这个人最不愿意多解释，而且我和小媛已经老夫老妻了，我认为她应该对我有最起码的信赖吧！我一看见她疑虑重重的眼神，就心烦；我一看见她掉眼泪或者大闹，就想躲开清静清静！”

“你为什么总喜欢摔门而去呢？”我问。

“唉，懒得和她吵，吵也吵不过，就想先出去转转，等她冷静了再说。难道这样不对吗？”靖宇有些困惑地问我。

“当然不对啦！”终于看出他们问题出在哪里,我如释重负地舒了一口气。

我耐心地向靖宇解释，女性天生的生理特点决定着她们性情的敏感、多思。上天赋予大多数女性远远多于男性的感性和情绪，使她们比男性更敏感于对方的呼应和态度。

多数女性最忍受不了的就是：面对矛盾时，男人沉默不语或者逃避的态度。这种态度会像火种一样，能够轻易点燃女性的脆弱和无助。你越逃避，她越想问明白！你越不解释，她越会猜测想象！你越沉默，她越会苦苦逼问！你越冷漠，她越会失控！其实女性要的东西非常非常简单，她需要的就是，自己最爱的男人不逃避、不躲避、不缄默，把事实讲清楚。

多数女性骨子里是坚强的，性格是柔韧的。你把事情摊开来说，放在桌面上说，就是天大的事情，她也许会有些许激烈情绪，但是绝对能够承受！至少大家能够把事情说清楚。

男人的沉默冷淡会激发女性荷尔蒙分泌迅速失调，热血快速涌动，使女性心脏负荷瞬间加重，神经系统变得高度敏感、脆弱，情绪的反应也更加快速和明显！女性会在男人的逃避中产生强烈的不安全感，更会在缺失安全感的强烈驱使下出现种种激烈的反应，来平衡内心的空荡和恐惧。

于是她会苦苦寻找，于是她会悲恸大哭，于是她会逼问真相，于是她会以一次比一次更为激烈的态度和举动来逼迫拒绝给出明确呼应的男人！这些举动发展到极致，就会出现轻贱生命等非常极端的行为。

所以，男人如果不希望自己的女人做出“疯狂”的举动，就一定要学习爱惜她，谦让她！要学习主动沟通误会，主动消除误会！即便不会说，至少也要学会写出来！要学习正面面对矛盾和冲突，不逃避、不沉默！

靖宇听从了我的劝说，走进卧室耐心地把事实向小媛进行了解释。他惊奇地发现，原来觉得特别不可理喻的小媛，居然非常甜蜜和满足地平静了下来。原来，妻子小媛要的是那么少，那么简单……

生活中的许多问题本来没有多么复杂，两个相爱的人走到一起，又是多么不容易的缘分。给自己的爱人多一份贴心的理解，多一份清晰、坦率的沟通，多一份积极、快乐的对待，就能万事OK。

不要让过激言语成为自戕利器

你在一怒之下，用过激的言语对待过你的亲人，或者需要你帮助的朋友或者下属吗？你知道自己的怒不择言最伤害的人其实是自己吗？

去医院探望朋友，在病房里，看见朋友的临床是一位四十多岁、面容姣好的中年女性。她皮肤白皙，五官精致，嘴唇的线条微微下抿，棱角分明而单薄，双眼充斥着冷漠和戒备，一副拒人于千里之外的感觉。

但令人诧异的是，她的双颊明显红肿，隐隐透着指痕，一只眼睛的眼角泛着很深的青紫，鼻子上贴着纱布，应该是也受了伤。在她微微开口时，还能看见门牙已经失去一颗，牙痕间隐约可见新鲜的血迹，显然是刚刚因外力而脱落。如此骄傲的女子，会是何人舍得下此重手呢？

我和许久不见的朋友寒暄着，突然，朋友小声对我说："你看，这是她的老公！她的伤就是她老公打的！"

我好奇地打量着刚刚进门的那个衣着朴素的男子，也是四十开外，清瘦俊朗，文质彬彬，满脸凝聚着深深的不安和忧郁，根本不像是能对妻子暴力相向的凶恶之徒。只见他略显迟疑地走到妻子的床前，轻轻放下带来的水果和食品，凝视着受伤的妻子，虽然不语，却满眼的担忧和心疼，显然心中仍是深深爱着的。

妻子冷冷地白了他一眼："哼，是不是来看看我有没有被你打死，好赶紧再娶啊？你真是长胆子了，结婚20年，从没碰过我一个手指头，这回居然敢打我了！是不是下一步该杀我了呀？”

男子在妻子的当众抢白之下满脸尴尬，脸上微微泛着红色，讷讷地低声辩解：“旭如，真的对不起！是我该死，我不该打你！但是，你把我妈骂得心脏病都发作了，我，我……”

“我还不够孝敬你妈啊！家里什么好吃的都是先让着你妈妈！她年龄大了，还半夜三更不睡觉，起来把电视声音开那么大，把孩子都吵醒了，我忍了；她上洗手间不冲水，那么脏和邋遢，我忍了；她不讲卫生，喂孩子吃掉到地上的东西，把孩子弄拉肚子了，我还忍？！你想把我忍死呀！

“昨天中午我请领导来家里吃饭，她居然把3天前吃剩下的菜热热就端了上来，让我在所有人面前丢尽了脸，我都不能说她两句呀！”叫旭如的女子非常愤怒地大声数落着丈夫。

“妈可能是有做得不对的地方，你对妈妈大多数时候确实也很好。但是你说话太刻薄难听！妈再不对，你也不能骂她，说让她滚回老家去那么难听的话呀！妈妈被你气得心脏病都犯了！送到了医院，你却还在那里骂骂咧咧的，我实在太气了，才……”男子情绪非常复杂，说着话的嘴唇都有些发抖。

“哼，你这浑蛋，打我还打出道理来了，你给我滚，你就陪你那老娘过去吧！别再让我看见你！有多远滚多远！”妻子愤怒地咆哮道。

妻子如此说着，男子还是默默地坚持站在床边，他低头为妻子剥着橘子，眉头轻轻蹙着，咬着嘴唇，他的手上、脸上有很多明显的抓痕，看来在这场纷争之中也是受伤多多。妻子一直在喋喋不休地怒叱着，话语非常过激和难听，旁边床的几位病人都有些尴尬，病房里的气氛非常紧张。

男子感觉到了为周围人带来的困扰，抱歉地看了我们一眼，转头轻声对妻子说：“旭如，吃点橘子吧！润润喉咙……”

妻子显然还在气头上，她一把打掉了丈夫递上的水果，横眉怒对：“叫你滚，你听不见呀？我告诉你，如果你不把你老娘送回老家，我们就离婚！”

男子忍得手一直在发抖，他压低声音说："旭如，妈昨天刚送进医院！至少等她出院了再说……"

妻子被丈夫的不顺从再次激怒了，她突然歇斯底里地对着丈夫怒目而视，大声说："雯雯拉肚子还没好呢！还不是她给害的！你从没动过我，昨晚居然为了她打我，把我伤成这样！她再待下去，我和女儿还不都得死了！你想把女儿和我都害死呀？我告诉你，咱们没什么可说的了！她不走，咱就得死，谁叫她厚着脸皮赖在咱家，没羞……"

男子终于爆发了，他一把揪住妻子的衣领，满眼的愤怒。大家赶紧上前去拉住他，男子脸憋得通红，他发着抖用手指着中年女子："我告诉你，你一出院，我们就离婚！这日子不过了！我写好离婚协议等你！"他愤然转身，快步离开病房。

女子仍然高昂着头，一直瞪着眼睛，直到男子的身影消失。旁边床的病人都待不下去了，找了借口溜了出去。我的朋友腿不方便，我只好陪着她继续留在病房。

病房里的人少了，显得非常安静。突然，邻床的女人轻声啜泣起来，满脸凄然、受伤的表情，与刚才的彪悍、泼辣判若两人。

我有些不忍，上去轻轻拍拍她的肩膀，毕竟是一个病人，唉。女人突然紧紧抓住我的手："老师，从你一进病房，我就认出你了，我在电视上看见过你，你是心理学专家。你救救我的婚姻吧！我，我其实不想离婚……"

"如果你不想破坏这份情感，为什么说话这么凶狠，不留余地？"我问。

"老师，你不知道，我就是这脾气。其实，不发脾气时，老公也说我是一个好母亲、好媳妇。但是，每次一生气，我不知道怎么回事，就控制不住自己，而且我都只是说气话，气头一过，我自己都不放在心上了。

"我老公每次都原谅我，为什么这次他居然出手伤我？而且刚才还想打我呢！他从来没有和我提过离婚，平时都是我生气时说说，今天他居然亲口说要和我离婚！老师，我害怕极了！我很爱他，我真的不想离婚，他平时其实对我、对孩子都非常非常好！而且，结婚20年了，除了这次，他平常从来连骂我一句都没有过呢！”旭如哭泣着对我叙说道。

我轻轻拍着她的后背，帮助她平复激动的情绪。其实，除去争执时的恶劣态度，我能看出这对夫妻的感情并没有破裂！丈夫刚进病房时看着妻子的那满眼的忏悔和心疼，仿佛还在眼前。这位女子，只是性情过于暴烈，说话没有节制，容易过激。听刚才他们夫妻间的对话，这位媳妇平日里对患有轻微老年痴呆症的婆婆也还是有所照顾的。所以我放下了个人不悦的感受，耐心对这个女人讲解男人的脾气和心理。

其实，脾气再好的男人，也忍受不了妻子用粗暴的语言和行为伤害抚育自己长大成人的老母亲，这是大多数男人绝对的命门。纵使他再爱一个女人，纵使他从来都软弱如绵羊，这份对母亲的尊重是长在骨子里的。自己的母亲被人用过激语言谩骂，比他自己受辱还会令他突然失控，以至于出现暴力等过激的不妥当反应。

同时，男人在他们做人的尊严上是不会让步的。不管他有多爱你，如果你在公共场合不断用过激言语和行为羞辱他，就非常容易触及他的底线，使他爆发自卫式的生理反应。事实上，从心理学的规律来说，平时越老实、越压抑自己的男人，爆发起来越容易猛烈，甚至失控。这如同物理学的原理一样，压制越狠，反弹力就越大，发出时的后果越发不可预料。

而这位旭如，明显用过激的言语重重踩在了触及男人底线的地雷上，用自己过激的言语点燃了爱人的怒火，激怒燃烧了丈夫所有的对抗情绪。而丈夫在被深深伤害后，一定会本能性地反击，最终，旭如被自己的“过激”点燃的后果重重伤害。而且，过激的言语说起来似乎痛快淋漓，但其实对自己没有任何好处，动辄以过激的言语待人的女子是不聪明的，因为过激只会导致严重的自戕。

道理有二：

其一，女子过激的情绪会使自身体内毒素迅速积聚，使身体肝火浮躁，胃火燃烧。同时，内分泌失调，快速滋生色斑。所以说得越多，会发现自己越上火，脸色越差，越发无法平静和痛快，也易引发身体内潜伏的病患！

其二，最糟糕的是，从心理学和生理学的角度来说，当你把成堆的过激言语倾泻到亲人身上时，不但不能解决任何问题，而且必然会刺激对方的怒火升腾，使他们热血加快循环，头脑发热，神经系统变得敏感脆弱，失去往常的冷静和理智。

且男性在被激怒后肾上腺素分泌加剧，条件反射变得粗暴简单，就容易出现与往常不同的暴力倾向，女子除非是功夫高手，否则力气自是比不过男人的。恶语之下，招致对方对自己施加暴力伤害，是多么傻的自伤举动呀！

其实，这就是我经常说的，人往往会被自己的过激言行戕害，而伤害别人的同时，还会激怒别人，令对方对自己愤而还击，最终使自己伤上加伤！所以，聪明的女子是不会做这种伤害别人，伤害自己，又刺激别人伤害自己的愚蠢举动的。以柔克刚，利用女性最大的“温柔＋智慧”法宝来解决问题，方是上上之举！

旭如在我的讲解中逐渐明白了，自己不择言语的谩骂不但使亲人非常受伤，也为自己带来了非常严重的后果……

她难过地拉着我的手说：“老师，你教教我，该怎么办？其实，我就是嘴上硬，我昨夜冷静下来，就知道自己错了，婆婆养育老公是很不容易的，我应当多多包容。以后，我一定会努力克制自己的情绪，请女儿和老公一起来监督我，改掉说话难听的毛病，再也不去伤害我最爱的人了。但是，现在我怎么办呀？”

“你婆婆在哪一家医院呀！”我笑问。

“就在这家，昨天就是送她老人家住院我和老公发生了冲突，结果，我也住了进来……”旭如不好意思地轻声解释，满脸都是羞愧。

“那这样吧，拿出你的勇气和真诚，现在就去看望婆婆，真诚道歉，寻求老公和婆婆的原谅。希望婆婆能原谅你，毕竟你的老公打你也是有错的。

而且，我感觉他的内心对你还是很有感情的，若你态度诚挚，应该是能够获取你老公的原谅的！”我为满心悔意的旭如鼓劲儿道。

在我的陪伴下，旭如来到了婆婆的病房，旭如的老公正伤心地在一旁陪护。一看见病床上正在输液的婆婆面色苍白、非常虚弱的样子，旭如不由得泪流满面地冲过去，跪在了病床前：“妈妈，是我错了，你打我吧！”

婆婆扭头看见难过的旭如脸上的伤痕，吃了一惊：“旭如，你这是怎么了？难道是被我那浑小子打的？”

婆婆生气地回过头对旭如的丈夫说：“你媳妇虽然说话过分，但是你也不能把人家打成这样呀！昨天我下楼还是她给背上车的，她平常对我也一直很好！你怎么能打人？你这浑小子！看我怎么打你，叫你打人！”婆婆挣扎着起身，打自己的儿子。

看见为自己的过激言语深深伤害了的婆婆一句话也没有责怪自己，反而先批评儿子，旭如不由得泪如泉涌，拉住婆婆的手悔恨地失声痛哭。她的老公本是满面冰霜，但在妻子的哭泣中眼圈渐红，怒气也烟消云散了。毕竟是20年的夫妻情分，妻子又如此真诚认错，而且自己也有错在身，无论如何不应该对妻子动武呀！

看着一家人的怨恨和矛盾渐渐在彼此的宽容之中烟消云散……我微笑地轻轻退出病房，为他们关上了房门。

生活中的事，虽然麻烦，从根本上说却是简单的，放下你我不必要的面子，以心待心，就能拥有融化冰雪的魔力。

重点要提醒女性朋友们的是，不光是在自己的家里不能轻率使用过激言语，在外做事时更是如此。柔弱女性尽可能不要在公开场合挑衅和攻击陌生异性，原理同上，极易激发他人的怒火，引发他人动手。女子与男性动手，吃亏的自然多数是女性！

不要让过激的言语成为戕害自己的利器。

为何一路泪水可助你展翅高飞

你会哭吗？你哭过吗？你是不是因为觉得哭泣是弱者的表现而不屑为之？你知道泪水的神奇妙用和对你自身的重要帮助吗？

你知道吗？

爱哭的人，比不爱哭的人皮肤更好；

爱哭的人，比不爱哭的人眼睛更漂亮；

爱哭的人，比不爱哭的人更加容颜不易老、青春永常驻！

爱哭的人，比不爱哭的人心脏更坚强；

爱哭的人，比不爱哭的人体质更强健；

爱哭的人，比不爱哭的人更加长寿；

爱哭的人，比不爱哭的人心理更阳光、性情更温暖；

爱哭的人，比不爱哭的人性格更坚忍，更经受得住生活的风雨；

爱哭的人，比不爱哭的人更加容易获得命运的爱怜、垂青和帮助！人生会更顺！

为什么这么说呢？

有朋友会很不服气：看那楚楚可怜的林妹妹，涟涟泪水和着满腔的爱意，全身心地系在那风流倜傥的宝哥哥身上，爱哭可谓第一人，最后还不是香魂一缕，红颜薄命！

《黄帝内经》中曰："肺……志为忧。"悲伤、忧郁会导致人肺气抑郁，因肺主司人的皮毛，所以一旦肺气受扰，皮肤很快便会因之出现皱纹、斑点，随之头发的发质亦会受到很大的影响。

经常忧伤郁结于心的人，容颜易老，皮肤易差，身体易弱，性情也易失衡，从而焦虑、抑郁！朋友们可能迷惑了，你前面说哭泣是好事，后面却是忧伤会导致种种恶劣后果，到底孰是孰非呀？其实，前面我说的是“哭泣”，后面说的却是“忧伤”。忧伤、抑郁的人未必会哭泣；会哭泣的人，也未必总是终日郁郁寡欢。

中医提倡的是多哭泣，多宣泄，把各种不良情绪引发的身体诸毒尽排于体外；杜绝的是将悲伤、忧郁憋闷于身，忧结于心，致众毒无法循环排出，终伤害自身。林妹妹不但哭，而且哭前、哭中、哭后，忧伤都郁结于心，致其红颜薄命的是其一如既往的“忧伤”，而不是清澈的“泪水”。

哭泣的泪水，是我们的防身至宝灵丹；而忧伤的情绪，却是那穿肠的鹤顶红。善用眼泪，尽情哭泣，哭后擦干眼泪，勇敢微笑，对我们的身心健康大有裨益！

带泪的哭泣，还有多重神奇的妙处。

一、泪水可以美目、美肤、紧肤，使你的青春不易老。

美目。泪水中含有蛋白质，它为我们的双眸制造了一层透明而光滑的泪膜，使眼睛显得润泽、有光泽、有神采。同时，也使眼珠活动自如，使我们的眼神显得愈加灵动，所以明眸善睐是需要泪水的点睛的。

美肤。泪水中富含一种溶菌酶，可杀死多种细菌，常流泪水可使脸部皮肤里的细菌得到及时的灭杀，而泪水中的细菌免疫球蛋白、乳铁蛋白更是多类细菌的天敌。常常流泪，皮肤不易寄生害人的细菌，自然疙瘩豆、红疹之类的许多皮肤炎症问题也就迎刃而解了。

皮肤光洁自然就能更美丽，更青春！不过，因为泪水中有盐分，在益处多多的同时，也易使皮肤干燥。所以，每次在泪水为我们皮肤细菌做完清理后，也就是在哭泣之后，最好清洗一下脸庞，然后擦上些许养护的美容膏。这样，就可以保留了泪水的作用，又使皮肤不再干燥。

紧肤。泪水有收敛的作用，可使皮肤紧绷，减少皱纹。要知道，皱纹是由心中郁结而生，哭完、发泄完，立即将心态调整好，鼓励自己：“不能老啊，美起来，来，笑一个！”只要心态调整好，郁结起不了作用，那么哭泣就只剩下美肤、紧肤的好处了！

二、泪水可以使人心脏坚强、身体健康、延年益寿。

经常流泪，人的气血循环顺畅，郁结随泪水宣泄而出，不憋在身体之中就不会滋生毒素伤害身体。

悲伤伤肺，致人肺气抑郁，而泪水则可快速疏导郁气，使郁结散开，不聚集在肺中、心中，自然能够保护自己不为闷气所伤，从而心脏坚强、身体健康。

这里还有一个早就被英国科学家特别推崇的小知识，那就是忧伤会使人体产生能侵害内部器官脏器的毒素，这种毒素侵入五脏，是滋生肿瘤的帮手。而泪水一出，血液循环通畅，就可以快速将毒素排出我们的体外，越快排除，伤害越小。

所以，每当你伤心、难过时，请毫无保留地尽情哭泣吧！一边哭，一边得意地想：毒素滚出去吧！坏心情滚出去吧！

三、泪水可使你内心坚忍、阳光积极，抗击风雨，人生更顺。

因眼泪中含有某些蛋白质成分，具备类似于心理止痛剂的神奇功效，所以发自内心地流泪可以帮助我们抚平内心痛楚，修复心理和生理的自然平衡。

哭泣是心理学里推崇的最佳的宣泄渠道，男人的坚强不哭正是男人多脏器病症的原因，为什么要苦苦压抑自己，使自己的身体和内心受到暗伤的侵害呢？找没有人的地方，尽情哭出来，把心中的万般委屈、痛楚，随着泪水挥散而去吧。

宣泄，可以使我们的心理抗压能力大大提升，心理坚忍度也将在适度的宣泄中逐渐增强。小草虽弱，柔韧可抗千斤巨石之压；竹子虽强，却韧度不够，超过限度顷刻即断。

我们只有把自己修炼成内心柔韧、坚强之人，才可顺利抗击人生的诸多风雨。拳击台上，扛得住狂风暴雨般击打的勇士才能笑到最后，获得终极胜利呢！

哭泣如自然界的雨水，只有雨过了，在我们的心灵中才能升起绚丽的彩虹，我们的人生才会是真正阳光、积极、向上的。

至于泪水可使人生更顺，则是心理学的另一备受青睐的道理，敢于示弱的人，受到的打击会远远小于表现得似乎无坚不摧的人。适度示弱，可使我们减少障碍和阻力，甚至获得别人慷慨的帮助，何乐而不为呢！

当然，凡事皆有尺度。哭泣和泪水，在你纯粹个人的空间里，可以是无所顾忌的。但是在公开场合的泪水一定要适度，切不可泛滥成习惯，那样，对个人是没有任何好处的，甚至会使旁观者麻木无视或反感，那可就适得其反了！

泪水对我们的身心帮助如此之大，所以，想哭就哭吧，让泪水跳起舞来。哭完后的心灵会是最最坚韧不拔的，哭完的身体是最最清爽、健康的，哭完的双眸是最最清澈迷人、神采飞扬的。

无论是喜悦的哭泣、激动的哭泣还是伤心的哭泣，一路泪水洗礼后的你必会愈加坚强、愈加完美，愈加幸福快乐！

想家了，是你的心“病”了

一日，一些企业界朋友相聚，大家聊着工作、时事、房子，话题不经意间都飞回了家乡。可能是春节将近吧，思乡的情绪浓浓地蔓延在空气之中，平日里叱咤风云的老总们瞬间都有些沉默。一位老友问我：“你是研究心理学的专家，能给我们分析分析吗？按说，我们这些人也在外面闯荡这么些年了，各自的小家都稳定地扎在了这个城市，为什么我们还总是会思念老家呢？”

听闻此言，我突然间特别想念在安徽认识的一对老寿星。

那是一个天际燃烧着艳丽云霞的傍晚，我在安徽一处山区采风，傍晚的乡村没有城市里的拥堵和繁华，没有城市里华灯初上的热闹。但是，呼吸着清新、芬芳的空气，欣赏着家家户户屋顶上的袅袅炊烟，看着顽皮而精力旺盛的儿童大笑着来回追逐、嬉戏，耳边听着妈妈呼唤孩子回家吃饭的温馨的声音，心情惬意、安详极了。

正在这时，陪我同行的友人突然推推我，微笑着说："你看，这是这里最有名的老夫妻，老两口子，都九十多岁了！"

我回头望去，在蜿蜒碧绿的田埂上，两个老人手挽着手，佝偻着背，身上被晚霞披上了一层薄薄的浅暖色。他们悠闲地散着步，老头子用并不悠扬的声音为老太太大声哼着地方戏，老太太微微晃着脑袋为老伴和着节拍，满脸的陶醉和满足。

我的眼睛不禁一酸，有些想哭，多么完美的情景呀！在繁忙拥挤的城市里，在眼花缭乱的霓虹灯光中，是很难遇到的。那份满满的安全感、幸福感，那份清晰极了的归宿感、安详感，那份质朴淡漠的纯粹感、简单感，是深深埋藏在每一个人心中的渴求呀！当我们的心灵在城市的喧嚣之中迷路时，陶渊明的"采菊东篱下，悠然见南山"是多少朋友心中高扬在天的仙境啊！

朋友问我："为什么我们会思念老家？其实真到了老家，时间久了，往往就没有了感觉，甚至又想念起了城市。"

我不由轻笑："莫为浮云遮望眼，须知不动是真山。"

其实，大多数在外奋斗的人，心中常常思念的"老家"只是一个恒定的符号或者象征。城市和乡村，浮华和安静，烦恼和快乐，所有的背后，都是一个非常简单的自我的本体。

在我们遭遇困难坎坷，觉得再也难以逾越眼前的沟壑时，我们会思念老家；在我们遭受感情离弃，朋友背叛，亲人不解时，我们思念老家；在我们觉得城市是如此喧哗，自己却是如此寂寞和孤独的时候，我们会思念老家；在我们为事业奋斗得疲惫不堪，不知道何日可以歇息时，我们会思念老家。

在我们被迫经历每一点生活的艰辛和不易的时候，我们会如饥似渴地思念老家，思念娘亲，思念很久之前，久到想不起来的过往一切。这正是美妙的心理奉献给每一个疲惫行路的人，用以自我疗伤、自我补偿、自我鼓励、自我安慰的一份厚礼。

每个人都难免遭遇不顺、疲惫和悲痛，人们“思念老家”，其实就如身体有炎症就会发高烧一样，完全是人应对困厄时的神经应激反射和自我保护。它会在你觉得无所依靠时，让你觉得有份寄托；它会在你绝望至极的时候，为你的心供暖加热。如同我们在严寒中会不由自主地打寒战以产生热量，来帮助自身抵御更多的寒冷。我们的心冷了、倦了的时候，自己是不易觉察到的，头脑和身体往往会先感到不适，并开始自我调整。“思念”就像母亲和医者神奇的双手，轻柔地为我们寂寞的心灵做着按摩、治疗。

因此，会常常想家的人，不是没有出息，而是确实太累了，在自我治疗呢！所以，如果你最近特别特别想家，就请立即停下手里似乎永远也忙不完的工作，休息休息吧！

心累了，想家是信号。如果你一点也不重视自己的“心累”，后果可就严重了！诚然，“想家”是一种自我治疗的方式，但是，如果只依赖自愈，就如迷信自己“身体结实，能抗过所有的发烧”一般，导致很多无法弥补的后果。重度的心灵疲惫如同严重的甲流无法依赖自愈，一定得去寻求“达菲”的治疗一般。

朋友会问：“身体累会累死人，心累又累不死人，不去管它，会有什么后果呢？”

当然会有后果！大家都知道，发高烧不治会“烧坏头脑”，会导致“心力衰竭”，会“机能紊乱”。同样，心灵疲惫如不及时治疗，无论从心理学还是生理学角度，都会有无可挽回的后果。长时间心灵疲惫会使人逐渐丧失对事业和生活的兴趣，对自己的能力产生怀疑，出现抑郁症的各种前期现象，甚至直接患上抑郁症。不信，请回答下面的问题，看看自己符合多少条吧！

最近——

1. 你是否觉得，以前非常感兴趣的事情现在却都不感兴趣了呢？

2. 你是否觉得，每天没有动力起床？起床变得越来越艰难？

3. 你是否总是觉得，自己没有把门关好，没有把手洗干净，没有把爱车锁好？你是否觉得，自己正变得越来越多疑？

4. 你是否在某些瞬间突然开始思考活着的意义在哪里？甚至有过一了百了，死了就什么麻烦都没有了的想法？

5. 你是否会越来越爱自言自语？

6. 你周围人是否开始说你喜怒无常？脾气变得焦躁？你是否觉得自己坐立不安？

7. 你是否觉得胃口突然变大了或者小了，却没有病理原因？

8. 你是否老是觉得胸闷、心口很堵，呼吸不畅快？

9. 你是否夜晚梦魇加多，似乎睡着了，却头脑高度紧张，而且非常容易惊醒？

10. 你是否总是觉得身体疲惫，感冒、受伤等小毛病不断？

11. 你是否觉得注意力变得不集中，工作效率减退，记忆力变差？

12. 你是否觉得好好的，却突然对夫妻生活厌倦、麻木了？

13. 你是否觉得自己对自己的评价开始变得消极、灰心？

14. 你是否觉得四肢变得无力，身体变得沉重？

15. 你是否突然觉得自己很想毁坏东西，很想揍人一顿，很想找老婆（老公）吵一架，很想找个地方彻底宣泄自己的暴力冲动？

当“想家”的信号在你的脑海中频繁出现时，请立即对自己进行测试。如果以上 15 条里，你占了 9 条甚至还要多，足以见得，你的心灵已经在大呼 SOS 了！为了不和自己的健康开玩笑，为了远离抑郁症，真的请你立即停下手里的工作和家务吧！

寻找真正令自己开心的娱乐；找亲爱的人，一起出去旅游换换脑筋；找三两知己，聚会小酌；回到母亲身边小憩；找个能呐喊的地方尽情大声喊叫！用生活中真正美好的元素来挽救自己不堪重负的心灵，会使自己在此后的工作中效率更高；在此后的生活中，性情更好！是绝对事半功倍的休整和治疗呢！

别用你的目光和声音伤害最爱的人

从出生，母亲就赋予了我们一双明亮的眼睛和一副特有的嗓音。目光和声音，伴随着我们成长、生活，在我们每个人的生命中，一直扮演着非常重要的角色。

目光和声音，可以使人心境柔和、快乐愉悦；可以使人焦灼痛苦、惊恐万分；可以使人神志清醒、精神振奋；可以使人委靡昏沉、悲恸欲绝。

坚强、快乐的目光和声音如天使般，能够使你爱的人励志、激昂；消沉、忧郁的目光和声音如魔鬼般，会令与你相对的人丧志、放弃。目光和声音都是有灵性的宝器。救人悦人的是它们，毁人害人的也是它们。如果把目光和声音结合起来，它们对人的影响力就会更大！

朋友们手握天赋的两大“宝器”却如《天龙八部》里的段誉初具功力时的懵懂，无法驾驭它们的魔性和善性，经常于无形之中助人，也于无形之中伤人。

眼神和声音真的可以伤人吗？什么样的眼神和声音可以伤人？它们不但伤人，而且，厉害的它们还能杀人于无形！“目光和声音”如果配合上“忧愁、痛苦、愤怒、诅咒、绝望”的负面情绪，它们就会变成拥有了无穷内力的魔鬼刀剑，情绪越强烈，刀剑越犀利！

当我们愤怒叱责他人，怨恨唠叨他人时，就无法选择善意的词语，而总是使用生硬、粗暴的词汇攻击他人；心怀怨愤，冷傲对待他人时，“口舌之剑”在冷漠的目光和神情的配合下，就会寒光闪闪，伤人于无形之中！

也许大家还记得，2007 年歌唱家安德烈夫扮演的浮士德，以充满了愤怒、邪恶的魔鬼目光和饱含魔鬼情绪的唱词令场景师、乐队指挥先后猝然停止了呼吸，倒地身亡。

俄罗斯脑波信息技术研究所所长弗拉德和生物学博士格兰特将歌剧院恢复到演出时的状态。让安德烈夫的目光对准一只固定位置的猴子，然后用功能性磁共振成像技术当场记录猴子在接受安德烈夫眼神和唱词时的反应。

当安德烈夫演唱到令人猝死的第五幕时，猴子开始焦灼不安；当安德烈夫唱到宫殿篇的“我诅咒这儿……钟声一响，我便勃然大怒”时，猴子尖叫着大力挣扎，用力摇晃身体，似乎在竭力躲避安德烈夫的目光和声音。直到演唱结束，猴子才安静了下来，眼神迷离，全身萎靡，仿佛大病了一场。

实验证明，在这期间，猴子脑内扁桃体（大脑中负责感知潜在威胁、调整情绪和指挥情绪行为的区域）活动强度剧烈增加。

我们再来举现实中的例子，你是否有过这样的感受——

当你的上司大声咆哮和严厉训斥你时，你的心跳会加快，会感觉到明显的心悸、焦躁或憋气，严重时更是头脑发蒙，腿脚发软，情绪消沉抑郁；

当你心爱的人与你怒声争执、对骂并怒目相视时，你会觉得无法思考，脑中嗡嗡作响，眼睛发黑，呼吸急促；

当被爸爸妈妈们大声指责、叱骂时，孩子们会双腿发软，后背发紧，焦躁紧张，心跳剧烈加快，手脚像没有血液似的发凉；

当有人目光呆滞，并对你持续使用絮絮叨叨的平淡、重复音调抱怨时，你会焦躁郁闷，希望像《大话西游》里的孙悟空一样，棒打只会“Only You”的师傅。

种种使人出现反常、负面情绪和不良生理现象的原因，正是由我所说的“目光和声音”的利器所导致的。那么，为什么目光和声音能够杀人、伤人于无形？这是什么原理呢？

世界各地的科学家一直在致力于与此有关的研究。

美国的医学博士发现，被目光、声音等外因惊吓致死的很多人，由于剧烈的情绪波动，肾上腺素大量分泌，导致心脏超负荷运行，功能因之受损，甚至停跳。英国科学家发现，人的大脑中有“恐惧中心”，具体位置是颞叶前部的扁桃核。受外界剧烈影响，中心就会出现反应，耐受力不强的人，便会出现心跳停止的现象。

研究安德烈夫的弗拉德更是用实验证明，人的眼神是强大的生物脉冲发射源，能发出高频生物波，像 X 光和激光一样具有穿透力，可以影响中枢神经系统、大脑乃至整个身体。因此，每个人的目光对周围人的影响是非常巨大的。

更有科学家研究发现：如果外来的次声频率，与人体内脏的振动频率相同或接近时，就会引起人体内脏的共振，使人烦躁、耳鸣、头疼、失眠等，甚至可能会引起人体内脏震坏而丧命。

我国的中医更是博大精深，在很早的时候就发现，满含怨恨情绪的目光和声音会给人带来非常剧烈的威慑。这种威慑能够影响刺激人的脏腑气血，使人脏腑受伤，气血逆乱，健康的人会变得虚弱，有病的人则会病情加重。而且，人受到外界声音、影像强烈刺激后，主前后二阴和两便的肾脏也会被伤到，使人变得易病、易伤、易生皮癣。《黄帝内经》中“怒伤肝”、“思伤脾”、“忧伤肺”、“恐伤肾”，是非常有科学道理的。

由此可见，生活中人们如果恶语相向，情绪暴躁，目光不善，会给我们每个人带来意想不到的身心伤害，甚至还会有更大的潜在生命危险，是非常恶劣的“环境污染”！所以，我们应善用父母赋予的双眸和嗓音，避免给自己和周围的朋友、亲人、爱人带来伤害。

要着重强调的是，孩童的全身所有器官都很稚嫩，所以大人如果过于频繁地对着孩子施加目光和言语的“严厉”管教，极易使孩子受惊，产生影响其身体状况和智商的严重后果。做父母的请一定多加注意！

那么，目光和声音能为人带来良好的情绪和影响吗？

当然能了！

美好、友善的目光柔和、安定，发射的生物波能够有效地安抚、温暖所视之人的情绪；悦耳、温柔的话语动听、舒服，能够以人体最舒适的频率抚慰听者的心情和神经，令人产生愉悦、宽心的快乐感。

在现实生活中，老父亲期待和信赖的叮咛能够使朱自清在严冬里心暖和得如同穿了皮袄；母亲温情款款的目光能使婴儿安然入睡，甜美微笑；妻子坚定有力的喝彩能够令丈夫披荆斩棘，无往不利；情侣含情脉脉的对望能够使彼此无所畏惧，温暖如春；朋友永不相弃的话语能够使你双眸润湿，勇气大增！

这些美好的目光和声音，不但能够给予我们无穷的勇气、信心和快乐，而是还是医治疾病的“良药”！它们能在肌体中产生令人体欢乐的激素和元素，刺激人的神经，加快人的新陈代谢和有毒物质的排除，使人体保持健康，还能加速各种疾病的有效康复。

在现实生活中，我们屡屡可见，被妻子和母亲耐心、深情的呼唤唤醒了的植物人，被亲人、朋友以温暖的目光和殷切的叮咛有效阻击了的重症疾病，这都是饱含爱心和希望的目光和声音为人类带来的奇迹。

其实，每一份被你和我赋予了“爱情、包容、友谊、善良、坚强”的“目光和声音”，都是无往不利、战无不胜的阳光法宝！

扬起善良法宝的你是披着霞光的天使，所洒之处，皆是希望；所到之处，皆是艳阳；所罩之处，皆是欢乐和春天！

匠心置家篇：小小摆设，改与不改大不一样

莫让居室镜子伤害你的生活

学生小娟喜获爱女，夫妻俩多次邀请我上门看看他们可爱的小宝贝儿。某天驱车刚好路过他们居住的小区，心中微微一动：择日不如撞日，正好上去好好看看那个小宝贝儿。

步入电梯，心中暗中猜测，原本干练、神气、双眸闪亮犀利的超级能干小金领小娟做了母亲后，不知现在是什么样子呢？

门铃声清脆悦耳，开门的正是小娟，几月不见，小娟果然大变样了。满脸的母性光辉，昔日大眼睛里犀利的光泽已不见踪影，取而代之的是柔柔的、美美的、软软的爱意。很好，都说孩子是母性气质大变样的魔石呢！咦？不过，小娟的脸色似乎不是很好，昔日的红晕看不到了，居然还有些淡淡的微黄。最令人心疼的是，她的眼睛下方显出隐隐的黑眼圈，眉头微微皱着。她是不是孩子闹，夜夜睡眠不好呢？还是产后的抑郁呢？

“快进来呀，老师。”小娟把我拉进房间。

这是第一次步入小娟新买的这套房子！我好奇地刚想细细打量打量，突然被一道明亮的阳光刺了一下眼睛，原来是一个内壁装有整面镜子的装饰柜。由于正对阳台，正是阳光充足的时候，镜子把光线反射到客厅的四处，光线构成的不规范的光影线条，将客厅“修饰”得五彩斑斓。

“哎？你的孩子呢？”我没有看见预想中的可爱小宝贝儿，很纳闷。

“唉，不知道怎么回事，最近孩子闹得厉害，总是哭，到医院检查，没有检查出任何问题。奇怪的是，一送到我妈妈家里去，小家伙就不闹了。这不，实在没办法，再加上近来我自己的身体也不太好，老公又把孩子送到我妈妈那里去了！”小娟郁闷地对我说。

“唉，先不说了，都来了，老师先参观参观我新装修的房间吧！”小娟热情地领我四处参观。显然，由于客厅面积不大，为了使视觉上感觉开阔，小娟在装修上使用了非常多的镜子。

我轻轻皱了一下眉，因为从心理学和生理学的原理来说，镜子在家中使用的禁忌是非常多的，用得不好，会对居室主人和新生儿产生非常多的伤害！唉，还是先看看再说吧！

首先，小娟家入门玄关处是一面正对着门口的可照到人半身的衣帽镜；客厅用很大的艺术装饰柜做分隔，隔出了会客区和就餐区，装饰柜内壁是双面雕花镜子，一面正对会客区和阳台门窗，一面正对就餐区的餐桌；天花板做了内凹的吊顶池，吊顶池中镶嵌着嫦娥奔月图形的不规则雕花镜面，镜中倒映出下面摆放的沙发和茶几。

随后我们走进小娟老公的书房，一看便是爱书之人，整面墙的大型书柜摆满了书和文房四宝，可能是嫌书柜太占地方使书房显得拥挤，小娟在书柜的两侧靠墙的部位镶了两块长方形镜子，镜子正对书房的两个边侧角。接着我们又走进了小娟和宝贝的卧室，色彩装饰得非常粉嫩、温馨，床的左侧是一款白色大衣柜，式样倒是很不错，但是衣柜当中又镶嵌了一整块的长方形镜子；床的右侧靠近阳台的窗边，摆放的是小娟的梳妆台，椭圆形的梳妆镜显然也是正对床侧。

最后，我们参观了卫生间，打开门一眼望去，正对着门的洗手池上方，是整块的宫廷风格的镜子，洗手间灯光不强，但是镜子安放的角度刚好把卫生间 3 处灯都照到了，想必装修时是以镜子来反射加强屋子里的光线。

看完新居，小娟的老公刚好到家。小伙子显然满怀心事，一看见我，他赶紧忙着为我倒茶。

我笑着说：“都是自己人，就先别忙了，有什么困难，对我说说看吧！说不定我能帮上你们！”

“老师，都说你是心理专家，你来得正好。我们家小娟不知道怎么回事，最近精神一直不是很好，压抑，老是想哭，有时又很焦躁，容易做噩梦。其实，小娟生完孩子后状态一直很好，所以也不像产后抑郁症。就是搬到这里以后，她就哪里都不对了，孩子也变得爱哭闹，有时我都想，是不是这里风水不好呀？”小娟老公非常苦恼地问我。

“咱们从心理学和生理学的角度来分析一下，看看你们屋子的毛病究竟在哪里，很有可能当你把这些毛病都调整过来，小娟的身体和精神也就能好很多了！

“这套房子主要的问题其实就在于镜子上，镜子太多，而且位置大多摆放不合适！”

“嗯，当时装修时，设计师说我们屋子空间不大，用镜子会显得屋子大而且亮堂，所以……”小娟老公迷惑地挠挠头。

“你们看，首先，最糟糕的就是你们卧室大衣柜和梳妆台的镜子了，一左一右，都正对着床。单面镜子对床已是光线伤人，两镜相对更是大忌讳了。

“其实，用现代科学来解释，镜子都有反射光，尤其两镜还是相对着的情况。再微弱的光线，哪怕月亮、夜灯或者从窗帘缝隙透进的些许光线，经过镜子的反射，都能形成不良的射线，对睡眠中的主人造成干扰，久而久之，极易导致居室主人神经衰弱、睡眠质量差、惊厥或多梦。

“而且夜里光线不强之下，主人夜间去洗手间或起床照顾孩子时，或者只是在床上辗转于梦中微醒之时，正是神志不够清醒的时候，猛然间看见镜子中自己衣衫不整的影像，极易受到惊吓。一次、两次影响似乎不明显，但是，神经系统在反复的刺激下会变得敏感、脆弱，甚至心慌或出现幻觉。睡眠质量差，加上神经系统的非正常刺激，时间久了，女性的性情容易变得忧郁、敏感，容易悲观和生气，男性的性情则易变得暴躁、生硬、火气很大，经常会因为很小的事情大怒、唠叨。

“其中，孩子对虚像的感受更加敏感，令其害怕的昏暗镜像总是出现，孩子又不懂叙述，只能忍受着，自然更易形成暗伤。因此，这种情形对孩子的直接影响就是易哭、胆小、易惊。这里要额外说明的是，也许白天孩子很喜欢镜子，那是因为镜子在白天影像清晰，但并不代表夜里光线不好的情况下，镜子中的影像不会吓到孩子。”

“天啊，真的没想到。老师，那我明白了，卫生间的镜子也是这个原理，夜里进卫生间一开门，猛然抬头相对也不好，但是卫生间怎能没有镜子呀！”小娟苦恼地问。

“这很好办，卫生间的镜子只要不是正对着卫生间门，稍微有所错开，或者安在与门垂直的墙体上，就没什么大的影响了。

“另外，你们的客厅镜子使用也非常不恰当。正对阳台和光线的装饰柜的镜子会强烈反射阳光，而且由于放置在客厅当中，坐在客厅沙发上的人眼睛经常被阳光晃闪而产生不适。客厅中间的镜子，还会使来往的主人和客人，不断为镜中影像分神，从而产生心神不宁的感觉。天花板上安置镜子，更是压抑居室的人气、财气，会引起心神惑乱。

“科学的解释是：屋顶设镜，人不经意间抬头，看到的是俯视视角下镜中倒映的影像。在心理学上来说，这种情景会让人产生压抑感，非常容易使坐在下面的人心浮气躁，在视觉上受到自己视力的压迫，心中没有开阔感。偶尔待着无所谓，长时间下去就会使人产生憋屈感和不安全感，进一步导致神思恍惚，精力难以集中，记忆力变差。人的状态这么糟糕了，做事自然不容易做好，也就是所谓的压抑人气、压抑财气了！

“最糟糕的是，长此以往，生活于其中的夫妻就会因为经常受到的上述刺激而变得心态不稳，缺乏宽容，很容易被激怒和争吵。”

“啊，真的是这样，最近我们争吵越来越多，一点小事都不能忍耐。唉，老师，那我书房的镜子是不是也有问题呢？”小娟老公郁闷地追问道。

“当然，请你认真看看，你书房书柜两侧的镜子，正好照到的都是房间的边角线和棱角，这些尖锐的线条不断跳入人的眼帘，会令人烦躁、焦灼，很难安静下来。心理学研究认为不可在自己读书的环境里使用太多的尖锐物品或线条，若还加了镜子，所有的棱角都被加倍地显现出来，时间久了，书房主人就会不舒适，不安心！”

“那我们玄关处的镜子呢？这总是对的吧？”

“出门处放一面镜子是对的，但镜子的长度最好是以能照到全身为最适宜。国外科学家在很早以前就通过大量的实验证明，出门处放一面能照到全身仪态的镜子，容易唤起主人的爱美之心，使主人在潜移默化下变得更爱自己，而且仪表也会变得更得体。

“因为在你穿戴整齐，准备出门之时，看见镜子里的自己，你会有本能的调整自己的冲动。能看见全身的镜子，更能够帮助你很明确地发现自己容颜、仪态、举止上的不足。时间久了，主人就会越来越有魅力！

“但是，镜子最好不要正对外门，最好是安置在与外门垂直的墙体上。因为，如果每天一开门，对门邻居家的大门就会映在你的镜子里，既不礼貌，而且也比较容易招惹不必要的是非。更何况，有时非常疲惫地回到家，一开门，一个大大的自己就映现在正对面，也会吓着自己的！”我微笑地向年轻的小夫妻解释着。

“哦，老师，我原来以为住房布置是很玄奥的东西，其实，细听下来都是非常科学的道理呢！”小娟很感慨地说。

“当然是这样，很多看似神秘的东西经过科学的剖析，大家就更容易明白。其实，明白了个中道理，我们就可以用很简单的办法来解决它们了！”

“明白了，那我们就把这些镜子该拆的拆，该换的换，该挪的挪开，就可以了吧？不过，老师，有些不好拆的镜子挂上一条漂亮的帘子，盖上它，是不是也可以呢？”小娟好学地询问道。

“当然可以！盖上就可以了，需要用时再拉开，帘子以颜色淡雅、图案简单、材质不反光为宜。”我笑着回答。

一个月后，接到小娟快乐的电话，小夫妻把房间认真处理过后，已经把孩子重新接了回来，现在小娟的精神状态也已经好了很多！

客厅摆设不对的严重危害

老同学秀秀最近运气甚好，在这房价惊人的时候，居然因房主急于出国购得一处价钱合适的房子。装修一新后，满心兴奋的秀秀再三邀请我前去参观，顺便帮助看看家中摆设是否科学。听闻秀秀即将成为母亲，念及其肚中宝宝的健康，我撇开烦琐的公务，专门腾出一个下午前去一观。

秀秀将我请进门时，得意扬扬地说："姐姐，我看过你节目中提到的镜子对家装的影响，所以装修时格外注意！"

秀秀的新家，进门是客厅。客厅中首先映入眼帘的是大盆小盆的绿色植物，一派春意盎然，像是提前来到了春天。但细细一看，却发现问题不少：大叶棕榈花盆中是残落的枯碎叶片；发财树的侧边明显有来不及修剪的枯叶；君子兰因主人不懂得呵护，蔫蔫地耷拉着脑袋；靠窗的是一盆生机蓬勃的热带仙人掌；另一边是一种葛藤类的植物，长得非常旺盛。

我边看边对秀秀说："客厅中摆放绿色常青植物是对的，以前风水里一直很倡导摆放这些，说是可招财纳气。其实这是另有科学道理的，生机勃勃的宽叶绿色植物会使主人视觉明快，心情舒适，思维清晰，更会令整个屋子充满活力和希望。身在其中的主人工作、生活心情舒畅，财运也自然会较为顺利。

"但是，如果植物中的枯枝败叶不及时清理，就容易使家中渐添残败的迹象，还有那热带仙人掌更是居家不宜的植物。它毛刺丛生，从视觉上给人以不安全感、不和谐感，这两种视觉感受会使主人在潜意识中滋生不适，性情不易平和、宽容。一旦发生矛盾，就会变成激化矛盾的暗藏杀手，徒增口舌纷争。从另一个角度说，家中孩子、小动物一旦撞上，伤害也是极大的。

“至于窗边的藤类植物虽是生命力强，长得旺盛，其实很糟糕。因其习性偏阴，旺盛极了，自是很易招惹虫蝇等不干净的小东西藏身其中，从而给主人的身体健康带来害处！”

秀秀问：“姐姐，我老公是搞文艺的，性格热情，他就喜欢红色，所以我们家很多地方都刷成了红色！这有问题吗？”

“家是主人休息、生活的地方，不管主人是否有颜色偏好，墙壁主色调还是应以米黄系、白色系、浅绿系、浅粉色为佳。风格偏暖、感受柔和的房间才是有利于主人身心健康的。

“这里是有深刻的心理学道理的，墙壁若以黑色、红色等深色来装饰，长期置身于其中，主人的精神被深色所压迫和刺激，从而经常处于紧张状态。久而久之，就会因精神疲劳而变得反应迟钝、内心倦怠、缺乏灵感，而且皮肤也会逐渐变得苍老。

“还有，你看，你们的天花板采用的是比墙壁、地面还重的颜色，就更不对了。自然界的颜色搭配是非常神奇的，天轻地重，是最美妙、最平衡又对人的心理最有利的颜色搭配。

“天是淡然清澈的，蓝天白云悠闲、宽阔；大地则是深色沉稳的，黑土地黄土地稳重、大气。我们的家里颜色搭配，最舒服、最科学的当然也应是天花板最浅，墙壁略深，地板采用暖深色的较稳重色为佳。这儿说的是心理学的道理。”

“明白了。对了，姐姐，你说这门窗到底应开还是不应开？我喜欢家里空气清新，所以总开门窗；可是我老公总是和我对着干，他总说冷啦什么的，还说财气会外泄，对人不好，不愿开窗。那么，到底应该怎么样呢？”

“《吕氏春秋》里曰：‘流水不腐，户枢不蠹，动也。’空气只有经常流动，经常更新，才能保持新鲜，有利于健康，所以我们自然应经常开窗换气。但是，有几个问题要切记：第一，开窗不开门，换气有度；第二，气候变冷，刮起寒风或有粉沙的风的时候，不能开；第三，睡觉的时候，冬季和风沙大的季节绝对不应该开。

“人在睡眠中，毛孔张开，脏器放松，打鼾的人更是连口都是张开的。在这样的时候，人是不能抵御外来寒气或不好的空气的侵袭的，因此总是开窗睡觉的人，脾气会很躁，性子容易急，而且易感冒，这是要引起注意的！

“外门不适合常开，风水学里都是关乎财气外泄之说，从科学生活的角度来说，门外是公共界，往来之人频繁，浊气、病菌容易流通。敞开大门自然容易导致病气、恶气侵入家中，对家人身体不利。再说，往来杂人中万一有内心邪恶的小人，把你家中情况看去，自然不是什么好事！”

“姐姐，你看这是我老公出国带回来的木头图腾，酷不酷呀？”秀秀得意地向我炫耀。

我抬头望去，图腾中央是一怪像，眼睛很大，面目凶悍；图腾下的桌子上摆放着一堆显然也是国外带来的怪里怪气的娃娃，一个个神采怪异，姿态别扭。

我非常严肃地告诉秀秀：“对于国外带回来的不知道图案含义的神秘饰物，绝对不能随便悬挂在家中。风水的角度说的是看起来凶煞的东西含戾气，对主人大不利。从心理学的角度说，这些怪怪的东西给人视觉的感觉是冲撞、怪诞、丑陋，夜里光线不好的时候，则更加显得狰狞。这样的东西摆设会对人的心情影响极大，使孩子产生叛逆情绪，使婴儿恐惧，使大人于不知不觉之间神经受扰，血气不畅，肝肾受伤，从而脾气逐渐变得怪异、暴躁、冲动、易怒，注意力会变得难以集中，睡眠也会变得容易多梦、惊厥。

“尤其是这些小娃娃、儿童相的东西，本是使人不设防的，但如果制作得带有邪气，便会使你在不经意间盯着观赏之时陷入其中，性情易多疑、敏感、猜忌。”

“啊？那姐姐，咱家的骏马图怎么样呢？”

“你看这图中之马，笔画粗糙，垂头丧气，无精打采的。看着这样的图，你如何能够士气高昂，精神振奋呢？所以家中要不就不挂图，要挂就一定得有讲究。挂动物和人物，一定要挑其中形象善良、正义，精神振奋或温柔的；挂花，一定要挑花势旺盛如桃李盛开、牡丹艳丽、苍松饱满、荷花挺拔的。

“挑选标准以图案寓意吉祥为首要，同时，给观图的人以美好、和谐或励志的精神感受才是最棒的。另外，对图中配字的或书法作品，一定要细辨字里的内容是什么，不要挂了半年才发现其中意义糟糕，悔之不及。对书法作品来说，内容含义不能是悲伤、愤怒、消极的，从心理学的角度来说，悲观的内容文字会使居室气氛也变得悲伤、阴冷，使主人心智深受影响。”

“看来，客厅的墙上装饰也很有讲究呢！那么，姐姐，客厅整体风格还有什么要注意的呢？”秀秀心有余悸地问。

“如果你的宝贝是男孩，那么你的客厅整体风格就有一定的问题，你的墙体颜色偏红色、粉色等女性色系，墙上的装饰除了图腾和马，其余也是女性色彩为主，家中孩子或主人男性为多时，墙壁不宜偏女性色系。原理很简单，男孩子的成长过程中，环境色彩偏女性，则易使孩子脂粉气过浓，阳刚气不足。环境对人的心态、性格、脾性的影响是日积月累、潜移默化的，所以为了男性孩子的心理健康良性成长，我们应多为孩子提供适合的成长氛围。”

“知道了，这中间的科学道理真多呀！姐姐，客厅是我们家最大的地方，客厅的家具摆放是越少越好，还是多些、丰富些好呢？”秀秀认真地问。

“你问到关键的问题上了，从心理学的角度说，适度的空间空旷会使人感觉空气清新，呼吸通畅，思路开阔；反之，家具过多，则会使空间显得拥挤不堪，人在其中会有压迫、混乱的感觉。所以，家具布置一定不能很多。

“但是，如果家具面积还没有到客厅面积的三分之一，客厅显得过于开阔，则易使孩子和居室主人内心逐渐滋生孤独、寂寞的感觉。如果主人事多，在家中待的时间不多还好，这待的时间久了，心理感受就会变得强烈起来，女性和孩子更易变得内心敏感脆弱，渴望温暖。所以，我们布置家具时，最好使家具占地和客厅面积为1∶1左右，比较适度。”我笑着为秀秀解释。

“唉，姐姐，这才说到客厅，学问已经如此之多，太有感慨了！太感谢啦！那么，我们一起去看看最最重要的卧室布置有什么特别要注意的问题吧！”

卧室摆设不对的严重危害

漫步走向秀秀家的主卧室，主卧室是一家的心脏重地，因为我们一生至少有三分之一的时间是消耗在卧室里，所以卧室的摆设布置关系到主人的生活、事业以及身体健康和居家和谐，是非常重要的！

走进卧室，我给秀秀讲解：“你看，你们的卧室门与玄关太近，与外门成一斜直线，就不是很好呢！”

秀秀很紧张地问：“我们也正头疼着，我老公也听别人说这样易有凶险！”

“咱不说风水，其实这里面有很科学的道理，卧室门与大门成直线，易将外面携带的各种细菌脏物随开门时的风带入卧室，使卧室主人休息时空气不干净。而传说中的凶险多是指这种布局情形下，外人只要站在大门口，可直接看到卧室，如果门口站的是坏人，会很容易诱发其对主人的伤害之意。

“其实也不用紧张，只要将卧室门反向改装，固定件安在另一侧，将卧室门装成向外打开，即可挡住正对大门的视线。再觉得不放心，可在卧室外安置一工艺屏风，彻底挡住大门向内的视线，也防止了不干净空气的直接对流，就没有任何凶险可言，自然平平安安了！”

“明白啦！那姐姐你看我们家的卧室对面就是卫生间，听同事说，这样对夫妻情感极为不利，有没有道理呢？”

“卫生间正对卧室，其实道理和刚才的一样。厕所多污秽之气，不光有自家的，还有从通气管道上来的别家的不良气息，厕所门正对卧室门当然不好。从科学的角度来说，因为现在的厕所多没有外窗，污气无法排出，只有向屋内蔓延，这污秽气体中有对人体尤其是对孩子不利的很多成分，对主人身体健康自是不利，而且这些不好的气息也会时时影响主人的心情，甚至影响夫妻对彼此的感受，强化彼此对伴侣的挑剔度，使感情变淡。

“所以，平时尽可能把卫生间的门关上，有人在家时，将卫生间换气扇多开，经济条件允许的话，可购买大量的活性炭放在其中吸附不良气体，也可有所改善。

“咱们再来看你家的床位，为什么你们床头朝外，对着门口呢？”我看见秀秀的大床上枕头都朝靠门一边摆放。

“姐姐，你不知道，那面墙后是我们邻居家的卧室，他们贴墙放了一个很大的电视机，我们头朝那边睡，总觉得会有磁场辐射，心里发毛呢！”

“你们这点想的是对的，最好床头所对之墙隔壁没有紧贴墙体的大型电器。但是，你们没有把床头调换，而是直接朝向门口这边睡，有两个大问题。

“第一是，这样一来床头是空的，睡着时人的心里会有不踏实感。这样是没有靠山，其实用科学的说法来说很容易解释：在熟睡时，我们的身体和头部会左右上下移动，头顶悬空，就会有危险，即便头没有离开床，心里也会有一种暗藏的不安全感，会使你们的睡眠不易踏实。时间长了，人的情绪会趋向急躁、不安，易怒、易惊！

“第二个大问题是，睡眠时头直接朝向卧室门口，这就是所谓的门冲不宁，但科学道理上的解释更为清晰。那就是这样睡眠，非常容易戗风，尤其是对睡眠喜欢打鼾的人，风直接进入口中，对其呼吸系统自是非常不好的。而且朝向门口，夜里于睡梦之间朦胧睁眼，突然映入眼帘的卧室门外的东西或光影不定易使人产生噩梦或幻觉。”

“那么，姐姐，我们干脆将床靠窗摆放如何呢？早上起来拉开窗帘就可以看见窗外景致，多好呀！”秀秀笑着问。

“床太靠近窗口，必须有很厚很厚的窗帘，否则外面的光线、噪音都很容易对睡眠形成干扰。

“在窗边睡时，人的内心很容易缺乏安全感，窗帘一动，光影有所变化，都会对睡眠的人产生不知不觉的惊扰，使人能量非常容易流失、消耗。而且，靠窗睡还有一个与气候有关的健康问题，那就是冬天和夏天，即使门窗紧关，靠窗的温度都会太热或太冷。夜里胳膊或后背露在不适宜的温度下，冬天易觉得胳膊麻木，后背酸痛；夏天会觉得热火攻心，不能安寝。

“所以不是万不得已，最好不要靠窗，一定得靠窗，窗帘一定要拉好，冬天被子要盖严实，夏天尽可能往床中间睡，离窗边远些。”

秀秀将卧室的灯光都打开，问我：“姐姐，你看，咱们这卧室灯光有没有不妥呢？”

我发现秀秀的卧室灯分两组，一组明亮，一组昏暗。秀秀向我解释说：“姐姐，这组亮灯是为了看书，聊天时用；这组暗灯是为了临睡前，看看电视的时候用。”

“嗯，卧室有亮度的灯只要留一读书小灯即可。主光源不要太明亮，卧室里明亮的灯光会使人缺乏亲密感、温馨感和隐私感，不易形成暧昧心态，影响夫妻对性生活的向往。而且，半夜起来突然灯光大开，眼睛容易受到刺激，也会对视网膜不利。

“但是你们的这组暗光源也不好，卧室灯光应是暖色的、柔和的灯光，冷色调的昏暗灯光容易使主人心情消沉、不适，易无谓地担心，或者悲观、压抑。”

“明白了，暖色柔性的光源，周末就换！”秀秀赶紧拿笔记录。

说话间，我抬头看见秀秀床前墙上挂着两人全身的甜蜜的木框婚纱照。

我忍不住摇摇头：“唉，床附近别放这么沉重的大幅画像或照片，万一脱钩或螺丝松懈，砸下来可就后果严重了！‘君子不立危墙之下’，别把这么危险的东西挂在床头、餐桌有人坐的一边以及沙发后面的墙上，凭空为自己增添头顶危险！”

“好，收到。”秀秀奋笔疾书地记录着。

“另外，前面我们说床头的隔壁不宜对着电视机。同样，卧室最好不要与厨房紧邻，如果隔壁是邻居家的厨房，至少也不要贴着对面是煤气灶的墙布置床头。因为煤气灶是有一定危险性的，整天头对着很危险的地方，心中自然会产生焦躁、不安的情绪，这种不安潜移默化，逐渐会使人变得脾气暴烈，疑神疑鬼。久而久之，还会因为心神不宁而损害到身体健康。”

“还好，咱邻居的厨房不在隔壁。”秀秀松了一口气。

“好了，厨房的布置咱们下次再说吧！但是，有一个重要的提醒，那就是厨房和家中各处，尤其是卧室的刀子，不要就这么直接悬挂着或刀刃外露地扔在桌子上。要为它们套上刀套，或收归到专门的刀具座中。因为刀刃外露，对我们的居住安全是非常不利的。闲置在桌上的刀，无意中被报纸、毛巾盖住，收拾时非常容易伤到手；家中若有孩子或有客人的孩子来访，极易误伤孩子。

“最最重要的是，从心理学的角度说，刀子放在桌上寒光闪闪，主人争执、吵架，正在气头上时，非常容易受到它的刺激。它会像魔鬼的诱惑一样，诱导热血冲头的人产生不应该有的危险念头；它还会刺激我们的客人中一些有邪念的坏人，产生不好的念头和心理暗示呢！所以，赶紧把刀子收好，这是很重要的！”

“姐姐，太有道理了！我这就把刀子收好！”秀秀赶紧将散放在茶几、书桌上的刀子套上刀套，收进抽屉。

“对了，姐姐，从心理学的角度说，卧室的主色调应如何选择才能有利于睡眠呢？”

“柔和暖色的色彩主调都是有利于睡眠的，至于究竟选择什么样的柔色，完全取决于主人的爱好。英国科学家通过大量的实验证明，只要是柔色系的颜色就对睡眠无害，但柔色系中只有自己最喜欢的那种颜色才是对睡眠最有利的，并不一定是传统中所说的浅绿、米黄或蓝色。

“不过，对睡眠质量影响最糟糕的有两种风格，一种是大红色，它会从潜意识上刺激主人的神经保持亢奋，长久睡在红色环境中，人会变得疲惫、反应力下降、容易变老；另一种是大花图案的墙纸，会使主人躁动、烦琐、多梦。”

“太好了，我们选择的米黄色正是我和老公都喜欢的，而且米黄色正属柔色和暖色！”秀秀很开心，“哎，姐姐，这张白色的动物皮毛地毯是我老公出差买回来的，放在卧室有没有什么问题呢？”

“秀秀，你知道吗？卧室多毛的地毯几乎都会成为主人健康的隐形杀手！除非你们能天天对它进行严格的清理。多毛的地毯极易吸纳和隐藏大量的尘螨和细菌，这些坏东西对主人的呼吸道和皮肤都会造成伤害。而且，这些坏东西很多都带着小钩或毛毛，很顽固、很热衷与人体进行亲热的拥抱，被这些坏东西侵害身体，主人的性情也易变得焦躁、不安。”

“好恶心呀，我明白了，如果实在想用地毯，一定要天天吸尘，定期清洗，否则就不要用！”秀秀欢快地呼应。

“好姐姐，今天辛苦你了，等下次来，我们再细看厨房和书房，好不好？”秀秀撒娇地对我说。

“哈哈，好吧。”我轻轻刮了刮秀秀的鼻子，微笑地答应着。

离开秀秀家，已经是华灯初上，我非常感慨于居家布置的科学奥妙何其之多。多数人并未注意到其中的细节，从而在生活中悄然受到伤害或影响。

书房摆设不当的严重危害

再次做客秀秀家，秀秀的宝贝儿已经会走路了，秀秀开心地对我说：“姐姐，我现在越来越发现居室布置中的科学道理真是太多了！上次时间紧，咱们还没来得及聊到书房呢！别的屋子都装修好了，就留了书房没有精装，想请你先帮着看看，指点一番。”

“好。”我随秀秀缓步来到书房门前，秀秀家的书房窗户宽大，光线甚足，此时正值下午，阳光洒满房间。

秀秀说：“我们特地选择这间阳光充足的房间做书房，窗外绿树成荫，景致美好，房内明亮、宽敞，这样读起书来心情也好。”

“光线好，窗外风景好，屋中之人自是心境开朗，你的出发点是对的。但有两个重要的提醒，一是这间屋子夏季光线过强，且西斜阳光如此猛烈，屋中之人易心生焦躁烦恼，无法安心读书；二是窗外风景虽好，但外面的大型喷水池波光反照，你看这墙壁上投射的碎碎落落的影子不断漾动变幻，此屋读书的人自是非常容易分心的。”

“哎呀，真是这样，我注意过这些水光的影子，只是觉得浪漫，没想别的。”

“所以，白天的时候必须拉一半窗帘，挡住西晒阳光和折射投影，离书桌远的另一边，干扰少，窗帘可以不拉，保持足够的光线。

“对了，书房里尽可能不要放镜子，镜子也是容易反射各种光线、棱角，使主人分心、不舒适的！”

“明白了，姐姐。那么书房应采用什么样的地板、墙壁最好呢？”

“书房需要宁静的环境和清醒的头脑，所以，装修原则首先应从如何确保它的宁静着手。墙壁材料最好选用有隔音或吸音功能的材料，如壁纸或柔性多间隙的板材。地板也是同样的原理，采用实木或复合木地板为最佳。”

“嗯，那地毯如何？”

“地毯确实是吸音的，但是，地毯容易滋生螨虫和细菌，不易清理，尤其是书房还要放置电脑等电器，它们本身就容易吸纳灰尘、细菌，再配合上地毯，书房主人的脸部皮肤可就堪忧了。如果实在想用地毯，至少不能选择厚软的材质，因为松软的地毯会使人心生慵懒、倦怠，不利于保持清醒、刻苦的心态。”

“是这样的，那书房最好采用什么样的颜色呢？”

“过去有说书房宜采用木的颜色。其实，从科学的角度来说，这种说法里所倡导的木色倒确实是对人有好处的。木色以恬淡的绿色、米色、黄色为主，这些颜色在心理学里都有心理安抚的作用。尤其是浅绿色和浅米色，可使人头脑清醒，心情温和，而且养眼，用于书房自是非常棒。

“另外，书房最忌讳深重、阴冷的颜色，过于深重的冷色调会使书房主人精神压抑，思绪偏执、激烈，易钻牛角尖，易抬杠，非常不利于学习和学术研究。还有，红色使人容易精神亢奋，久了会使人疲惫；大朵花朵的地毯颜色，更会使主人易发愣、走神。”

“房间用色真的很讲究，采用你的方法装修卧室时，我们已经感受到了明显的效果。对了，姐姐，你看书房是不是很宽敞呀！”秀秀骄傲地说。

“是啊，书房可以宽敞但不能空旷，如果书房过于空旷，对主人未见得有好处。在空旷的房间里阅读学习、筹谋思索，过去说的是难以聚气，其实，科学的说法是，因固定空间里的空旷感受，使人精神难以集中，思维容易发散，故而不利于主人集中注意力。另外，长时间置身于空旷的环境里的人，从心理学的角度来说，内心易生孤独、寂寞之感，会倦于与人交际，脾气也会变得易怒。”

“那，如果已经很大，又不能改小，该怎么办呢？”

“不是不能大，是不要太空，可在空处多放旺气类植物和吸纳类植物。那种常年保持绿色，不易枯萎的植物，尤其是看起来生机勃勃、绿意盎然的植物，可使书房气氛良好，使主人心情祥和。阔叶橡胶树、大叶万年青、棕竹、富贵树，都是很棒的选择，还可选放一些能吸纳不良气体的植物如山茶花、石榴、小桂花等，帮助书房保持洁净、清爽的空气。

“对于散发强烈芬芳的植物，纵使再喜欢也不要放在书房，强烈的气味刺激会使主人无法静下心神，非常不利于读书、思考。用植物来占据空间不显得拥挤，还可调理心情，消除空旷感，是非常合适的方式。”

“我知道怎么做了，现在有很多出租这些植物的地方，可以租来摆放，枯败了还可以找他们更换。”秀秀高兴地说。

“这倒是可以的，过一段时间还可以更换品种，使书房气氛富于变化。”

“姐姐，现在咱们来聊书房最最重要的部分——书桌摆放！你看，我现在把桌子面向窗外摆放，是不是正确的呢？”

“你是出于什么考虑这么摆的呢？”我笑着问。

“主要是因为窗外风景好，绿色多，对着窗外，一抬头都是美好的景色，又护眼睛，又顺心情。”秀秀得意扬扬地回答。

“看似有道理，其实，背门、离墙、背后无靠、对窗，书房摆设的忌讳倒是给你占全啦！”

“啊？为什么呀？”秀秀非常吃惊。

“书房书桌正对窗外，从科学的角度来说，窗外美景虽是养眼，却也是非常容易让人分神的。对窗而坐，尤其是孩子，很难专心，长时间如此，孩子便会养成注意力不集中的毛病，而且很多时候较为强烈的阳光直射入眼，对视力也没有什么好处的。

“而且，你这张对窗摆放的书桌正好背对门口的位置，人背对着敞开的门，心理上会逐渐产生不安全感。本能的对来往声音的猜测，也使精神无法集中。长此以往，对事业、对学业，自然都是没有好处的。另外，背对门口，门外来风直袭后背、后脖各大重要穴位和头部，对主人的身体健康也是没有任何好处的。”

“真的没有注意，我经常把各房间开窗通风。有一回，我坐在这里赶一个文稿，那天风挺大，因背对着门，过堂风正吹着后背，当时没在意。可是第二天头皮很疼，后背和腰也很酸，医生说我是受风了呢！”

“是的，同样的原理，不光是背对门不好，背对窗口，也易使后背、后脑吹风，对我们的健康是不利的。实在没办法，必须靠近窗口，坐下时必须关上窗子。”

“我想起来了，有人说，背对着门坐，得不到长辈和老师的宠爱呢！”秀秀小声嘀咕。

“我们从心理学的原理上来说，主人长期精神不能集中，意志松散，自然容易影响事业。而且背对着门滋生的不安全感还易影响主人的性情，不易谦逊，不易容人，易发争执和怒气。如此，长辈和老师又如何能喜欢得了呢？”我笑着解释。

“那书桌反过来，对着门，坐下工作时，把窗关上呢？”

“面对门是好的，但是不要正对门，可以略微与门错开一些位置。因为正对门，门外不好的气体易直扑面部、口鼻，主人的注意力也是不易集中的，对身体也不好。咱们从科学角度讲，很长时间注意力不能集中，对事业自然是没有什么好处的。

“但是，如此摆放，后背正对窗外，可也是不利的。窗者，透明玻璃构成，背窗与背后无靠是一回事，都会对主人有不良好、不安全的心理暗示。时间久了，这种潜伏的不安全感会使人逐渐形成一些强迫的习惯，也易使性格变得刚硬、敏感。

“后背对坚实的墙体而坐是最好的位置，可使主人内心踏实、有充盈感。用心理学来解释，其实就是人需要一种非常安全的心理暗示，长期处于岌岌可危的心理暗示下的人，易纠结、偏激；而在踏实、能自我把握的心理暗示状态下成长的人，意志坚定、平和、理性。

“过去关于‘这种摆法，主得贵人眷顾，上学之儿童，得老师宠爱，上班人士，得上司赏识提携’，可作为我们积极的心理暗示，给我们更多的信心。很多时候，人生是需要良性、科学、积极的心理自我暗示来激发自我的斗志和勇气的。良好、吉祥的寓意对我们活在科学观里的人，最大的作用是感染吉祥，增进信心。”

“那放在屋子中间如何呢？”秀秀思索。

“你想想，我们多数人是不是最害怕的感觉正是悬空感？四方无靠的位置是最容易令人心神不宁的。所以，当然也不利。”

“明白了。书桌背靠墙壁，斜对门口，旁设绿色养眼的植物，侧对窗口，累时侧身可见窗外美景，专注时，也不会分神。”秀秀总结道。

“是的。另外，书房应及时清理垃圾，墙上尽可能少摆放过多色彩鲜艳的挂图，为书房读书人尽可能创造心情良好、平和的环境。如果有条件，书桌上可放一盆水浸富贵竹或一只文兽，取其‘催助学业，旺盛事业’的吉祥寓意，为自己营造更为良好、快乐的心态。

“最后，要着重提醒的是，书房凡显目之处，切不要摆放鬼邪、恐怖、淫秽的书籍。其意淫邪、阴沉，会给主人不好的隐性心理暗示，暗自激发不好的联想，会损害主人的健康，使人易梦、多惊、自闭，非常非常不好！”

“真的非常感谢，科学地装饰自己的小窝，日子过得踏实、安宁，事业才能越来越好呢！”秀秀开心地对我说。

厨房摆设不对的严重危害

厨房是一个家庭的“心脏”重地，你家的厨房摆设是否科学合理？你知道如果厨房摆设不当易对主人造成怎样的伤害吗？你知道应如何规避这些伤害，保护你的亲人吗？

前面讲了客厅、卧室摆设不对对居家会形成怎样的危害，今天咱们接着讲一下厨房的问题。大家一般对厨房的装修、装饰、摆设的重视程度比不上卧室。可是，事实上，由于厨房掌管的是我们的“口”，而所有脏器的健康又都是首先由口而起，所以，厨房如果摆设不对，对全家的危害可是远远大于卧室的！

上面咱们说的是科学上的说法，在《易经》里说的则是炉灶之位，水火交互，可相济，可相克。摆设对了，阴阳调和，则家运顺达，家人安宁；摆设得不对，必会影响居家情感、婚姻圆满、身体健康，甚至是家庭安全问题。

具体应用中的道理，请随我来细细观察。

首先是厨房的门，应向什么方向开呢？

古时，人们按风水的说法喜欢向东或南开，认为这是吉位。其实是因为这两个朝向与风向相配，灶火易烧易着而已。现代的生活早已经不用柴火，基本都是煤气、天然气了。这位置可就更讲究了！炉灶的摆放位置不宜正对风口，不宜正对窗，不宜正对门，不宜正对卧室。

不宜正对风口是因为：生活中很多的汤水饭菜是需要较长时间小火慢炖的，一般主人不会一直在旁看守。正对风口的煤气灶头，会经常有被风吹灭的危险。

而且，不少家庭的厨房，窗与门口是正相对着的，风的对流更强烈，这种情形下炉灶无论是在门一边，还是在窗一边，都很容易被风吹灭。现在即便是在家中，主人的事情也会很忙，若自家煤气、天然气处于非常容易被吹灭的位置，对家庭成员健康和安全自是形成了头等的危险。风水之说中强调五行相克、灶台应坐煞向吉等等，皆是在提醒大家水火无情，应小心为上。所以厨房门开的方向，应着重考虑风向的因素。

其次，厨房门朝向与卧室门最好不要正面直对，以防止厨房煤气、天然气在主人入睡毫无戒备的状态下侵入卧室，引发危险。即便睡觉时厨房关着门，因为门缝都是有间隙的，所以仍然存在潜在的不安全因素。

做菜、配菜、切菜的料理台，位置应如何安置呢？

关于这点，我想从生理学和心理学角度重点给主妇们一个提醒，那就是在厨房忙碌最多的位置，正是料理台前。如果料理台正对窗户或门口，女主人的后背就会经常被凉风吹袭，其实颈椎、腰椎等人身极其重要的几大穴位，甚至包括命门，都是在背后！背后经常吹风，女子就易在中年后逐渐付出头皮发痛、腰酸背痛、关节疼痛等高昂代价。时间久了，穴位经常为凉风侵袭，更会引发女子肝肾之气受损，从而导致女子情绪变得敏感、多变、消沉、悲观和焦躁。

所以，当你埋头料理之前，请谨防潜伏在后背的危险！如果家中装修可改，尽可能改之。如果已定，实在不方便修改，那么做菜时请将换气扇开到最大，把相对的门窗掩上。等做完菜后，再开窗换气。

咱们再来看水龙头与炉灶位置的讲究。

如果水龙头与炉灶在一条线上，距离少于一米，是危害健康的。为什么呢？为什么风水里会说水火相克，炉灶应与水源远离为大吉吗？用现在的科学道理来解释，就会非常清晰了。

你想，这边灶台上锅里正烧着菜呢，那边打开火龙头洗菜或刷碗碟，水冲在脏的碗碟和菜上，水花四溅，脏水花会在不知不觉中把细菌带入烧熟或正在烧的菜品之上，主人吃了被细菌感染的菜，自然会比较容易染上肠道疾病。而且不洁净的食品中的很多细菌不光会带来身体不适，还会对主人情绪形成干扰，使主人心境不平和，不能包容，易怒易吵架。最讨厌的是，它会使人心情焦躁难平，而难以平和的直接结果就是放大生活中的琐碎小事，把小事吵成大事，从而破坏家庭和谐！

同样的道理，摆干净碗筷、烧熟饭菜的位置，都应远离风口或脏水有可能溅到的地方。如果家中厨房实在太小，那么烧熟的菜尽快端出厨房，干净碗筷应用干净的布尽快盖上。

最棒的炉灶与水龙头的摆设方式，是垂直成L形，互不干扰。

咱们再来说说，很多家庭厨房和厕所是相连的，这有哪些危害呢？

其实，其中道理很简单。厕所是家中空气最不好、细菌最多的地方，而厨房却是家中最洁净、空气最好的地方。这样两个地方相连，自然非常糟糕，直接会影响家人健康，所以要避讳这种摆设。

可是，不管有多么不吉，很多朋友们说，这也是没有办法的，房子买来就是这个格局呀！如果真的是这样，请朋友们尽可能养成把厕所门关上的习惯，没事的时候就把厕所的换气扇打开，在厕所中大量堆放活性炭，帮助吸附有害气体。勤打扫厕所，消除卫生死角，最大限度地克服它的缺点，也是一种补偿方法。

在这里要额外提醒的是，不要因为想隔离空气而在厨房轻易安装布帘子，轻风吹过，布帘飘扬，火星溅落，是非常危险的摆设呢！

现在，咱们来说说厨房墙壁和摆设的颜色里的奥妙。

这可是心理学的道理了，色彩心理学里很讲究以色彩改善人的情绪。长期为一家老小做菜做饭的人是劳累和辛苦的。如果厨房能在白色为主的瓷砖间镶嵌配以明黄、果绿、天蓝等暖色、水果色的瓷砖，势必是对做菜之人的最大保护和嘉奖。明快的色彩之下，人的心情舒畅、浪漫、平和，做出的菜里因饱含着愉悦和快乐，味道也会很不一样呢！对自己或对家人都会好一些，在厨房的墙壁装饰上，多加一些快乐的元素，一家人都会受到影响的！

厨房最好不要全是白色，白色容易显脏。满是油污的脏感会使主妇心情躁乱，易变得抱怨、唠叨，变得没有耐心。最最微妙的是，厨房里很脏的感觉会使主妇逐渐失去做家务的兴趣，失去对生活的新鲜动力，变得非常容易苍老！所以，爱自己的妻子，就请在力所能及的范围内，给厨房些许小小的变化以及一丝明快的亮色！妻子也会回馈全家更多的呵护和美好！

再有，厨房是极为忌讳悬挂镜子的。

咱们且不提风水中说的什么天门火的道理，单说镜子中不断映出火光和刀光，自然是对做菜人心境的极大干扰，会使做菜的人不断分神，从而导致巨大的危险。所以这是一条硬规矩，厨房里大小镜子统统拿掉！

最后，咱们再说说厨房切不可正对阳台的重要道理。

风水里用了一个吓人的词汇来形容，叫作“穿心”，说是这样会使家中不能聚财，主人必有破财之事。最可怕的是，家中会无团聚的气氛，夫妻皆易出轨，孩子易离家。其实，厨房门不能正对阳台的科学道理，是同前面所说灶台不可正对门的道理的，家中风向不可直接与厨房直接相通的道理是相通的，自然是出于炉火安全的考虑。

但是，从心理学的角度来说，厨房正对阳台也是蕴涵着不良的心理诱因的。做菜之人在厨房待的时间自然很长，而且这段时间，人是容易感到枯燥、疲惫的。这个时候，映入眼帘的是阳台外洒满阳光的世界，会对憋在厨房里的人产生悄然的情绪冲击。时间久了，主人就易变得心情悲观、消沉，变得容易抱怨或落泪。女子深藏在心的对浪漫的憧憬会格外萌动，对老公的不体贴之处会变得格外敏感和不满，对夫妻感情的影响会非常之大。那种厨房是透明玻璃墙，而且正对阳台的家庭，要格外注意啦!

如果厨房门或窗正对阳台已经是不可更改的事实了，那么也有一个改良的方法，那就是尽快为阳台拉上一面温馨、颜色淡雅的窗帘，在厨房做事时，把帘子尽可能拉上。或者，在厨房门口外，设置屏风、柜子或大型盆栽植物。如此，也算是有所改进了。

居家摆设的科学和讲究，其实多多。科学处理居室摆设和装修，科学对待居家安置，为自己和亲人营造安全、健康的生活环境。

技能篇：小细节大信息，帮你练就慧眼兰心

看相貌，可知夫妻情感有多深

如何从面相上了解你的朋友？如何从面相上判断一对夫妻的感情有多深？

我们常常发现，很多夫妻一眼望去，相貌非常相似，我们经常称之为“夫妻相”。常言道:“人之相貌，定于父母。”源出不同父母的男女生活一段时间，为什么就会越长越像呢？又有朋友会问，是所有的夫妻共同生活后都会逐渐越长越像吗？这其中有什么神秘的奥妙呢？

面相心理学其实是一门古老而好玩的学问。只要掌握了它，你就能学会从一对夫妻的长相上轻松判断，他们俩关系如何？感情深浅高低？是否默契、融洽？是不是很有意思呢？

人的五官构成确实是由父母所定的。但是，五官构成只是基本，后天的七情“喜、怒、忧、思、悲、恐、惊”才是逐渐形成五官相貌和神采的关键。

请你对照镜子，我们一起来做“喜”的表情。看，嘴角会轻轻上扬，眼睛会微眯，弧线也是微微拉长上扬的。咱们再试试，你将眼睛瞪得大大的，不要眯眼睛，看自己是否还能自然地笑出来。是不是很难完成？表情很牵强？

与“喜”的表情一样，我们做怒、忧、思、悲、恐、惊各种表情时，五官都会呈现出完全不同的明确特点。而且，有趣的是，就如你无法瞪大眼睛“喜”一样，你也无法做到咧开嘴巴“忧虑”，眯着眼睛“惊恐”，上扬着嘴角“发怒”……

如果你生活态度乐观、快乐，你的五官就会逐渐趋向于“微笑”的气质，即便不笑的时候，嘴角也会微微上扬，双眸必是友善温和，轻漾水光，面部轮廓亦是趋于柔和。

如你生活中非常容易生气、怨恨，你的五官也会“无辜受累”。看吧，你的嘴角线条是否微微下撇？你的眼神是否充斥清冷、疑惑之色？你的面部细纹是否日渐增多？

当你意志坚定时，你的五官线条会不由自主地紧绷，你的眼神必会变得执着、明亮。

当你怒火中烧时，满怀心事、忧心忡忡时，惊恐困惑时，非常思念对方时，无论在你的生活中，哪几种情绪占了主流和上风，你的五官必会因之形成相应的特征变化！

这和你的胖瘦美丑、贫穷富裕是没有任何关系的。即便你是极善于在人前掩饰自己情绪的人，你的五官气质也会不由自主地泄露你的内心，因为再善于掩饰，你独处时的真实情绪也会悄然塑造出你真实的面容气质。

在这些神奇的心理自然规律的主宰下，才有了：为什么你无缘无故就觉得这个人很亲切，为什么这个人一看就很凶残暴戾，为什么那个人一看就非常好相处，为什么这个人一看就是尖刻势利，为什么那个人长得好命苦，为什么这个人一脸旺夫旺友的富贵面相。

只要你参透了其中玄妙的心理学原理，看人就断然不会看走眼。

另外，纵使你天生五官形状不够精美，没有任何关系，如果你坚持修炼自身的美好情怀，一定会使自己越来越美丽。一个情绪快乐、心地善良的人，眉宇舒展，笑靥如春，额头高洁，温婉柔美之气必会越来越清晰，自然是会越来越像一个真正有味道的美人的！

反之，即便是貌若潘安的家伙，如果情绪低沉、脾气暴躁、品质恶劣，必会眉宇紧凑，满面饱含猥琐之气，再精致的五官都会逐渐变形，越变越丑。

到了不惑之年，被所有人称赞面貌美好的人才是真美人、真帅男呢！

当“七情”和着岁月，逐渐雕琢出了与你的心境非常吻合的你的面相后，也不会从此就一成不变的。如果你的心境变了，影响和熏陶你的环境变了，你的“七情”必然也会随之改变，那么，你的面相自然也将随之“旧貌换新颜”！

所以，当我们寻找到了与自己朝夕相处的伴侣时，不管感情如何，两个人长时间相处，心理活动、思维习惯、情绪特点和精神信念必然时时交互碰撞，相互影响。

更因相爱程度不同，相处默契程度不同，感情好坏不同，令“七情”纠缠不休，“磨合战斗”时时于不动声色间悄然发生。这种“磨合”，一般会在两人相处3年开始定型，两个人的性情也会在相互磨合之中重新修正定位。于是，从相处3年以上的夫妻面相上，我们就可以清晰看出两个人“磨合”的结果。

一对夫妻眉宇之间气质越相近，说明两个人“磨合”得越好，说明两人在相处的岁月中都有着一定程度的对爱人的“妥协”。当夫妻俩被朋友们评价为有“夫妻相”的时候，这是对他们婚姻和爱情生活最好的褒奖。

“夫妻相”与容貌美丑没有任何关系，它是人们对两个人气质和默契的直觉印象，是两个人眉宇之间飞扬的相熟的味道，是两个人音容笑貌中默默流动的默契。纵使一个貌美如仙，一个长相平凡，照样可以有“夫妻相”啊！

如果两个人结婚3年了，仍然被大家评价为毫无夫妻相，那么双方就都要高度警惕了。会不会虽然日日同床而眠，你仍然未能了解妻子的心意？会不会纵然天天抬头即见，你仍然未能读懂老公的心思？

不懂心意，就无法真正相融。假象的甜蜜会如高飞的风筝，令彼此都无法把握。别谈什么神秘，有些朋友认为，缥缈会使爱情富于想象的空间，但是，太想象了，你就给了别人插足的空间。

稳固的爱情一定是建立在彼此的高度理解和了解之上的。执子之手，与子偕老的理想，关键在于你们彼此把自己交给对方多少。3年未能相知的爱人们，不是太粗心了，就是某一方用心不够，交出太少！

不要到爱情失了控，再去追悔落泪；不要到爱情裂了痕，再去修补。修补得再完美的镜子，也有不可磨灭的痕迹。3年还不能和爱人有“夫妻相”

的朋友们，一定要加油啦！

请记住，五官构成父母给，相貌美丑自己修！

“相由心生”的道理背后，有非常奥妙的大智慧。

观面相，知男女相恋有多深

有朋友问我：“夫妻相处时间长了，相互影响，自是可以从面相看出彼此情感的端倪。但是，正在谈恋爱的年轻男女，从外貌上应如何判断他们的相恋程度呢？”

更有为人母的朋友问我：“快教教我怎么判断？我总觉得咱家闺女看上的那个小子对咱闺女并不真的上心呢！”

一日，正在这位朋友家做客，赶巧，她女儿的心上人小章也在。朋友把我拉到一旁，对我嘀咕道：“正好你帮我好好看看，这个小子到底爱不爱我家闺女？”我笑着答应了。

半天过去，吃完午饭，小伙子起身告辞了，我拍拍老友肩膀：“恭喜你了，他和你的女儿还是很契合的！”

老友很不服气：“怎么爱啦！你看，他以前上门还晓得帮着做些家务，现在一来，跷着腿，不是看报纸，就是看电视！中午吃饭，也不帮我女儿盛饭、加菜，还得我女儿反过来伺候他，吃的时候，更是只顾自己低头吃饭！更可气的是，吃完饭看着我闺女洗碗，他却在旁边傻笑，也不帮忙！”

“哈哈，你且息怒，听我慢慢道来。”我笑着安慰老友。

判断两个人的恋爱程度要从实质上看，不能从现象上看。因为表象最容易混淆视听，欺骗我们的眼睛！能看清实质，问题就简单了。我们今天要判断的是：小章对老友女儿的眷恋程度。那么，就可以从5个方面进行观察。

第一是眼神。

人最无法掩饰自己的就是眼神，相爱的人即便不是手拉手、满面暧昧的，他们的眼神相接也会弥漫着温馨和默契。

老友的女儿曼曼在厨房忙碌时，我注意到拿着报纸的小章其实心里是非常紧张的。曼曼在厨房“哎呀”一叫，小章的眼神立即看向厨房。听了一下，没什么事，他才平静下来；曼曼笑时，小章的眼神温和、快乐；曼曼不说话时，小章的眼神试探地带着询问的疑惑注视着曼曼；曼曼的手被水果刀碰破了一个小口子，小章一边帮她裹创可贴，一边是满眼的心疼；曼曼为小章夹一筷子菜时，小章的眼神是幸福、满足的；曼曼在试穿妈妈给织的毛线裙时，身材显得窈窕美好，小章一旁赞赏、鼓励的眼神，令曼曼温暖、羞涩而骄傲。

只有相爱的人的眼神才会在自己心爱的人身上打转，用目光传递自己心中脉脉的温情。

如果一个男子到女友家中做客，眼神飘离乱转，看人无法直视，闪烁不稳，多半是要重新考量他的心思了！最起码也说明他的爱女友之心并未坚定，信心不是非常足够。那些别有居心之人更是从眼神一望便知。

第二是动作。

曼曼喜欢从背后拍小章的肩膀，小章与曼曼说笑逗趣间，曼曼更是撒娇地拍打小章。无论是背后还是正面“袭击”，小章完全没有任何抵挡和闪让的本能反应，反而满眼娇宠地注视着曼曼，让着她。这让我感觉到，他对曼曼的熟悉度和包容度非常好！

因为男性如果不是对一个女性完全接受和熟悉，就会对来自背后的突然动作有着本能的戒备，这是一种无法掩饰的条件反射，非常有意思呢！不信，你可以拿周围的男性尝试一下。

男性只有在彻底熟悉了自己深爱的女孩的味道之后，在两个人突然挨近时，才不会有出自本能的抵挡式的条件反射；而且他会在爱人靠近时不由自主地产生明确的安全感和温馨感。男性的抵御本能，只有面对爱情时才会弱化。

当然，如果恋人是武警、特警等特殊工种的人群，女孩可千万不要做这个试验，因为他们的职业训练和要求与平常人不一样，即便是对熟人，也要求有着绝对的、高度的警惕性。如果，你想对这样的男友做爱情反射试验，可是会自讨苦吃的！

第三是语言。

真正相爱了的恋人不管平时口才如何，都不会当众过于甜言蜜语。因为在人们的天性中，会有天生的对爱情的私密感、私享感。那种甜蜜，多以心意传达，不事张扬。

如果小章当着这么多人的面对曼曼满嘴甜言蜜语，口若悬河的，那可就麻烦了。在爱情中，一般只有心中发虚的男子才需要用过多的语言来掩饰亏欠和不足。（这里的“不多言语”是指不多说爱的甜言蜜语，不包括男孩与女方父母正常的交流。）

多用嘴来“爱”时，头脑会进行过多的记忆和应变思考，神经系统就会遏制人的其他心意的运转，使爱的酝酿和感受变淡，使人对爱的执行力变慢。女性朋友们，你们可以注意观察自己的男友或老公，语言太快，太会甜言蜜语的，多半对你的实际关注行动会慢上半拍。

这个原理如同多数人的左右手无法互搏一样，能左右手同时做不同事情的人必须心意分裂，这是要经过特别的训练和锻炼才可以达成的，如特技表演者或者间谍特工。普通未经过训练的男孩，嘴太勤了，心就分散了。即便是爱着的，至少也是浮躁而失之深厚。

所以，小章虽然彬彬有礼，但并不在两老面前对曼曼表现太多的甜言蜜语，反倒是有好的印象分的。

第四是细节。

我观察到一些旁人不太注意的细节，比如曼曼肩上落下一根头发，一般人不会去注意，但是小章非常自然地上前替她拂去；吃饭时，曼曼皱了一下眉头，小章会悄悄地问她，是不是嗓子还疼？曼曼做完事后，小章会替她把手上的创可贴摘掉，告诉曼曼这样可以透气，好得快；曼曼的面颊上溅了一滴可乐，小章会笑笑地为她轻轻擦掉……虽然这些都是非常小非常小的细节，但是足以说明小章对这份爱情非常上心，非常认真！

细节是最能体现爱情深浅度的，因为它太小，心底虚伪或爱得不深的人心思都用在做作上了，自然注意不到、想不到或想到了而不屑为之。但正因为如此微小，男孩却如此认真自然地去做了，才说明他对这个女孩爱心可证、真心可鉴。

第五是心理测试。

对初恋的人最妙的心理测试，是突然当着双方父母和亲人的面大力夸赞他们的爱情。如果这份爱情纯正、够味，面对盛赞，尤其是众目睽睽之下，恋人自会有无法掩饰的羞涩神态。

我夸赞小章时，注意到他羞涩的表情憨态可掬。我更看见曼曼笑着轻踢了他一脚时，他的脸一下子就红了。在这个瞬间，我确信了眼前这个小伙子已经彻底拜倒在可爱的曼曼的石榴裙下了！

须知，脸红是人类最无法伪装的表情之一，也是内心爱意纯净而浓厚的男士最容易有的表情呢！

以上5个方面相互结合，可爱恋人的相恋之图自是栩栩如生，跃然而出。在我的详细讲解下，老友一一回想，不时点头，最后更是展颜开怀，开心极了。从此，少女曼曼的幸福之路自是得到亲爱的母亲一路的绿灯和祝福。

至于曼曼母亲一开始提及的小章对待家务事的态度不积极的问题，只要确保了小章对曼曼的爱情的真实度，完全可以在以后的时间里慢慢调整、纠正，有了爱的根基，男孩的毛病才有修正的余地。

观面相，知心事，解恋情，许多人以为那是纯玄学的神秘东西。其实，完全不然，你、我、他，我们所有人，只要掌握了其中心理学的诸多奥妙，自是能观人、读人于游刃有余之间！

教你如何修炼成美人

不管先天相貌如何，你希望不做任何手术就使自己变成美人或帅哥吗？

许多女子和男人都自卑于自己天生的相貌不尽完美，觉得父母没有给予自己天生的姣好容颜，使自己做事、交友往往因为相貌而受窘、受气，更因为长相的原因，自己的心中经常缺乏信心和勇气。面对竞争时，便觉得自己会因相貌而吃亏，遭遇不公平的对待。

其实，我们都错了，不管父母给的先天条件如何，只要“构件”完整，那么每一个女子都是能后天修成大美人的，每一个男子也都是能后天修成众人眼中的超级大帅哥！

我将融合面相心理学、生理学、医学的道理，来教大家如何修炼美丽大法，使你自己华丽大转身，变成美人或者帅哥。

人是由五官、脖子、身体行为姿势、情感气质4个方面构成他人对我们的综合印象，从而构成对我们容颜是否美好的评价的。所以让我们从五官开始修炼吧！

五官的训练要诀是微笑大法。

我们都知道，眉毛和眼睛的距离太近或太远都会使五官比例变得奇怪，如果你天生距离不合适怎么办？

我们都知道，眼角线条过于向下倾斜不好看，如果你天生如此怎么办？

我们都知道嘴角下撇或线条过薄，使人显得刻薄、冷淡，面容生硬；嘴角上翘突出明显，则显得面容不清秀。如果你天生如此怎么办呢？

上述3个问题，请每天练习展颜微笑吧，让自己尽量笑得开一些，眼睛眯起，嘴角用力上扬，用微笑来练习调节眉眼距离。你得从起床起，见亲人得笑，见熟人笑，见同事笑，把笑变成你的生活常态，不是大笑，是微笑。就像练武的“拳不离手”一样，你得笑不离脸地苦练两周以上。

切记，修炼笑功时必须自然、大方。检验笑得是否合乎修炼面容的标准是，你得问自己的亲人，如果大家都说你笑得太假，那么是无效的！以亲人们都觉得你笑得自然为最好、最适合的度。

这期间，每天晚上回到家中，一定得轻轻用手为自己眼部、嘴部和面部做舒缓放松和按摩。同时，用手指将两眼角、两嘴角轻轻向斜上方提拉 5 到 10 分钟，用掌将两眼角、嘴部附近皮肤向斜上方轻柔按摩 5 分钟。

如你能坚持，必可逐渐使眼与眉的距离逐渐调试合适，紧的变远，近的变得展开。而且，微笑大法同时还训练了你的眼角上提，使眼角微微上挑；训练了嘴角运动，使嘴角线条逐渐上撇如弯月。

同时，微笑还可使整个面部肌肉线条变得紧致而有动感，更由于微笑会牵动几乎所有面部肌肉和神经的运动，故而可使面部肌肉大大延缓老化和松弛的速度，使你 40 岁拥有 30 岁的弹性和紧致，30 岁有 25 岁的面容特征。

晚上回家的训练目的则是将运动一天的面部肌肉彻底放松，同时，减少眼部和嘴部皱纹的形成。

脖子部位的修炼要诀是：修炼自信拉伸大法。

如果你天生脖子不够修长，脖颈部位皱纹多，该怎么办呢？

请注意观察周围的人，越是心里没底、性格自卑的人，其形态、面容、身姿越显收缩的姿态。首当其冲的就是他的脖子会向肩部收缩，显得脖子短上加短，脖间皱纹自然也就更加明显。

但是，如果你站定时充满自信和骄傲，或者你刚刚做了一件很神气、很得意的事情，或者最近很是成功，你会发现自己自然而然背部挺直，脖子变长，脖间皱纹变淡。

请你试试，用力缩着脖子，却把腰背用力挺直，你是不是觉得非常别扭？现在把下巴用力上扬，腰部和背部收紧挺直，再看看你的脖子还能轻松缩得了吗?

面相心理学从面容观心理，是因为怎么的心路历程确定了你怎样的五官修成！自信的人的面容、身姿是上扬的，挺拔的。

用力将你的下巴微微上抬，用力将腰部挺直，使你的脖子无法轻松回缩，你能坚持多久呢?

如果你能够坚强地从每天坚持1小时修炼到5个小时，修炼到全天自然而然地那么做，却不再觉得累，那可要大大地恭喜你了。你的脖子一定被拉伸了很多，变得修长、高贵了起来，你的脖间皱纹也是少了很多，同时，你意外收获到的还有你的腰部挺直和不驼背呢！

当然，其中的医学妙用自然更是多多！如果你恰巧颈椎和腰椎不太好，随着你的脖子变长，你的颈椎和腰椎也能好很多！自我的不断拉伸比物理性的治疗拉伸可舒服多了，简单多了！

最最重要的是，当你修成自信拉伸的本领后，一位下巴微微上扬，脖子修长，身姿端正挺拔的美人或绅士也就呼之欲出了！

收敛暴戾之气，修炼平和安静的心态。

如果你天生眼睛偏小，皱纹多，五官过紧，鼻子不够挺拔，头发不够黑亮，手指关节过于突起，怎么办呢?

让我教你一个妙招。每天晚上以最舒适的姿势静坐，关上灯，闭上眼睛，所有杂念放开，对自己轻轻默念：眼睛放松……鼻子放松……头皮放松……手指放松……肩部放松……把自己所有最不满意的部位都逐一放松。每个部位念多遍，要缓慢、耐心地念，一直念到自己的这个部位真的放松了为止。每次半个小时，练到好的状态时，你甚至会微微出汗，最后一个让自己放松的是心情。

其实这是心理学和生理学的奇妙道理，当你自己能充分展开心理暗示，使自己全身彻底放松、潜能被完全打开时，你的五官和身体真的放松了后，所有的凸起、略微畸形的形状，都会随着血液循环渐渐被软化、柔化和减轻。

眼睛放松，会使眼睛变大变得有神；头皮放松，会使头部血液循环变得良性，使头发能够获得更多的营养；手指放松，可以使指节凸起渐渐减缓；肩部放松，会使你的心情得到平复，身体的紧张得到缓和……当你的面容和身体处于最自然的修复的过程中，你的心境也会逐渐变得轻松、从容、健康。

光是晚上的修炼当然是不够的，修炼平和安静的心态，还需要白天的大力实践和配合。要使你的五官和身体的缺陷逐渐减少，一定要像中医吃药期间须戒烟酒和避免受刺激一样，力戒暴力、发脾气和恶劣心态。

当你发怒时，赶紧照照镜子，眉头深皱成蚯蚓状，眼睛变形成多角，鼻头起皱并微微倾斜，嘴角线条紧绷扭曲，面部肌肉全部都改变了原来的位置。如果你每天发脾气累计时间超过半个小时，不到 5 年，再照照镜子，保证你的五官面容离上面的丑陋描述不远了！

当你沮丧心情过多的时候，请照照镜子吧！嘴角下撇，线条无力，鼻子黑头增多，鼻形显塌，眼角耷拉，面部肌肉松弛、缺乏弹性，双肩轻塌，腰部弯曲，难看死了。坚持 5 个星期试试！就算是潘安也变成了“癞蛤蟆”啦！

想好看，保持平和、从容的心态的道理，就是这么简单！把有可能导致五官及身体变丑的因素彻底清除，用乐观、快乐的动作来修炼、修复、改变原本不美好的形状，即便天生不美，也会逐渐变成美人或帅哥的。这是心理学的道理，也是生理学的科学，原本并不玄虚，却是非常自然。

当然，如何使眼睛变得更加有神，眼白变得少下去，眼黑更加分明？如何令脸形发生改变？如何令颧骨不显得那么高而突兀？如何令眼皮渐渐变双？如何令自己不再驼背？如何令面色不再黯淡，皮肤少长痘痘？以上种种，都是可以通过心理学的修炼，通过中医的调节，逐渐改善和改变的，其中的道理虽是神秘、奥妙，究其根源却是非常有趣、质朴的。

夫妻相知深浅试金石

情人节期间，逢夫妻手头没有太多事，很清闲。想不想借这个美好的节日，试试亲爱的老公对自己相知的深浅？

如果测试结果是两人非常相知，你可要大大奖赏你的那个大“男孩”，鼓励他来年再接再厉！但如果测试结果不够理想，也请朋友你千万莫生气，两个人只要知道问题在哪里，就是天大的喜事。因为接下来，可以共同努力，力争爱情在新的一年更进一步！

这个测试怎么做呢？其实，非常简单，你要提前几天向老公明确布置任务：“亲爱的，往年的情人节你我都在工作，太忙了。今年的情人节大家都放假，你是定然有空的了！我要一份你亲手为我挑的爱情礼物。”

布置完任务，你就不要再反复提及了，等着看结果就 OK 了。无论老公会送你什么礼物，两人相知程度的答案都会在情人节隆重揭晓。

在此，我先将各种可能的结果细细剖析给大家。

其实，这个情人节小测验并不在乎老公送多么昂贵的东西。

咱们从玫瑰说起，美丽的玫瑰历来是爱情、爱心的象征，但是，未见得老公送你玫瑰就一定是最懂你的心。往常的情人节玫瑰已是很贵，今年的情人节又恰逢花店经营者大多已经回家过年，鲜花自是更为紧俏，价格也将是贵上加贵！所以，懂得体贴和持家过日子的老婆，未见得一定要用玫瑰来试验真情。老公不买玫瑰也绝对不意味着他不够爱你。

如果他为你选择礼物的方式，是观察周围女性的喜好来决定他的礼物选择。

答案：

首先他是爱你的，因为他想把女性最喜欢的东西奉献给你；

但是，同时也说明了，他很可能完全不知道、不了解你内心的喜好。

如果他为你购买的是昂贵的东西，昂贵程度以他的月收入为标准，价格超过他半月以上的收入自是算得上昂贵了！

答案：

其一，说明在他的心中认为你是珍贵的，值得他付出这么多的代价。

其二，说明无论他平日里如何表现，其实，他的内心潜伏着浪漫情结。在冲动时刻，爱情大于过日子的念头会驱使他做出感性大于理性的决定，至少说明，他面对你的时候是感性的。

其三，说明这小子很可能认为你在心底是喜欢昂贵的东西的。那么你喜欢这份昂贵的礼物吗？如果喜欢，说明他了解你；如果不喜欢，那么说明他还不够了解自己最亲爱的人，要加紧做“功课”了！

如果他为你购买的是你某次逛街很心动，却没买的东西。

答案：

其一，说明他是性格很细致，心思很细密的人。

其二，说明他确实在为你挑选礼物上费了脑筋，确实想向你强烈表达他的爱意，希望这份礼物能令你感动。

其三，请你仔细想想，若是他最近没有对你犯什么大错误的话，这份礼物应是能够说明他真的很爱很爱你；如果他最近刚犯过什么错误的话，则可能说明他想向你表达歉意。

如果他精心为你做一桌菜慰劳你，并把自己作为情人节礼物认真陪伴你一天，任你为所欲为。那恭喜你，你碰上的是多么出色的老公！

答案：

其一，原来他有厨艺潜质，以后可以加强劳动培养。

其二，说明他想告诉你，老婆，你的辛苦我全知道，平日里工作忙，不能为你分担家务，节日里就让我来做！多么体贴呀！

其三，他知道，对于全天下的老婆，最好的礼物就是多陪陪她，多宠宠她！如此贴心，即便他平日里对你有所疏忽，至少说明他有这份心，有这份爱，有这份悟性，就可以被你调教出来。

如果他购买的是完全你不懂意思的东西作为礼物，请你细心听他的解释。

这正是你好好了解这个小子的时候，他为什么买这个妻子根本不懂什么意思的东西，是有什么特殊含义呢？还是根本不懂老婆的心？

如果他买的是非常非常便宜的，而且你根本不喜欢的东西做礼物。（相对于收入而言，如果他收入很低，10 元钱的东西也不算便宜；如果他收入很高，100 元以内都算是太廉价的。）

答案：

其一，说明他可能很会过日子，很节俭。

其二，说明很可能他根本不在乎别人怎么看他。

其三，说明他可能有过日子的经济危机感，缺乏安全感。

其四，说明他从潜意识里可能认为你也视金钱为粪土，你根本不在乎任何礼物。如果你确实这么认为，说明他了解你；如果你不是这么认为的，说明他根本不了解你。

如果他买的是价格并不贵的东西，但是你很喜欢。

说明：

其一，他认为你是不在乎价格、淡漠金钱的姑娘。

其二，他很了解你的喜好，自是很懂你的心，说明他很贴心，很知心。

其三，他是不在乎花哨形式，只在乎生活内涵和质量的高级老公，培养潜力极大！自是要好好宝贝着，千万别让别人抢了去。

如果他精心设计，挑选令你惊喜的方式和你庆贺节日，如远程旅游或什么奢华的形式。

说明：

其一，这小子可能最近工作压力和经济压力不大。

其二，说明他骨子里浪漫情结重重，是个浪漫感性的家伙。感性指的是他面对感情时的态度，不是他对待工作时的态度。

其三，说明这小子有可能认为你也一定喜欢浪漫，喜欢奢华呢！你喜欢吗？如果喜欢，说明他了解你；如果不，说明他错得厉害，你可在享受完“礼物”以后，过上几天再和他好好聊聊，帮助他真正了解你自己想要什么！

记住，千万不要在享受礼物的过程中和他闹别扭，会严重挫伤他对你的热心和感受的！

如果他没有费心挑选，只是随便逛逛，看见什么不带任何想法随便买来。

那么不管他买给你的是什么，都说明：

其一，这家伙只是在完成任务。

其二，他还是在乎你的，至少，他不想惹你生气。

其三，他太粗心，完全不了解自己老婆喜欢什么，是个需要好好补课的家伙。

如果他随意买，却碰巧买到的是你喜欢的，你可以一边大大鼓励他，告诉他这正好是自己喜欢的，让他明确妻子的爱好；一边盘算着以后如何给他补课。因为，如果下一回，他随意买的其实是自己不喜欢的呢？问题还是要从根源上解决比较好！

如果他根本没给你准备任何惊喜、任何礼物，完全忘记了你特地布置的任务。

则有多种可能：

其一，说明他最近可能遭遇了较为重大的困难，正心事满怀，顾不上呢！那么身为爱人的你需要去好好了解一下，看看能不能帮上他，让他在新的一年大翻身，成功大跃进！

其二，如果根本没什么重大事情，这个家伙就是懒得执行，则说明你和他的爱可能已经进入习惯期，他可能认为你不会太娇气，他认为即便不买，你也不会有什么伤心。

那么，你是这样的吗？如果是，那就无所谓了！如果不是，那么请明确告诉他！不过要快乐地告诉他，给这小子恶补爱情课，告诉他爱情需要经营，需要费心思，需要浇灌！否则老婆的爱心会枯萎的！你还可以罚他去补买，给他一个甜蜜的“教训”。

如果他为你准备的礼物符合以上多条，请你综合多条描述一起来看便可。

如何观面相知心事，解压抑

周末的午后，仍披着些许白雪的香山在柔和的阳光照耀之下安详、美好，使这个极冷的冬天显出了它秀丽、可爱的一面。我与几位相熟的友人在香山下一家温馨的咖啡屋里小坐。

席间，有位闺蜜带来一位我不熟识的女子，穿着一袭贴身的黑衣，脖间围着色彩极为绚丽的披肩，言谈热烈，双眼笑成了弯月，满屋都是她略带夸张的声音和银铃般的大笑。右手优雅高举的香烟，随着她不断的手部运动，在空中出现了一道道曲折蜿蜒的雾气。

她豪爽地笑道：“老师，听说你是研究心理的专家，也听说你有个规矩，不当第三人的面评判一个人的心理。但是，我不在乎，你就给当众分析一下我的心理如何？”

几位朋友见状，一起起哄：“人家都不在乎，你就给点评一下啦！”闺蜜更是跟着推波助澜：“对啊，她是我的朋友，正好我了解她，看看你评得准不准！”

我轻轻拍拍闺蜜：“别闹了，你的朋友心里那么不开心，你还跟着起哄！我从不当众评点伤心人。”

“伤心人？你别逗了，她笑得比我说话还多，会有什么天大的难过事儿？你……”闺蜜得意地调侃着。黑衣女孩深深地看了我一眼，突然安静了下来。

为了帮助她掩饰尴尬，我为各位朋友讲起了笑话，大家笑得前仰后合，很快气氛又热闹了起来。朋友们说说笑笑间，时间飞快地过去了。

聚会快结束时，黑衣女孩轻轻碰碰我的手："老师，我想了许久，你只要不说出我的心事，能告诉我和大家你凭什么判断我必有伤心之事吗？我实在非常想知道呢！"

闺蜜也附和说："是呀，你快和我们说说吧！这样，我们以后也能学会判断别人的情绪。知道别人正难过着，我们至少也不会随意打扰别人从而办错事情呀。"

"从一个人的面貌、神态、动作、姿态就可以判断出很多秘密，这里面蕴藏着心理学和生理学的神奇奥秘呢。"我轻笑着说。

"你真神奇，还会看相啊！对了，怎样才能从面相看出人的情绪和心事呢？"朋友非常好奇地问。

"其实，'观面相'也是心理学的一部分。我们通常所说的'看面相'包含了许多心理学和医学的道理！"我耐心地为大家解释着。

"比如她，容颜清丽、谈吐大方、笑声朗朗，但是如果你们用心观察，就能看得出来，今天的她有许多不同的表现：

"第一，她的脸颊附近有许多颜色极浅的斑点，而她自己刚才在说笑之间无意中谈及这些都是最近新长出来的；第二，她的双眸虽美，然而眼袋明显，色泽略黑，同时眼中隐约有哭泣所致的血丝；第三，她在说话之时会不由自主抚摸胸口膻中穴的位置。

"脸颊新出较多浅色斑点、眼袋偏黑、眼中有血丝都是人被突然性的悲伤和难过困扰时，非常容易出现的现象。经常下意识地抚摸膻中穴，是心气郁结的表现，说明她正在经受某种打击，十分压抑自己，心口会隐隐地发闷或发痛，从而引起她的本能反应动作。

"是不是这样？"我笑着问。

黑衣女孩有些错愕吃惊："老师，还有呢？"

“当然，还有你不说话时，眼神会立即变得黯淡失色和茫然，说话时又炯炯有神，前后眼神变化过大、过快。

“另外，短短一个小时，你抽了快十根烟，而手指之间并不发黄，可见并不是常年烟民，今天却抽得这么凶。更有意思的是，每根都只抽了一半，就被你狠狠地按灭在烟灰缸中，按灭后，你还继续用力将烟头碾碎。

“其次，你在交流之间谈及某些字眼和词汇时，会有瞬间的悲伤表情变化，但很快又以比较刻意的笑声下意识地加以弥补掩饰。

“说话的时候，你的眼神变化明显，按烟动作夸张，表情对话题过于敏感，表现出你正在努力克制自己的真实心情，说明你的实际心态与我们所看到的表象正好相反，你表现得越高兴、越兴奋，说明你的情绪和心事越相反。”我接着解释。

“你不说，我还没有注意到自己的变化，真的是这样呢！”女孩有些脸红。

“再有，你说话换气频繁，眼睛发红，表现出肺气发虚；同时，你的面色发白，不断下意识地揉腰，握手时感觉手心发热干燥，不断喝水清嗓子显得口干舌燥，这些都表现出你的肝火很旺；而且在你说话间，我发现你的舌尖有轻微糜烂，牙齿间有轻微出血，这说明你的胃火也很大。

“你的肺气发虚、肝火旺盛、胃火炽烈，足以说明你心中的难过之势已是悲恸欲绝，压抑很久，纠结难解了。

“且不管是什么事情令你这么伤心和委屈，你目前的状态已是不可再忍了。再忍，可就要干扰你的身体健康和正常生活了！为了你的头脑、心脏和胃，为了你这双漂亮的眼睛和原本光滑的皮肤，该哭就哭，该发泄就发泄吧！苦苦憋着，总有一天，会忍无可忍地爆发，结果可就不可收拾了！”我认真地提醒黑衣女孩。

“姐姐……”黑衣女孩眼圈微红，哽咽不语。

好友问我：“那么，我们应如何调理受到严重压抑的心理，愈合心里受到的伤害呢？”

“要想调理，关键必须解决事情发生的原因，彻底了结纠结。不同事情，解法完全不同了！三言两语可说不完。”我微笑地解释。

“那是当然，但是有什么办法可以先自我调理，缓解这么多的不良症状呢？我们经常在工作中、感情上、自我心态上遇上困难。有时候，也觉得有类似症状，我们除了要积极寻求解决办法外，还应做些什么呢？”好友执着地询问。

“确实如此，我的建议是：深呼吸加体操，按摩加强迫微笑，喝水加食疗，娱乐加宣泄，大声哭泣。”我对他们说道。

接下来，我又详细解释这些办法。

第一，深呼吸加体操。

生气时，血液循环和气息流通紊乱，血液中和肺部都缺乏充足的氧气，所以要多多深呼吸。而且，深呼吸还能帮助舒缓肺部的紧张。

多做自己最喜欢的体操、瑜伽、舞蹈，什么都行，只要加大四肢的运动量就都对身体有好处！尤其是扩胸运动类的动作，都可以加快人体对由伤心所致的大量毒素的新陈代谢！

第二，按摩加强迫微笑。

自己为自己按揉膻中穴、太阳穴，按摩胃部、肝脏。

强迫自己做出微笑的表情，利用心理暗示和自我激励的道理，对着自己持续微笑，握紧拳头，轻声对自己说：“我一定要笑，不笑就不美了，不笑就会长雀斑和皱纹了！”同时，不断鼓励自己放松心情，安慰自己不要悲伤。

第三，喝水加食疗。

喝水的道理极简单，我们伤心难过压抑时，体内会分泌一种物质作用于我们的中枢神经，刺激体内相应部位的毒素大增。喝水能够促进这些有毒物质尽快排出。

食疗自然是围绕我们伤心时胃、肺、肝所受的伤害而展开。一锅热气腾腾的绿豆粥、一盏清香养眼的百合枸杞莲子羹、一杯清淡舒展的菊花茶、一份精心腌制的红酒泡雪梨，一碗鲜美温暖的猪肝汤，可视个人体质不同，有选择地进补，调理身心。

第四，娱乐加宣泄。

选择自己喜欢的娱乐方式，尽情放松自己；选择自己喜欢的地方，尽情游玩一阵。比如大海、草原什么的，越辽阔的地方，越能平缓心情，但千万别一个人去，否则孤独感会更加加重你的忧伤和悲哀。

选择不伤害他人的宣泄游戏，比如砸砸不贵的塑料碗碟、拳击馆里对着靶子狂打乱砸、疯狂绕着操场跑圈，越消耗体力的游戏越能帮助你发泄委屈，平缓心情，随你喜好！不过，在这个时候，你千万别玩偷菜游戏，这是心理学的有趣道理。你会越偷越难过，越偷越寂寞，偷到深处，伤心亦深！

第五，大声哭泣。

治疗伤心和压抑的情绪，放声大哭是最为正确、最为有效的方法。伤心时，心中怨恨如滔滔洪水，勉强忍耐，便会决堤崩溃。最好的办法自然是开闸泄洪，自然疏导。泪水会冲散许多郁结，排出毒素，平复心情，是天然妙方！

在这里，我们分享了如何从“观面相”来判断他人的悲伤情绪，以及如何消除由悲伤引起的诸多伤害。希望能帮到大家学习善待周围的亲人、爱人、同事和友人，学会自我调节面对困厄时的情绪和心态。

原来你有一双魔术师的手

你想学会用自己的手来为爱情测谎，来为你最心爱的人进行鼓舞、安抚、催眠、疗痛和美容吗？

抬起你的双手，细细景仰和膜拜一番吧。你知道它有多么神奇吗？它可是造物主送给你的最最神奇的馈赠了！

它是世上最妙的心理师！它是妙手回春的好医生！

它可以用来检验最变化无测的爱人，他（她）的誓言是否真实，他（她）的追求是否可信；

它可以让因某种暂时的失败而悲观不安、不停哭泣的爱人，在你的帮助下瞬间变得安静温顺、充满信心；

它可以让因某种等待的结果无法快速到来而彷徨失措、焦虑不安的爱人，在你的帮助下，渐渐变得从容平静、甜美柔和；

它可以让因暂时的不如意、不顺利而备受煎熬、无法入眠的爱人，在你的帮助下轻轻闭上美丽的双眼，甜甜地睡去；

它可以让因疾病、月事、劳累而疼痛不适的爱人，在你的帮助下减轻痛苦，重新露出笑容；

它可以让因岁月、因生活，为了孩子、为了你而操劳过度变得不再年轻的伴侣，在你的帮助下皮肤保持弹性，容颜变得红润。

测谎、鼓舞、安抚、催眠、疗痛、美容！这是心理学的魔术，也是心中有真爱的人一学即会的魔术，男女皆宜！

抬起手，仔细观察，如果掌心没有痣、痦子、疙瘩和其他的皮肤疾病，那么这双手就可以开始“魔术”游戏了！游戏前，以温水清洗，去掉油腻、灰尘，使它看起来不干涩，并且温度适中即可。

以下从女性的角度来进行解释。

如果你想检验爱情的真伪，请选择没有旁人在场的状态，在他对你叙述爱意的时候突然去握他的手，动作要温柔、快速而坚定。

如果你感觉到他有本能的退让，但最终并没有挣脱你的相握，说明他对你的爱颇有顾忌，或者他认为你们的爱不能见光，或者他内心正在犹豫这份爱的进退。

如果他一动不动，任你握住，但相握的手心你却感觉到一种僵硬，说明他正在掩饰真实的情绪和想法，怕你感觉到。那么，请你深思，他到底在掩饰什么样的感受呢?

如果他一动不动，任你握着，相握的手心你感觉到一种湿润和温暖，说明他对你的爱虽然被动，但却是真实、可靠的。

如果当你的手握住他的时，他迅速用他的大手反握你的小手，你的手能够感受到他温和而有力的霸道，说明他对你的爱很主动，并怀有着浓浓的宠爱。

如果没有人在场，面对你的握手，他却毅然甩开，甩开瞬间你的手能感觉到他的干燥、冰冷、生硬。那么，即便他有天大的解释，至少说明你和他的爱情有很大的问题出现。这个问题必然已经触及了根本。

以下从男性的角度来进行解释。

如果你最心爱的人最近很不顺利，她遭受了某种暂时的失败，她或悲观不安，或不停哭泣，或唉声叹气。你希望能帮助她变得安静温顺、充满信心。那么请选择恬静的夜晚，至少是绝无外人打扰的空间，请她坐下，然后你轻轻坐到她的身后，用你的手臂环住她的腰，用你的前胸紧紧贴着她的后背。

然后，用你的手温暖地向前略微用力地握住她的双手，竭力把你的手的温度传递给她。通过你的手来告诉她，你对她战胜困难满怀信心，你对她的支持一如既往，你对她的承诺亘古不变。她若只是悲伤，这样即可；如果她还在哭泣，就请你贴得更近一些，双手更用力一些，同时，轻轻用嘴唇吻她的秀发。记住，在这个过程中，不需要太多的语言。心里默念着你想传递给她的意思，你的手就可以替你叙说。

当你感觉到她紧绷的身体渐渐柔软下来时，说明她的情绪正在渐渐缓解。这时，你要坚持抱着她，握住她的双手，直到你感觉到她的手已经有些汗湿，再慢慢放开她。最后，用你的手轻柔地安抚一下她的后脖弯处，并稍停留一分钟即可。

当你的妻子因暂时的不如意、不顺利而备受煎熬、无法入眠时，任何精神类帮助入睡的药物都是对人有副作用的。如果你心疼她，想帮助她安然入睡，这时，最好、最无害、最有效的安眠药就是你的手！

熄灯后，让失眠的妻子俯卧，用你已经温和处理过的手轻轻地由上往下安抚她的后背。记住，不要忽而上下，忽而下上，忽而左右的，一定要顺着一个方向抚摸。手法轻柔中隐藏着暗力，避开脊柱！安抚时，和她说最无聊的故事，越无聊越有效，比如“从前有座山，山上有座庙，庙里有个老和尚在讲故事……”那样无聊的故事。这样的过程进行15分钟左右。

然后，再请她侧卧，背对你，你轻轻安抚她的单侧手臂，一边继续讲述无聊的话和故事。待她略有倦意时，你用单边的手用力抱住她，轻轻告诉她，你爱她！你爱她！保持这样的姿势，很快，你会听见她轻微的鼾声，这时，一定请以最轻最轻的动作撤离你的手，至此，你的魔术就成功了！

在这个过程中，你的手心如果涂抹一点点薰衣草油，效果会更加神奇、有效。

如果你的妻子因疾病、月事、劳累而疼痛不适时，如果你希望帮助她减轻痛苦，重新露出笑容，那么继续魔术之旅吧！

如果你的老公头痛，坐在他的背后，用你的双手指尖蘸取少许清凉油，轻轻抵住他的两侧太阳穴。抵住后，逐渐加力，到他刚好感觉能承受的程度停住。就这么抵住不动，坚持1分钟，然后用指腹轻轻揉动5秒钟，再继续抵住；如此重复，5分钟左右，他的头疼即可缓解很多。待他有所缓解后，再用你的手帮助他轻柔地揉捏肩膀、胳膊，即可帮助他迅速缓解头痛之苦。

如果是妻子月事，腹部疼痛。那么请在晚上，关上灯，你坐到妻子的背后，满怀着最温柔的亲情，用你的手臂用力环抱她10分钟，不要说话。10分钟后，请妻子平躺，你也躺下，以温和的手掌放在妻子疼痛的部位，轻柔安抚1分钟，然后停住。停止5分钟左右，再安抚1分钟，然后再停5分钟。

这个环节的关键是，你的手要有足够的温度，热水洗过，最好再摩擦一会儿，待有一定热度再接触妻子的肌肤。如果妻子疼得严重，就还要增加安抚部位，那就是她的后腰，手法与上述一致。

如此一来，不但当天妻子不再疼痛，后几天的不适也会大大减轻！而且，如果丈夫一直能在每月妻子月事时坚持此举，会使妻子更年期不会提早到来，甚至不来！即便到来，脾气也不会变得焦躁不安！

如何通过身体语言读懂男人心

人的身体语言非常有意思，它会在不知不觉之间泄露主人内心的感受和秘密。无论主人如何刻意掩饰，只要没有受过专业性的训练，都会有本能的表露。如何从他人的容颜相貌和言谈举止对他人进行初步的判断，是非常有意思的一门科学。

今天，我就来教女性好友一些认识男人的心理技巧，帮助大家拥有一双灵动聪慧的大眼睛，识君、解君、懂君，将幸福稳稳把握在自己的手中。

男子的心态首先是从行为举止开始泄露的。曾有一闺蜜与我谈起某电视台的一位男性嘉宾，说她特别讨厌看见这位男士，因为不知道为什么，每每看到这位男士总是让人觉得浮躁而不踏实。我看了看节目的视频录像，笑了。

闺蜜所说的这位男子，确实很有意思。比如，每当主持人追问他较难的问题时，他都会身体紧绷，脑袋高昂，向后紧靠椅背。这些动作反映说话的人内心非常紧张，对自己的语言没有十足的信心和把握，所以才会于情不自禁之间显出肢体僵硬的现象，而其后靠的身体语言更反映出他内心对发问者的深度戒备和不安。这充分反映出现场令他感受到焦躁、紧张，其头脑运转的紧张程度远远超出平常的水平，从而压迫他表现出一系列彰显其内心状态的紧张、怯懦的非正常的躁动表象。

当主持人与他聊的话题很轻松，给他自我发挥的余地时，他的身体会明显前倾，有时跷起二郎腿快速而不自觉地点动，面部表情极为丰富，颧骨处肌肉变化尤其明显，同时，脑袋上下点动、左右摇摆非常频繁。

说话时，他的目光上下左右四处逡巡闪烁，但以向自己的右侧看居多。英国心理学家通过广泛的心理测试证明，人们在进行回忆时，眼睛会向自己的左边转动。他眼睛多向右看，说明他正在说的话没有经过太多的回忆和记忆，说明现场对话已经超出他的所学，他正在临时“组织”应对之语。

至于他的手部辅助动作，由于大多数动作幅度太大而有些轻佻，抬手高度更是经常超过鼻子的高度。这些动作与躯体和目光一样泄露了他严重缺乏自信、缺乏与谈话内容相关的学识，内心很空虚。

在此提醒朋友们的是，并不是说话时手部动作多都不好，如果他的手势坚定、有力度，高度不超过鼻子，而且与表情协调，那么反而能显现出说话的人内心坚强、有主见，有安全感和感染力。

大家一定注意到我提到了鼻子的高度，这是一个测试心理压力的高度。请你尝试一下，在很轻松的心态下，你是否很难“持续”地做出高出鼻子高度的手势，半分钟就够你累的了。那些坚持不断地打高出鼻子的手势却不自知的人，其神经系统的紧张程度已经到了一定限度。这位嘉宾在如此紧张的状态下还出镜，真替他捏把汗水！

要知道，说话者在过于紧张的状态下会不自觉地夸大说话的语气和程度，陷入“过度表达”，使所说话语逐渐脱离准确、客观的轨道。某些媒体嘉宾平时还是有一定学术水平的，但节目录制现场的过于紧张和主持人咄咄逼人的提问，会将其逐渐逼向过度表达的状态，使其失去平时的科学严谨性。在此也想提醒这些朋友们，若状态不对，宁愿先不要开始录制，因为嘉宾的语言需要对观众充分负责！

上面说的是如何从身体动作看出其内心的情绪变化。咱们再来说说，如何从面相观男子的主体性情。

如果你面前的男子额头两眉间非常容易浮现“川”字纹，说明他是一位多思虑，易敏感，遇事容易反复斟酌，性格会比较倔强的朋友。“川”字纹，是人在苦思之时不由自主之间很容易出现的现象。经常陷入思索和烦恼的敏感、倔强的男子，会逐渐固化形成抬头纹的肌肉，使自己即便不在苦思，也易有此纹浮现。

如果他前额光洁，低头向上看之时不容易出现抬头纹，说明他的心态坦然、豁达，懂得自我开解。最重要的是，他的脾气也会很良性的。

如果他的嘴唇闭上时，唇线微微上挑，那么恭喜你，如果排除先天性，那么你遇上的很可能是一位快乐、达观，懂得自我调节情绪的阳光先生！

如果他的唇线下弯，说明他很可能自我要求严格，容易苛责自己和他人，内心传统、倔强，有自己内设的原则，不喜欢他人挑战自己的原则。这样的情形之下，不发脾气则已，一旦发起脾气可是不小的！

如果其唇线棱角分明，则多为个性较为分明之人；反之，线条柔和、厚重，则性情中不管外在表象如何，皆会有一定的内敛性。

这样的道理也是与人的面部表情肌的形成有关。微笑时，我们的唇线上挑。请你尝试一下，将嘴角下撇，看看自己是否还能很自然地笑出来？经常微笑的人，嘴角自然柔和、上挑；经常生气的人，嘴角自然下撇、生硬。平日里，反复重复一种情绪，面部表情肌会逐渐成形，形成较为固定的唇线，使我们可以观唇知性情。

另外，因为东方并无男子使用香水的普遍氛围，所以日常生活中喜欢喷香水的东方男子，其内心多少都有些自恋，他的性情也会容易挑剔。他们外在气场强大，其实内心脆弱、孤独，缺乏安全感。只要你攻破他的防线，撇开他用以自卫的矜持保护，就能看见他脆弱、无助的心灵。这种分析仅适用于男子，对女子则完全不同。而在西方，男子使用香水非常普及，男子使用香水也往往只是一种习惯上的跟从，其性格特质亦不适用于以上的分析。

另外，平日里腰身挺直的男子，往往内心规则感强，个性鲜明，喜坚持，耐吃苦，性格倔强；平素腰身松弛自然的男子，性情含蓄、平和，思维相对圆润，有曲线感，心胸宽广，富有大局观；腰身弯曲、佝偻的男子，排除先天和疾病所致的因素，一般性情虽固执却不乏循规蹈矩，为人本分、忍耐、内敛，但多数是多思、劳心之人。

同时，当男性处于惊恐、不安、焦躁的情形下，脖子后部、后背、后腰都会处于高度紧绷、僵硬的状态。此时，温柔轻抚他的脖子后部、后背和腰部，会帮助男性快速缓解紧张情绪，消除其对外界和你的抵触、抗拒、戒备的心态！

最最有趣的是，如果在对爱人进行这种轻抚的过程中，你问他问题，内心再坚强的男子，在这种状态下，也很难流畅地对着你撒谎。即便他实在不能对你说真话，他也会出现说话迟钝，甚至不语的情形，试试看吧！（当然，特训过的专业人士除外。）

除了上述各条，从男子挑选衣服，对服装的配色，待人接物的说话方式，目光给人的第一感觉，都能表达出其性情和喜好，其中皆蕴涵着深刻的心理学道理。

发型、装扮不恰当的严重危害

发型、装扮不恰当，对人的运势、事业和健康会形成严重危害。

日常的装扮早在远古便甚有讲究，它与我们的生活、工作有着密切的关联。穿着得体、大方，会使我们的生活顺利、平安、健康，会使我们的人缘良好，顺风顺水。反之，如果不懂避讳，随意穿着，就有可能潜伏着严重的对自己、对家人的危机！

咱们先从头发说起，古代有发色艳丽怪异者会破居家融合之气，破财运旺势的说法。

从心理学的道理来说，日常生活中，头发颜色怪异、多彩，会使家中晚上与你同眠之人，夜起时懵懂模糊之间所见，心中暗惊。惊悸伤肝胆，耗元气。数年相处，同榻爱人便会出现焦躁、易发脾气、易悲观、多梦的现象。这种情形下，家庭自然容易滋生不和及纷争，气氛无法融洽。

多彩的头发，艳丽的颜色，还会使谈话对象难以集中精力，并有先入为主的偏见。这种偏见心理中，含有稳重度、可靠度、勤奋度的多重质疑，你希望别人在与你交往之前就带有这么多对你不利的看法吗？这得靠多少努力才能挽回啊？

不要拿演艺明星举例，他们活跃在公共场所和镜头前时，对他们的远观是不会对视线产生近距离时的逼视可能会产生的危害效果的，所以这样是无妨的。但如果他们回到家中也是如此，做起生意进行谈判也是如此，必会有很多暗亏要吃。

还有，多彩的头发会使染发剂的毒素进入头皮血管，怀孕的母亲会在不知不觉中伤害自己孩子的神经和身体，使婴儿在出生之前就已经受了创伤。另外，尚未成年的孩子对颜色的感知是极其敏锐的，母亲多彩的头发会刺激孩子稚嫩的视觉神经，使孩子性情急躁、多动。时间久了，还会导致孩子性格叛逆，与父母的亲情淡漠，变得没心没肺。

再说说女子的妆容，女子描眉画眼自古皆有，也是极为正常的。但是，在不同场合，不同时期，对象不同时，也是有着一定的避讳的。

商业谈判，忌讳艳红色的口红，因为艳红色会挑动谈判对象的争斗之气、不和之心，使谈判气氛对己方极为不利。粉色、肉色等柔和、滋润的口红，会使谈判变得顺利。

与长辈相处，忌讳有亮彩、闪粉的口红，炫目之色会刺激老人稍有衰退的视觉神经，引发老人内心涌动莫名的反感和抗拒，自是大为不宜。

未成年孩子的母亲，忌讳在脸上用劣质的粉，因为劣质、廉价的粉中有很多不好的成分。母亲拥抱孩子或孩子亲吻母亲之时，粉沾染在孩子的肌肤之上或进入孩子的口中，都会对孩子不利，会引发孩子皮肤过敏、起痘。化妆品中的化学物质如铅、砷等，一旦进入婴儿的口腔，还会对孩子产生更为严重的身体危害。

夏日等容易流汗的季节，女子应避讳使用不防水的眼线，眼下黑晕一片，自然是无法面对任何对象的。最糟糕的是，我们经常见到女孩子眼线已经晕开，但自己并不知道，落在别人的眼中，被人笑了半日，尚不自知呢！

再说一个重要的细节，那就是眉毛，如果你的气质温和柔美，切记不可使用挑眉的眉形，挑眉、剑眉会破坏你原有的天生气质，使你的面容看起来不和谐，入得旁人之眼，不明原因，就是会觉得看你不顺眼。用古时说法，叫“眉碍眼”。这人看起来不顺眼，诸事儿自然也就都不好通融了。这种气质的女孩，不问脸形，都应是古典的淡娥浅月的眉形才适宜。同样，如果你的气质英姿飒爽，性格果断直率，个性棱角分明，那么你就可以大胆地使用挑眉了，挑眉角度、弧线与实际脸型相配即可。

需要额外提醒的是，如你是两眉相连，几乎没有眉距，这种连贯之眉让人看起来感觉凶煞，无亲和力，对与人相处自是多有害处。天生这种眉形的朋友请稍微做一点修理，断开其间一点距离即可。

咱们再说说耳环、鼻环、脐环、舌环等。耳环，选取耳垂肉厚之处，只要穿环注意卫生,问题不大。但是,其他部位的环,朋友们可就得千万小心啦！舌环会引起大舌头，鼻环容易使人联想到动物牛，唇环漏口水，这都是小事。最重要的是，鼻环、脐环可都是打在身体最重要的部位！古有说法，身体重要穴位近旁有缺失、打洞，会妨碍气息运转，使人体脏器多病。

鼻子是五官的关键部位，打鼻环必会妨碍鼻子部位内部的微循环体系。鼻子本来可以实现对吸入的冷空气的加温和拦截，对病菌的阻隔和杀灭，血管丰富，更与脑部和眼睛甚近，又是呼吸系统的重要起端，这个部位若有任何感染，吃的苦头可是会不小，会直接影响到人的眼睛和头脑。大家都知道脸部的危险三角区若有脓包、痘，都是切切不可胡乱抓挠的，因为一旦破脓流入血液，会直接危及生命。这个危险三角区正是在鼻部区域!

说起脐环，我就和大家说个真实的故事。某个女孩还没舍得穿环，只是在肚脐上戴了两个钻石钉钉，回家神气了总共两天，然后就开始了感染、红肿、流脓、溃烂。用了抗炎药后开始发烧，数周后，肿似乎消退下去，但是，身体开始深感不适，体力减退；再后来手不能碰任何寒凉之物，连从冰箱里拿东西稍微慢一些，手都许久不能动弹。每每劳累过度之时，都会出现类似的现象。医生诊断说，此疾可能会影响其数年直至更久。

人生有的代价是不能付出的，在爱美的同时我们是否应顾及后果？毕竟，再美也是给别人看的，但身体的疼痛和日后的疾病痛苦，却是要自己一个人来承受。所有夸你美、赞你炫的人，都不会为你日后的疼痛和疾患来埋单，是否值得，还应深思和考量呢。

用穿衣改良我们的气场

穿衣和我们的命运运势有密切关系？

这可不是迷信，今天就让我们一起用科学的视角，来分享如何运用“穿衣”这样抬手可做的事，来亲手帮助自己事业走得更远，爱情赢得更顺，婚姻过得更稳。从心理学的意义上说，颜色、图案、形状，对人类的影响是巨大的。

先从颜色的心理暗示说起，绿色使人平静，红色使人兴奋，暖蓝色使人明朗，冷蓝色使人理性，白色使人雅致，米黄色使人慵懒，棕色使人感觉温暖，黑色使人神志清醒。这些是纯色对观者的心理影响。

图案对人的影响比颜色复杂多了：一米左右的标准社交距离，有规律、风格圆润流畅的图案，使观者心态平和、放松；棱角、多角、三角形图案，易使观者思维警醒、内心纠结；曲线大幅度跳动、扭曲的图案，易使观者心情烦乱，脾气焦躁；大量的圆点图案，易使观者分神、注意力难以集中；神秘、诡异或图腾性图案，易使观者内心紧张、滋生距离感；大花朵的图案，远观效果良好，但在近距离下却易使人内心顿时不畅，易产生距离感；小碎花的图案若颜色不跳，能给观者宁静、信赖的暗示。

服饰形状，指的是布料材质对人的影响。有反光效果的布料，易远观不可近看，太近了，观者易因视觉频繁被刺激而无法集中注意力；纯棉、亚麻布料，给人视觉观感朴素、舒服，易使观者心情放松，戒备心不强；厚重的材料使男人显得稳重；轻飘、流畅的材料使男人稳重不足，潇洒神韵却跃然在目。

有意思的是，衣服材料对观者的心理影响与季节大有关系。反季节装扮，如炎热的夏天，穿着沉重的正装西服（强冷空调下的大型正式会议场合除外），会给人刻板、不整洁、不舒服的心理暗示；寒冷的冬天室外，让人发抖的丝袜类薄款打扮，则会令观者内心滋生轻视、不信赖的不良感觉。

当我们把这些原理运用在服装上时，你希望给观者带来什么样的感受，你就选择什么样的服饰。

第一次到风格严谨的公司面试，着装易选择冷色调，颜色要纯，尽可能不要或少要图案，材料须有悬垂感或质感，这样的着装给人以稳重、收敛、含蓄的感受；没有图案的冷色、纯色，可使风格严谨的面试主考官注意力集中，有良好认同感。如果你面试的公司风格自由、灵动，则米色、暖浅色系的服装会为你加分，飘逸、柔和的衣料感觉会使你的主考官对你另眼相看。他们会觉得你思维活跃、有开拓力、灵活度良好，你为之呈现的这些风格正是他们要的，在未语以前，你就已经赢得几分胜算。

在商务谈判时，服装的作用就更大了。

如果你希望扰乱与你谈判的对象的心智，使对方无法冷静思考，着装时可以大胆选择紊乱的无规则曲线的图案，或者是神秘的图腾式图案，颜色可选择艳丽的红色或冷色调的青色，尽可能多佩戴乱七八糟的多种配饰，如大的项链和耳环。

如果你希望对方暴跳如雷，可以选择大红等能挑起人好斗心的颜色，图案充满棱角，三角效果最佳，满身尖锐、刺目的三角图案可以灭掉对手的最后一丝耐心。

如果你希望对方心态平和、宽容、快乐、专心，请选择没有图案的服装，或者小碎花图案也是可以的。颜色则应选择浅暖绿色、浅暖蓝色、米色、白色和浅银色等平和色系。服装面料柔和、平顺、大方，没有闪光。其他的首饰配件选择风格同上，但是挂件越少越好。另外有几个重点的提醒就是，出门前检查自己的领口，如有三层以上的内外衣服露出，会给人不讲究，做事缺乏精致性和条理性的感觉，这会大大扣分的。还有，如希望对方专心、平和，女性不适合佩戴大的易晃动的耳环。你的耳环在那里得意扬扬地跳舞，你想，对方能专心的了吗？

如果你希望给自己的谈判增添绝对的信心时，服装挑选上就只有两个基本的原则：一是挑选那件曾经帮助你赢得过多次挑战和机会的好运衫，这可不是迷信，曾经多次为你带来好运的衣服会为你平添无穷的动力，在良好的心理暗示下，你的水平发挥必会超越平常、信心满怀。二是尽可能选择质地令自己穿起来舒服的衣服，有的衣服再好看，你如是穿得不合身、不舒服，就千万不要选择，因为那会使你在谈判时觉得自己哪里都不对劲儿，全身都不舒服，注意力无法集中。

在男孩子第一次见女方父母时，无论女方父母喜欢什么风格的，服装都不宜前卫、大胆。不要穿那些有破洞的、怪异的衣服。当然全黑、全白等颜色对老人来说，也是忌讳的。相对于服饰，第一次见丈母娘的男子也不要给自己抹上一头的发胶，发型僵硬，会使观者产生做作、刻板的不良感觉。当然过于多彩的头发，也是无法为自己加分的，超过两种以上颜色的头发给老人一种强烈的不安全感，他们怎么能把女儿嫁给一个不能给他们安全感的男人手上呢？

另外，内容沉重，需要对方让步的谈判如要取胜，则需运用你对对方的了解，选取他（她）最喜欢的颜色，布料以柔顺的棉布或真丝为最佳，图案越少越好。这个时候,请务必不要戴耳环,项链样式越不显眼越好。如是女子，适度的清淡的花香型香水也能增分。切忌强烈的颜色、大花的图案和浓烈的香水味。

用着装来改良生活是科学的、有趣的游戏。善用之，会使你的生活充满快乐，会使你的事业如虎添翼。为什么不尝试着去做呢？我们每个人都可以是智慧的心理师的。